アメリカ
投資顧問法

ジェフリー J. ハース
スティーブン R. ハワード　著

岡田洋隆／鈴木謙輔／白川もえぎ
佐藤智晶／須田英明　訳

弘文堂

Investment Adviser Regulation in a Nutshell

by Jeffrey J. Haas & Steven R. Howard

Copyright © 2008 LEG Inc., d/b/a West Academic Publishing.

This translation is published by arrangement with LEG Inc., d/b/a West Academic Publishing.

Licensed for distribution in Japan Only.

はしがき

　本書は Thomson/West 社が 2008 年 3 月に刊行した Nutshell シリーズ
の Jefferey J. Haas（ジェフリー J. ハース）& Steven R. Howard（スティーブ
ン R. ハワード）著『Investment Adviser Regulation in a Nutshell』の本文
について、弁護士、研究者および資産運用業界に従事する有志により翻訳
を試みたものである。

　Thomson/West 社の「Nutshell シリーズ」は、特定の合衆国の法律等
に関する概要を解説することを目的として数多くの著書が刊行されている。
こうした Nutshell シリーズの目的をふまえ原著書も決して資産運用業界
に現在携わっている読者のみを対象としておらず、したがってその本文自
体も法律の内容のみならず、その歴史的背景や規制の内容把握に必要な実
務上の知識等、基本的な仕組みや慣行についても比較的平易な筆致で解説
が加えられている。本業界に興味はあるもののあまりなじみのない読者層
に対し、限られた時間内でその全体像を把握したいというニーズに応える
ことができるよう様々な工夫を感じさせられる構成となっている。

　一般に資本市場においては、その機能の面から典型的に証券業界を「セ
ルサイド（sell side）」、また顧客資産を運用する投資顧問のような運用会
社や保険契約により得た多額の資金を運用する生命保険会社等の機関投資
家を「バイサイド（buy side）」と呼びならわしており、両者は資本市場
において表裏一体の様相を示す。金融分野におけるクロスボーダー化の進展
が認知されて久しいが、世界の中でも圧倒的に大きな市場規模を誇る合衆
国における規制や市場慣行は、日本にも大きな影響を及ぼす。それにもか
かわらず、合衆国のセルサイド規制について紹介された著書は日本でも既
に複数点刊行されている一方で、バイサイドの全体像を日本語でコンパク
トにまとめたものは管見の及ぶ限り存在しなかったものと認識している。
こうしたことから、上記のような読者層が、合衆国におけるバイサイド規
制を知る第一歩として、その枠組みや規制の背後に潜む思想の大要を把握
するうえでの参考になればと思い、本書の翻訳を計画したものである。

　もとよりこうした性質上、原著書に依拠して個別論点にかかる法律実務

を確認する目的での利用は想定されておらず、したがって本書も同法に関するあらゆる詳細な論点を網羅するものではない。また、原著書刊行年の9月に発生した金融危機以降、合衆国をはじめ世界の金融規制環境は大きく変貌を遂げ、原著書の刊行時点から多くの変更がなされていることもご承知のとおりである。こうした点をふまえ、2008年3月以降の投資顧問法の主な変更点および原著書で触れられているいくつかの点については、巻末の追補において簡単な説明を試みている。巻末の追補は、原著書において触れられている点すべてにアップデートを加えることを目指すものではなく、今後の原著書の改訂版の刊行が待ち望まれるところである。

　なお、翻訳については慎重を期したつもりであるが、適切な和訳が難しい場合は原語を併記し、また資産運用業界において既にそのまま利用されていると思われる用語についてはカタカナ表記を利用しているものもある。バイサイドについて関心のある読者にとって少しでも役立つものになっていれば幸いである。

　2015年6月

訳者一同

目　次

はしがき　*i*

第1章　はじめに──歴史的変遷 ……………………………… *1*

　Ⅰ　1929年の世界恐慌への立法的対応　*1*
　Ⅱ　投資顧問法の発展　*2*

第2章　投資顧問はいかなる者か ……………………………… *7*

　第1節　はじめに ……………………………………………… *7*
　第2節　「投資顧問」の定義 …………………………………… *8*
　　Ⅰ　3要素　*8*
　　　1　証券に関する投資アドバイス(advice)　*8*
　　　2　「業とする」　*9*
　　　3　報　酬　*11*
　　Ⅱ　定義上の除外　*12*
　　　1　銀行、銀行持株会社および貯蓄組合　*12*
　　　2　弁護士、会計士、技師および教師　*13*
　　　3　特定のブローカーおよびディーラー　*14*
　　　4　一般的かつ定期的に発行されている善意の刊行物の発行者　*24*
　　　5　政府関連証券に関する投資顧問　*28*
　　　6　公認格付機関　*29*
　　　7　その他SECにより法的権限に基づき除外された者　*29*
　　Ⅲ　政府機関　*30*
　第3節　登録からの免除 ………………………………………… *30*
　　Ⅰ　州内投資顧問　*31*
　　Ⅱ　保険会社のみに対する投資顧問　*31*
　　Ⅲ　私的投資顧問　*32*
　　　1　「顧客数が15名未満」　*32*
　　　2　一般公衆に対する「一般的表示」　*34*
　　　3　登録された投資会社および事業育成会社に対する活動　*35*

iv 目 次

Ⅳ 慈善団体 *35*
Ⅴ チャーチ(教会)・プラン *36*
Ⅵ 商品取引顧問 *36*

第3章 投資顧問に対する連邦および州の権限 ………………*38*

第1節 規制枠組み………………………………………………*38*

Ⅰ 二重の規制枠組み(～1997年) *38*
Ⅱ 二分化された規制枠組み(1997年～現在) *38*
1 連邦レベルの登録および規制 *38*
2 州レベルの登録および規制 *42*
3 州レベルの登録からSEC登録への移行 *45*
4 SEC登録から州レベルの登録への移行 *45*

第2節 ヘッジファンドおよび債務担保証券(CDO)にかかる 投資顧問の登録 ……………………………………………*46*

第3節 ERISA法に関する問題 ………………………………*46*

Ⅰ 概 説 *46*
Ⅱ 登録および資格 *46*
Ⅲ 保 証 *47*
Ⅳ 他の適用されうるERISA法・労働省の規制 *48*

第4節 CFTCに関する問題…………………………………*48*

Ⅰ 概 説 *48*
Ⅱ 商品取引顧問(CTA)としての登録からの免除 *49*
Ⅲ 商品ファンド運用業者(CPO)としての登録からの免除 *50*

第4章 ヘッジファンドおよび債務担保証券(CDO)の アドバイザー …………………………………………*51*

第1節 現在の登録に関する環境 ……………………………*51*

Ⅰ 概 説 *51*
Ⅱ ヘッジファンドおよびヘッジファンド・アドバイザーの 登録免除と除外 *52*
1 ヘッジファンドとは何か *52*
2 投資会社法に基づく登録からの免除 *53*
3 投資顧問法に基づく登録からの免除 *56*
Ⅲ 旧ヘッジファンド登録規定の制定に至る経緯 *56*

目　次　*v*

 Ⅳ　旧ヘッジファンド登録規定　*58*
  1　はじめに——「私募ファンド」とは　*58*
  2　旧ヘッジファンド登録規定における「顧客」数の計算　*58*
  3　投資顧問法規則 205-3 の改正　*60*
 Ⅴ　旧ヘッジファンド登録規定の廃止　*61*
  1　Goldstein 事件　*61*
  2　その後の展開　*62*
  3　登録の取下げ　*66*
第 2 節　未登録のヘッジファンドおよびヘッジファンド・
  アドバイザーに対する投資顧問法の適用 ·····················68
 Ⅰ　登録免除　*68*
 Ⅱ　詐欺防止規定　*69*
 Ⅲ　プリンシパル取引　*70*

第 5 章　登録およびフォーム ADV ·······························71

第 1 節　概　　説 ···71
第 2 節　フォーム ADV ···72
 Ⅰ　フォーム ADV の第 1 部 A　*72*
 Ⅱ　フォーム ADV の第 1 部 B　*74*
 Ⅲ　フォーム ADV の第 2 部　*76*
第 3 節　フォーム ADV の届出 ···80
第 4 節　フォーム ADV の訂正 ···83
第 5 節　投資顧問の登録適格要件、登録不適格要件および取下げ
  ··83
 Ⅰ　投資顧問の登録適格要件　*83*
 Ⅱ　投資顧問の登録不適格要件　*85*
 Ⅲ　投資顧問登録の取下げ　*86*
第 6 節　州当局に対する通知書の届出 ···86

第 6 章　投資顧問による広告 ···88

第 1 節　はじめに ···88
第 2 節　「広告」とは何か ··88
第 3 節　広告規制における禁止および制限 ···89
 Ⅰ　禁止および制限の具体的検討　*89*

vi 目 次

  1 証言広告　*89*
  2 過去における特定の推奨　*91*
  3 表、グラフおよび数式による表示　*92*
  4 無償サービス　*93*
 Ⅱ 一般的な禁止事項　*93*

第4節　パフォーマンス情報の広告 ……………………………………*94*
 Ⅰ 概　　説　*94*
 Ⅱ 実際のパフォーマンス情報またはモデルによるパフォーマンス
  情報　*95*
  1 一般公衆に対する実際のパフォーマンス情報の広告　*96*
  2 一般公衆に対するモデルによるパフォーマンス情報の広告　*98*
  3 「1対1」の場合の表示　*100*
 Ⅲ 米国投資管理・調査協会（AIMR）パフォーマンス提示基準　*101*

第5節　パフォーマンス情報のポータビリティ ………………*101*

第7章　アドバイザリー関係……………………………………*105*

第1節　勧誘・紹介契約 ……………………………………………………*105*
 Ⅰ 「勧誘」一般　*105*
 Ⅱ 金銭による報酬　*105*
  1 金銭勧誘ルールの背景　*105*
  2 金銭勧誘ルールの要件　*106*
 Ⅲ 非金銭報酬　*112*
 Ⅳ 勧誘者の登録状況　*113*
  1 SEC に登録された投資顧問のための勧誘者　*113*
  2 州当局に登録された投資顧問のための勧誘者　*115*

第2節　顧客および潜在顧客に関する開示の要件………………*115*
 Ⅰ はじめに　*115*
 Ⅱ 「開示説明書規則」　*116*
  1 一般的な規定　*116*
  2 交付の時期　*116*
  3 開示説明書の内容　*117*
  4 ラップ・フィー・プログラムの開示　*118*
  5 ヘッジファンド・アドバイザー　*118*
  6 勧誘者　*119*
 Ⅲ 悪化した財務状況と処分事由　*119*
  1 概　　要　*119*

目　次　*vii*

　　　2　開示の必要性が推定される法的事象または処分事例　*120*
　　　3　開示の時期および交付　*121*
第3節　投資顧問契約………………………………………………………… *122*
　Ⅰ　書面の必要性　*122*
　Ⅱ　一般的な契約条項　*123*
　Ⅲ　契約に関する禁止事項　*124*
　　　1　成功報酬　*125*
　　　2　投資顧問契約の譲渡　*132*
　　　3　パートナーシップ変更通知　*133*
　Ⅳ　投資顧問契約における他の重要条項　*134*
　　　1　責任免除および補償の条項　*134*
　　　2　仲裁条項　*135*
　　　3　解約条項　*136*
第4節　顧客に提供される報告……………………………………………… *136*
第5節　消費者に関する財産の情報に関するプライバシー…… *137*
　Ⅰ　概　　説　*137*
　Ⅱ　レギュレーション S-P の適用対象情報　*138*
　Ⅲ　レギュレーション S-P の適用対象顧客　*139*
　Ⅳ　レギュレーション S-P の適用対象となる投資顧問　*139*
　Ⅴ　通知要件　*140*
　Ⅵ　オプトアウトの選択　*141*
　Ⅶ　例　　外　*143*
　　　1　概　　説　*143*
　　　2　サービス提供者および共同マーケティング　*143*
　　　3　取引に関するプロセシングとサービシング　*144*
　　　4　通知要件およびオプトアウト要件に関するその他の例外　*144*
　Ⅷ　手続上の安全措置の確立　*145*
　Ⅸ　州法との関係　*145*

第8章　義務の履行 ……………………………………………………… *147*

第1節　概　　説……………………………………………………………… *147*
第2節　投資顧問の一般的な受託者責任…………………………………… *147*
　Ⅰ　受託者責任の概念　*147*
　Ⅱ　一般的な適用　*149*
　Ⅲ　具体的な受託者責任　*149*

1　開　　示　*150*
　　　2　忠実性および公正性　*150*
　　　3　注　　意　*150*
　　　4　会社役員等賠償責任保険・Ｅ＆Ｏ保険　*151*
　　Ⅳ　顧客資産の管理（custody）および保有（possession）　*151*
　　　1　カストディ・ルール　*151*
　　　2　カストディ・ルールの例外　*154*
　　Ⅴ　議決権行使　*155*
　　　1　投資顧問法に基づく議決権の代理行使　*156*
　　　2　投資会社法に基づく議決権の代理行使　*157*
　　Ⅵ　第三者に対する請求　*157*

第3節　適合性……………………………………………………… *158*
　　Ⅰ　概　　説　*158*
　　Ⅱ　最終的に採択されなかった投資顧問法適合性規則案　*158*
　　Ⅲ　二重登録者　*159*

第4節　最良執行………………………………………………… *159*
　　Ⅰ　概　　説　*159*
　　Ⅱ　何が最良執行を構成するのか　*160*
　　Ⅲ　利益相反　*160*
　　Ⅳ　継続的な義務　*161*

第5節　プリンシパル取引およびエージェンシー・クロス取引
　　………………………………………………………………… *161*
　　Ⅰ　概　　説　*161*
　　Ⅱ　取引の種類と対応する規制　*162*
　　　1　プリンシパル取引　*162*
　　　2　エージェンシー・クロス取引　*163*
　　　3　内部クロス取引　*165*

第6節　投資会社に対する投資……………………………………… *166*

第7節　配分（allocation）および集約（aggregation）の問題……… *167*
　　Ⅰ　顧客間の証券の配分　*167*
　　　1　概　　説　*167*
　　　2　「ホット」なIPOと全米証券業者協会（NASD）規則2790　*168*
　　Ⅱ　顧客口座に関する注文の集約　*169*

第8節　ソフトダラー……………………………………………… *171*
　　Ⅰ　歴史的背景　*171*
　　Ⅱ　取引所法28条(e)項のセーフハーバー　*172*

目　次　*ix*

 Ⅲ　取引所法28条(e)項の遵守　*173*
  1　28条(e)項におけるリサーチ・サービス　*174*
  2　28条(e)項における「ブローカレッジ」の適格要件　*180*
  3　「混合利用(mixed-use)」される項目　*183*
  4　28条(e)項適用の合理性に関する投資顧問による誠実な決定　*184*
  5　28条(e)項における「提供される(provided by)」という
   文言と「取引を執行する(effecting)」という文言の関連性　*185*
第9節　顧客の指定によるブローカレッジ(client directed
   brokerage) ……………………………………………………… *188*
第10節　投資顧問によるブローカレッジからの利益の享受 …… *189*
 Ⅰ　概　　説　*189*
 Ⅱ　投資会社の顧客　*189*
  1　投資顧問の責任　*189*
  2　ブローカー・ディーラーの責任　*191*
第11節　関係法人によるブローカレッジ(affiliated brokerage)
   ……………………………………………………………………… *192*
第12節　トレーディング・エラー ……………………………………… *193*
第13節　キーマンに対する生命保険 …………………………………… *194*

第9章　ラップ・フィー・プログラム ……………………………… *195*

第1節　概　　説 ………………………………………………………… *195*
 Ⅰ　ラップ・フィーは交渉可能である　*196*
 Ⅱ　ラップ・フィー・プログラムの構成　*197*
第2節　登録要件 ………………………………………………………… *197*
 Ⅰ　概　　説　*197*
 Ⅱ　「ブローカー・ディーラー」の除外規定は利用できない　*197*
 Ⅲ　投資会社法および証券法上の懸念　*198*
第3節　開示要件 ………………………………………………………… *200*
 Ⅰ　ラップ・フィーに関する開示説明書　*200*
 Ⅱ　内　　容　*201*
 Ⅲ　開示説明書の交付　*202*
 Ⅳ　更　　新　*202*

x 目 次

第10章　自己取引およびインサイダー取引………………203

第1節　概　　説………………………………………203
第2節　倫理規程………………………………………204
Ⅰ　概　　説　204
Ⅱ　「被監督者」とその「アクセス者」に関する差異　205
Ⅲ　倫理規程規則における報告要件　207
　　1　残高報告書　207
　　2　取引報告書　208
Ⅳ　特定の取引に関する事前承認　209
Ⅴ　投資信託の顧客に関する投資顧問の同種の規則　210

第11章　記録保存義務………………………………212

第1節　投資顧問法204条……………………………212
第2節　保存義務のある文書および記録……………212
Ⅰ　投資顧問の設立構成、ガバナンスおよび株主・資本構成等の所有・支配関係に関する書類　213
Ⅱ　会計に関する記録　214
Ⅲ　顧客関係に関する記録　214
Ⅳ　マーケティングおよびパフォーマンスに関する情報　216
Ⅴ　勧誘者に関する記録　217
Ⅵ　倫理規程および個人・自己勘定取引に関する情報　218
Ⅶ　ポートフォリオ運用および取引に関する記録　219
Ⅷ　カストディ(保管)に関する記録　220
Ⅸ　議決権に関する記録　221
第3節　保存方法………………………………………222
第4節　外国の投資顧問………………………………222

第12章　チーフ・コンプライアンス・オフィサー(CCO)とその問題点………………………………224

第1節　CCOの必要性…………………………………224
第2節　CCOの役割……………………………………225
Ⅰ　CCOの継続的な責任　226
Ⅱ　SECの臨店検査時または手続の検証時におけるCCOの

目　次　*xi*

　　　　責任　*229*
　　　1　初回面談の段階　*229*
　　　2　個別業務に関する説明の段階　*230*
　　Ⅲ　北米証券管理者協会(NASAA)によるベスト・プラクティス
　　　について　*232*
　第3節　コンプライアンス・マニュアル……………………………*234*

第13章　投資顧問法のもとでのコンプライアンス、検査および法令執行……………………………*235*

　第1節　概　　説……………………………………………………*235*
　第2節　SEC検査………………………………………………………*236*
　　Ⅰ　定期検査　*236*
　　　1　検査のプロセス　*238*
　　　2　検査結果　*239*
　　Ⅱ　違反の嫌疑を根拠とする(cause)検査　*240*
　　Ⅲ　一斉検査(sweep)　*240*
　第3節　臨店検査段階…………………………………………………*240*
　　Ⅰ　検査前の段階　*241*
　　Ⅱ　臨店検査の段階　*242*
　　Ⅲ　臨店検査後の段階　*243*
　第4節　法令執行………………………………………………………*245*
　　Ⅰ　投資顧問法203条(e)項および(f)項　*245*
　　Ⅱ　監督の懈怠(failure to supervise)　*246*
　　Ⅲ　投資顧問の「協力」　*247*
　第5節　罰　　則………………………………………………………*250*
　　Ⅰ　非金銭的な処分　*250*
　　Ⅱ　金銭的な処分　*251*
　　Ⅲ　刑事上の罰則　*253*
　第6節　間接的な手段による禁止行為の達成……………………*253*
　第7節　連邦銀行当局との協議………………………………………*255*

第14章　限定的な私的訴権………………………………………*256*

　第1節　明文規定の欠如………………………………………………*256*
　第2節　限定的な私的訴権……………………………………………*256*

xii　目　次

第3節　その他可能性のある訴えの提起……………………………… 257

第15章　投資顧問の売買…………………………………………… 259

第1節　概　　説 ……………………………………………………… 259
第2節　投資顧問契約の譲渡………………………………………… 259
第3節　雇用契約および競業避止・勧誘禁止契約………………… 262

第16章　投資顧問ビジネスに関連する特別の問題 ……… 263

第1節　投資顧問の持株会社………………………………………… 263
第2節　投資顧問の株式公開………………………………………… 263
第3節　政治献金に関する「Pay-to-play ルール」……………… 264
第4節　労働団体に対する支払い …………………………………… 266

追　　補　267

事項索引　270
判例索引　273

第1章　はじめに——歴史的変遷

I　1929 年の世界恐慌への立法的対応

　1929 年ニューヨーク証券取引所における株価の暴落の後、ルーズベルト政権は、米国証券市場への国民の信頼を再構築するために果敢に奮闘した。その後の 10 年間にわたり、その目的を達成するために、複数の連邦証券法制が、合衆国連邦議会で可決され、大統領署名により制定された。すなわち、1933 年証券法（以下、「証券法」）、1934 年取引所法（以下、「取引所法」）、1935 年公益事業持株会社法（以下、「公益事業持株会社法」）および 1939 年信託証書法（以下、「信託証書法」）である。

　投資会社（一般に、「ミューチュアル・ファンド」といわれる）および投資会社にアドバイスを行う者については、合衆国連邦議会は、証券法と取引所法の開示および詐欺防止規定によっても、投資会社証券の購入者が十分な保護を与えられていないことを懸念した。これは、ファンドの投資顧問（以下、「ファンド・アドバイザー」）とファンド投資家との間で利益相反を生じさせるミューチュアル・ファンド特有の仕組みに起因していた。ファンド・アドバイザーは、その運用するファンドとは別個の独立した法主体であるものの、通常はそれらのファンドの組成を行う。その結果、ファンド・アドバイザーは、通常はそのアドバイスを行うファンドの運用期間中にわたって、ファンドの内部管理に多大な影響力をもち続ける。この影響力に対するチェックが行われない限り、ファンド・アドバイザーは、ファンド投資家を害するかたちで容易に、ファンドを利用することが可能であった。

　公益事業持株会社法 30 条の権限により、合衆国連邦議会は、証券取引委員会（Securities and Exchange Commission）（以下、「SEC」）に対して、投資会社の性質および実務（特に、その構造上生じる利益相反）について詳細

な調査を行うことを指示した。4年間の作業の後、SEC は、調査結果として、投資信託調査（Investment Trust Study）において、数多くの不正行為がファンド・アドバイザーによって行われていたことを公表した。この調査をふまえ、ニューヨーク州上院議員ロバート・F・ワグナーによって、2部から構成される上院法案が提出された。第1部は、最終的に1940年投資会社法（以下、「投資会社法」）となり、第2部は1940年投資顧問法（以下、「投資顧問法」）となった。

投資会社法は、投資顧問とその運用するファンドとの間の利益相反を防止するために合衆国連邦議会によって制定されたものである。たとえば、同法において、ファンドの取締役会および受託者会には、独立した取締役または受託者を置くことが義務づけられている。これらの独立取締役は、ファンド投資家の利益の「番犬」としての職責を負う。また、同法により、投資顧問とその運用するファンドとの間の不正な自己取引を是正するために、ミューチュアル・ファンドの業務運営について SEC に広い権限が与えられている。

これに対して、投資顧問法は、投資顧問関係における複雑な受託者としての性格を中心としたものである。主要な目的は、対価を受領して証券投資がうまくいくようアドバイスを行う者に関する情報を一般投資家に開示することにある。他の連邦証券法と同様、投資顧問法においても、証券業界における高水準の業務倫理が構築されるよう、買主の危険負担の概念は採用されておらず、代わりに情報開示の徹底を基本理念としている。また、投資顧問法は、投資顧問による一般投資家を害するおそれのある詐欺的な行為を防止するよう制度設計がなされている。特に、投資顧問が中立的な投資アドバイスをその顧客に提供しないおそれのある利益相反についてはすべて排除されるよう、あるいは、少なくとも開示が行われるようにしている。

II 投資顧問法の発展

ニューディール政策における立法的な反省から、合衆国連邦議会は、包括的な投資顧問法制の制定は行わなかった。したがって、制定当初の投資

顧問法は範囲が限られており、21条（現在は26条ある）のみで規定されていた。当初は、主として投資顧問業界の調査を容易にする目的でのみ制度設計が行われたものであった。

投資顧問法の制定から20年間、実質的な改正は行われなかった。しかし、市場をめぐる大きな不祥事が何件か生じたことを受けて、SECによってさらなる調査が行われ、投資顧問法に多数の不備があることが判明した。特に、SECは、投資顧問法においては、投資顧問の顧客および他の一般投資家に十分な保護が与えられていないと考えた。多くの投資顧問によって投資顧問法の不備が悪用されたことをふまえ、1960年、1970年、1997年、1999年および2006年に、合衆国連邦議会によって順次改正が行われた。

1960年改正により、「相場操縦的」という用語が、投資顧問法に列挙される禁止行為に追加された。より重要な改正事項としては、SECに「規則およびレギュレーションにより、詐欺的、欺瞞的、相場操縦的な行為・慣行・業務を定義し、防止するために合理的に考案された手法を規定」する権限が与えられたことである。たとえば、投資顧問法204条の改正により、投資顧問会社に適切な記録を保存することを義務づけるための権限がSECに与えられた。また、SECには、取引所法に基づきブローカー・ディーラーに対して有する権限と同様に、投資顧問に対する検査権限が与えられた。さらに、他の連邦証券法に違反し、または特定の違反行為を行った者に対して、投資顧問法登録を停止または拒否する権限がSECに与えられた。そして最後に、投資顧問法の詐欺防止規定は、SECに登録した投資顧問だけでなく、ヘッジファンドおよびプライベート・エクイティ・ファンドの投資顧問を含むすべての投資顧問に適用されるよう対象範囲が拡大された。

これに対して、1970年改正の大部分は、投資顧問法ではなく投資会社法に関するものであった。同改正の多くは政治的な妥協の産物であり、投資顧問から投資会社に請求される報酬が、発生した費用および提供された役務に照らして合理的かに関する1次的な判断を、裁判所ではなく独立取締役が行うものとした。また、同改正により、投資会社の取締役または受託者の40％以上が、その投資会社の「利害関係者」であってはならない

こととされた。これは、従前の投資会社法で求められていた「非関係者」基準より厳格な基準であると考えられていた。

特筆すべきは、この 1970 年改正により、証券法および他の金融法の違反防止のために、投資顧問は、従業員および監督下にあるその他の者についても監督を怠った場合に責任を負うこととされた点である。この規定は、取引所法に基づくブローカー・ディーラーに監督責任を負わせる規定と同様の規定である（本書第 13 章第 4 節 II 参照）。

1997 年改正は、1996 年全国証券市場改善法（以下、「全国証券市場改善法」）の制定を受けて行われた。たとえば、全国証券市場改善法によって、連邦政府と個々の州の間で規制権限が分けられた。同法においては、不必要な規制の重複を排除することにより、金融市場における効率性および資本形成の促進が図られた。重要な点として、投資顧問を規制する権限の大半は SEC に与えられ、州の規制権限は主に比較的少額の運用資産残高（AUM）を有する投資顧問に限定された（本書第 3 章第 1 節参照）。

1999 年改正は、1999 年グラム・リーチ・ブライリー金融近代化法（以下、「グラム・リーチ・ブライリー法」）の制定を受けて行われた。投資顧問法の改正部分のうち最も重要なものは、同法 202 条(a)項(11)号の「投資顧問」の定義の変更であった。1999 年改正以前、銀行および銀行持株会社は、投資顧問法の規制対象からすべて除外されていた。これは、1933 年グラス・スティーガル銀行法（以下、「グラス・スティーガル法」）により、銀行が、ミューチュアル・ファンドにかかるアドバイスおよび販売等の証券業務を行うことが制約されていたことに直接起因する。しかし、グラム・リーチ・ブライリー法によってグラス・スティーガル法は廃止され、これによる規制の隙間を埋めるために 1999 年改正が行われた。この改正により、2001 年 5 月 12 日付で、ミューチュアル・ファンドおよびその他の登録投資会社に投資顧問サービスを提供する銀行および銀行持株会社は、SEC の監督下に入り、投資顧問法の規制に服することになった（投資顧問法 202 条(a)項(11)号(B)および本書第 2 章第 2 節 II 1 参照）。

2002 年に、SEC の要請により、ヘッジファンド（実質的には「プライベート」なミューチュアル・ファンドであると考えられる）に関する調査が SEC スタッフによって実施された。ヘッジファンド調査を実施する端緒

となった出来事は、米国および国際的な証券市場の安定を脅かす数十億米ドル規模のヘッジファンド「ロング・ターム・キャピタル・ファンド」の破綻であった。ヘッジファンドおよびその投資顧問（「ヘッジファンド・アドバイザー」）の多くは、投資会社法および投資顧問法上の登録からそれぞれ免除されている。SEC は、ヘッジファンドの数およびその運用資産残高が膨大に増加していることに関して、特に、ヘッジファンドに参加するリテール投資家が増加している一方で、ヘッジファンドおよびそのアドバイザーに関する情報が欠如しており、規制が限られていることに照らして、懸念を抱くようになったためである。

2003 年に、「ヘッジファンドの成長に関する影響」と題する調査報告が SEC によって公表された。この調査報告を契機として、その後いくつかの制度変更の立案が行われ、実施された。これらの制度変更（以下、旧「ヘッジファンド登録規定」と総称する）により、2006 年 2 月からで、ヘッジファンド・アドバイザーの大部分は、投資顧問法に基づき SEC に登録する義務を負うこととなった。また、同改正により、これらのアドバイザーは、投資顧問法に基づく記録保存および情報開示義務を負い、SEC 検査の対象となった。

ヘッジファンド登録規定が施行されてわずか 4 か月後の 2006 年 6 月に、ワシントン D.C. 合衆国控訴裁判所は、全員一致でこれを無効とした。裁判所は、これらの規定が「裁量的」であると判断し、SEC の制定理由を「不合理」と判示した（Goldstein v. SEC, 451 F.3d 873（D.C. Cir. 2006）参照および旧ヘッジファンド登録規定、Goldstein 判決および判決後の顛末の詳細については、本書第 4 章第 1 節参照）。

2006 年に、投資顧問法の規定の一部が改正され、新たな規定の追加も行われた。同法における「銀行」を定義する 202 条(a)項(2)号に、貯蓄組合が含まれることとなった。これにより、現在、貯蓄組合の大部分は、「投資顧問」の定義から除外されている（投資顧問法 202 条(a)項(11)号(A)および本書第 2 章第 2 節 II 1 参照）。また、202 条(a)項(11)号も改正され、公認格付機関の大部分が「投資顧問」の定義から除外された（投資顧問法 202 条(a)項(11)号(F)および本書第 2 章第 2 節 II 6 参照）。203 条(e)項(2)号(B)および同(e)項(4)号の改正により、投資顧問が信用格付機関として行った不正行為によって、

6   第1章　はじめに

投資顧問登録の停止や取消しの対象にもなりうることが明確化された。「信用格付機関」を定義する 202 条(a)項(28)号が追加された。最後に、210A 条の追加により、銀行、銀行持株会社および貯蓄組合の投資顧問業務に関して、SEC と連邦銀行当局の間で協議を行うことが求められることとなった（本書第 13 章第 7 節参照）。

第2章　投資顧問はいかなる者か

第1節　はじめに

　投資顧問法の規制は、「投資顧問」の定義に該当する者のみに適用されるため、いかなる者が投資顧問に該当するかしないかは基本的な問題である。定義に該当しない者は、投資顧問法の規定を遵守する必要がない。しかし、その行為内容によっては、連邦証券法の他の規定、とりわけ取引所法規則10b-5の詐欺防止規定に服する可能性がある。

　第2節Ⅱでも後述するとおり、投資顧問法202条(a)項(11)号に規定される「投資顧問」の定義には、6つの除外が定められている。除外されたアドバイザーは、206条の詐欺防止規定を含めた投資顧問法の規定を遵守する必要がない。さらには、投資顧問法203A条(b)項(1)号により、州が、投資顧問法202条(a)項(11)号の「投資顧問」の定義から除外される者に対して、投資顧問としての登録、免許付与または資格付与を要求する州法を適用することは禁止される。

　前記にかかわらず、「投資顧問」の定義に該当し、除外されない者であっても、投資顧問法に基づく登録から免除される可能性はある。実際、投資顧問法およびこれに基づき制定される規則において、登録からの免除規定がいくつか定められている（投資顧問法203条(b)項参照）。「免除」された投資顧問は、SECに登録する必要はなく、投資顧問法の規定の大部分について適用を受けない。これらの規定には、同法の記録保存義務および成功報酬規制が含まれる。特筆すべきは、免除された投資顧問であっても、投資顧問法206条の詐欺防止規定および他の連邦証券法の詐欺防止規定の適用は依然として受けるということである。

　最後に、「投資顧問」の定義に該当し、定義からの除外または登録からの免除のいずれにも該当しない者は、投資顧問として登録する必要がある。しかし、具体的な事実関係や状況によっては、一部の者は、SECではな

く1以上の州に登録する必要がある可能性がある（投資顧問法203A条および本書第3章第1節Ⅱ2参照）。

第2節 「投資顧問」の定義

Ⅰ 3要素

　「投資顧問」の定義には、3つの主要な要素および6つの除外が設けられている。投資顧問法202条(a)項(11)号において、「投資顧問」は以下のとおり定義されている。

> 「報酬を受けて証券の価値に関して、もしくは証券に対する投資、購入もしくは売却の可否に関して、直接的に、もしくは出版物もしくは文書を通じて、他人に助言すること（advising）を業とする者、または報酬を受けて定常的業務の一部として証券に関する分析もしくは報告を発行もしくは公表する者」

　定義に該当する「者」は、自然人および法人のいずれもありうる（投資顧問法202条(a)項(16)号参照）。

　次の3要素がいずれも充足される場合には、6つの除外のいずれかに該当しない限り、投資顧問法に基づく「投資顧問」に定義上該当する。

1. 当該者が、他の者に、証券に関して助言（advice）を提供し、または報告もしくは分析を発行すること
2. 当該者が、これらのサービスの提供を業とすること
3. 当該者が、報酬を受けてこれらのサービスを行うこと

これらの3要素につき、それぞれ以下のとおり詳説する。

1 証券に関する投資アドバイス（advice）

　第1の要素に含まれる「助言」要件は、一般に、証券に関する助言を提供し、推奨を行い、報告もしくは分析を発行する者を含む。当該者が伝達すべき具体的な情報は、常識の問題として、当該者の判断、推測または選択を反映するものでなければならない。そうでなければ、当該情報は、第

1の要素における「助言」にあたらない。重要な点としては、顧客から投資裁量を与えられていない場合でも、顧客に提供する「推奨」、「報告」および「助言」の性質によっては、投資顧問に該当する可能性があり、典型的には該当する。

助言は、特定の証券に関するものも、証券一般に関するものも含む。また、①証券を売買する時期、②異なる投資対象（このうち最低１つは証券にかかるものである必要がある）に変更する時期、③証券への投資が他の証券以外の投資対象への投資より好ましいか否か、④証券の評価または価格算定の方法、⑤投資顧問の選定または評価の方法に関して、推奨を行う行為は、いずれも第１の要素において「助言」に該当する。

当然ながら、当該助言は、実際に「証券」に関するものである必要がある。投資顧問法202条(a)項(18)号により、投資顧問法における「証券」の定義は広く定められている。はたしてこの定義は、証券法2条(a)項(1)号および取引所法3条(a)項(10)号に規定される定義と実質的に同様である。したがって、「証券」の定義には、たとえば、次のものが含まれる。

- ・ノート、担保付社債、無担保社債その他の債務証書等の負債証書
- ・普通株式および優先株式のいずれも含む、伝統的な株式
- ・証券または証券グループもしくは証券指数に関するオプション（プット、コールおよびストラドルを含む）等の一定のデリバティブ商品
- ・投資契約
- ・一般に「証券」とされているすべての権利または証書

重要なことは、「証券」の定義には、報酬を受けて助言を提供する対象となる多くのものが含まれないことである。たとえば、一定の有形資産（たとえば、貨幣、芸術作品、音楽およびスポーツ記念品その他の収集品）、不動産（ただし、不動産投資信託（「REIT」）持分を除く）、商品にかかる先物取引（ただし、証券にかかる先物取引は除く）および証券に関連しないビジネス機会は含まれない。したがって、これらの投資に関する助言を提供する者は、投資顧問法による規制を受けない。

2 「業とする」

「投資顧問」の定義の第2の要素は、投資アドバイスを提供することを

10   第2章　投資顧問はいかなる者か

「業」とする者であるか否かに関するものである。法律上の「投資顧問」の定義には、内容が異なりうる2つの「業」の基準（「業とする」と「定常的業務の一部」）が定められているが、SEC はいずれも同様に、また非常に広く解釈する（投資顧問法通知 1092 号、1987 WL 112702（1987 年 10 月 8日）（以下、「1092 号通知」）参照）。

　「業とする」ためには、助言の提供が、主要な業務活動であることも、業務活動の特定の部分を占める必要もない。重要なのは、助言を提供する頻度および継続性であり、一定の継続性をもって業務活動として助言を提供しているかが問題となる。頻度は、明らかに重要ではあるものの、唯一の要素ではない。

　SEC は、1092 号通知において、次の3つの条件の1つ以上に該当する場合には、助言の提供を「業とする」ものと解される旨を定めている。

①当該者が、自己が投資顧問または投資アドバイス（investment advice）を提供する者であることを一般的に表示すること

②当該者が、証券に関する助言の提供に対して明らかに判別できる対価として、別途もしくは追加の報酬を受領し（報酬が全体の報酬と別か含まれるかを問わない）、または顧客が投資アドバイスを実行した場合にその取引に基づく報酬を受領すること

③当該者が、稀で単独かつ非定期的な場合ではなく、特定の投資アドバイスを提供すること

　①の条件である自己がアドバイザーであることを「一般的に表示すること」は、広告や宣伝に親和性のある概念である。したがって、名刺、文房具、業務用の電話帳登録または建物の案内、業務用ウェブサイトおよび（または）広告において、投資顧問である旨または助言を行う顧客を探している旨の表示がある場合は、これを充足する。既存の顧客に他の潜在顧客を紹介するよう働きかけること（「口コミ」広告）でも充足する。また、SEC は、広く公衆に対してではなく、公益事業年金プラン等の特定の属性を対象として見込み顧客を探す場合であっても、結論に影響はないとの見解を示している。

　報酬にかかる②の条件については、提供する助言と受領する報酬の間に直接の関係性がない場合に難しい問題が生じうる。顧客が投資アドバイス

を含む「サービスのパッケージ」に対して報酬を支払う場合（特に、ブローカー・ディーラーの取決めとの関係において問題となる）には、助言に関して追加の報酬が支払われているか明らかでない場合がありうる。1つの判断基準として、投資アドバイスを除いて同様のサービスのパッケージをより低いコストで顧客が入手可能かにより判断することが考えられる。

③の条件は、投資アドバイスの継続性に関するものである。SEC は、投資アドバイスの提供が顧客へのサービスとして時折にしか行われない場合は、第3の条件における「継続性」要件を充たさないとの見解を示している。裁判所は一般にこれと同様の見解を示している。Zinn v. Parrish (644 F.2d 360 (7th Cir. 1981)) において、第7巡回区連邦裁判所は、プロフットボール選手の代理人は、投資顧問を「業」とするものではないと判示した。代理人は、投資活動を不定期に、かつ、契約交渉および他の非投資関連業務に付随する態様で行っていた。

3 報　酬

「投資顧問」の定義の第3の要素として、当該者が「報酬」を受けてサービスを行うことが必要となる。報酬を一切受けない場合は、投資顧問法上の「投資顧問」にあたらない。これによって、非常に多くの者が、実質的に投資顧問法上の規制を免れることが可能となる。

しかし、SEC は、この報酬の要素を非常に広く解釈する。1092号通知によれば、「一切の経済的利益の受領（助言報酬もしくはこれ以外の提供するサービス全体にかかる報酬、手数料またはこれらの組合せの形式であるかを問わない）」が報酬の要素を充足する（黒点部分は筆者加筆）。実際の報酬の金額は、該当性の判断に影響しない。また、報酬は、顧客から直接支払われる必要はなく、第三者から間接的に支払われるものも含まれる。

報酬は、別途の手数料の形式で支払われる必要はない。むしろ、異なるサービスのパッケージに課される単一の手数料の一部でも報酬に該当しうる。しかし、サービスのうち投資アドバイスの部分について別途の手数料が課されない場合は、投資アドバイスを「業とする」かの判断において斟酌される可能性がある（前記2参照）。

II　定義上の除外

　投資顧問法202条(a)項(11)号に規定される「投資顧問」の定義には、6つの除外が定められている。「除外された」アドバイザーは、当初から定義に含まれない者と同様、投資顧問法の規定を遵守する必要がない。206条の詐欺防止規定も当然ながら含まれる。また、州が、除外されるアドバイザーに対して、投資顧問としての登録、免許付与または資格付与を要求する州法を適用することは禁止される（投資顧問法203A条(b)項(1)号参照）。

　投資顧問法202条(a)項(11)号により、除外規定に定める一定の条件のもと、「投資顧問」の定義から、一般に、次の6つの類型の者が除外される。

　　　1　銀行、銀行持株会社および貯蓄組合
　　　2　弁護士、会計士、技師（engineers）および教師
　　　3　特定のブローカーおよびディーラー
　　　4　一般的かつ定期的に発行されている善意の刊行物の発行者
　　　5　政府関連証券に関するアドバイザー
　　　6　公認格付機関
　　　7　その他SECにより法的権限に基づき除外された者

これらの除外について、それぞれ以下のとおり詳述する。

1　銀行、銀行持株会社および貯蓄組合

　投資顧問法202条(a)項(11)号(A)により、銀行持株会社、銀行および貯蓄組合の大部分が「投資顧問」の定義から除外される。「銀行持株会社」の定義は、1956年銀行持株会社法に規定されるものと同じである。「銀行」の定義には、一般に、連邦免許銀行および貯蓄組合、連邦準備制度加盟銀行ならびに、州法または合衆国の法律に基づき業務を行い、かつ、州または連邦銀行当局の監督を受ける特定の他の銀行、貯蓄組合または信託会社（それらの事業の実質的部分が、国法銀行に許容されている預金の受入れまたは受託権限の行使に類似するものである場合に限る）が含まれる（投資顧問法202条(a)項(2)号参照）。「銀行」の定義には、外国銀行は含まれない。貯蓄組合は含まれるが、2006年金融サービス規制救済法の一部として最近追

加されたものである。

　銀行および銀行持株会社の除外には、2つの重要な例外がある。第1に、銀行または銀行持株会社の子会社は除外の対象ではない。したがって、子会社は、一般に、他の除外または登録免除が適用されない限り、投資顧問として登録しなければならない。これに関連して、SEC は、公衆ではなく関係者に対してのみ助言を提供する銀行子会社に、除外による救済を認めている。

　第2に、登録投資会社（registered investment company）に対して投資顧問業務を行う銀行または銀行持株会社は、除外の対象とならない。しかし、特定の銀行において、投資顧問業務が別途特定可能な部署または部門を通じて行われている場合には、当該銀行全体ではなく、当該部署または部門が「投資顧問」とみなされ、登録する必要がある。

2　弁護士、会計士、技師および教師

　投資顧問法 202 条(a)項(11)号(B)により、「投資顧問」の定義から、その職務にとって「付随的なものに過ぎない」投資顧問業務を行う弁護士、会計士、技師または教師が除外される。これらの職業については、その職務の遂行に関連して顧客に投資アドバイスを提供する場合があることが合衆国連邦議会に認められたものである。投資顧問業務が別途業務活動を構成しない限り、これらの者は投資顧問法を遵守する必要がない。別途業務活動を構成する水準に達した場合、これらの事業体（特に会計事務所）は、通常、登録投資顧問を設立して個人向け金融プランニング・サービスを提供する。

　除外における「付随的なものに過ぎない」の文言は、これらの職業の者による投資顧問業務の提供が別途業務活動を構成するかを判断する重要な要素となる。SEC は、該当性を判断するにあたり、次の3つの要素を検討する。

　　①当該者が、公衆に対して自己が投資顧問業務を提供していることを一般的に表示しているか。
　　②提供される投資顧問業務が、当該者の職務の提供にかかる契約に関連するものであり、合理的な関係性を有するか。

14 第2章 投資顧問はいかなる者か

③当該業務の報酬が、当該者の職務の提供にかかる通常の報酬と同じ
要素に基づき決定されるか。

投資顧問業務の提供が職務に「付随的なものに過ぎない」ものに該当し
ない場合のわかりやすい例として、証券法規則506に基づき行われる証券
の私募の場面が挙げられる。当該規則により、「適格投資家」（証券法規則
501(a)で定義される）にあたらない証券の購入者は、単独でまたは「購入者
代表」（証券法規則501(h)で定義される）と共同で、見込まれる投資のメリ
ットおよびリスクを評価することができるだけの金融およびビジネスの知
識および経験を有することが求められる。職務として私募に関与する会計
士または弁護士は、しばしば、その私募における「購入者代表」の役割を
引き受ける。しかし、購入者代表の主要な職責は、見込まれる投資のメリ
ットおよびリスクに関して投資家に助言を行うことである（証券法規則
502(h)参照）。これらの助言業務の提供は会計士または弁護士の職務にとっ
て「付随的なものに過ぎない」ものではないため、投資顧問法202条(a)項
(11)号(B)に規定する除外の範囲外となる。

職業除外規定の「教師」にかかる部分は、共同執筆者の1人にとって特
に重要である。特定の「教師」がこの除外にあたるかは、その教師が真に
教師か、あるいは教師と称して投資アドバイスを提供するに過ぎないかに
よる。したがって、通常授業の一部として適格教育機関で教える者は、職
業除外規定の適用を受けることができる。そうでない者は、その「指導」
の主要な目的が真に教育であることを証明する必要がある。

3　特定のブローカーおよびディーラー

（1）**概　説**　ブローカー・ディーラーの大部分は、通常業務の一部
として投資アドバイスを日常的に行っており、その結果、投資顧問として
登録する必要がある。しかし、ブローカー・ディーラーは、取引所法、州
法およびFINRA規則（NASDおよびNYSEの規則にとって代わる予定）に
よりすでに厳格に規制されていることから、投資顧問法202条(a)項(11)号(C)
に規定される「投資顧問」の定義にかかるブローカー・ディーラー除外規
定が明文で認められている。

ブローカー・ディーラー除外規定の適用を受けるためには、ブローカ

ー・ディーラーは、次の3つの要件を充たす必要がある。

    (a) 取引所法に基づきブローカー・ディーラーとして登録を受けること

    (b) 顧客への投資顧問業務の提供が、ブローカー・ディーラー業務にとって付随的なものに過ぎないこと

    (c) 投資顧問業務の提供に対して特別の報酬を受けないこと

これらの要件について、それぞれ以下のとおり詳述する。

    (a) 取引所法上の登録   ブローカー・ディーラー除外規定の適用を受けるためには、取引所法15条に基づきブローカー・ディーラーとして登録を受けなければならない。この要件は、投資顧問法に直接明記されていない。しかし、かかる見解は、歴史的に（かつ理論的に）SECスタッフによってとられており、旧投資顧問法規則202(a)(11)-1のブローカー・ディーラー・セーフハーバー（以下、「ブローカー・ディーラー・セーフハーバー」）の(a)においても定められていた。当然ながら、未登録のブローカー・ディーラーは、投資顧問法上生じる問題に加え、取引所法に基づき数多くの規制上の問題に対処する必要がある。

  取引所法登録を行うことにより、投資顧問法との関係においてもさらなるメリットがある。旧ブローカー・ディーラー・セーフハーバーの(c)において、取引所法登録ブローカー・ディーラーは、そもそも投資顧問法の適用対象となるサービスを提供し、または報酬を受領する顧客口座についてのみ「投資顧問」とみなされることとされていた。かかる規定により、これ以外の顧客口座に関して、他の顧客もSECも、ブローカー・ディーラーに対して投資顧問法上の責任追及を行うことは認められない。ブローカー・ディーラー・セーフハーバーは2007年に司法上無効とされたが、SECは引き続きこの見解に立つものと推測される。

    (b) 「付随的なものに過ぎない」   ブローカー・ディーラー除外規定の第2の要件は、ブローカー・ディーラーによる顧客への投資顧問業務の提供が、そのブローカー・ディーラー業務にとって「付随的なものに過ぎない」ことである。前述の特定の職業にかかる「投資顧問」の定義からの除外における議論は、論理的に、ブローカー・ディーラーとの関係においても同様にあてはまると考えられる（前記2参照）。したがって、アドバイ

16　第2章　投資顧問はいかなる者か

スを別途の継続的な業務の一部としてではなく付随的に行うブローカー・ディーラーは、「付随的なものに過ぎない」との要件を充足すると考えられる。

　しかし、一般に、ブローカー・ディーラーは、前述の特定の職業以上の投資アドバイスを、より頻繁に提供することから、ブローカー・ディーラー除外規定における「付随的なものに過ぎない」との要件に関して著しい混乱が生じた。2005年に、SEC は、旧投資顧問法規則 202(a)(11)-1 のブローカー・ディーラー・セーフハーバーを採択し、「付随的なものに過ぎない」との要件について一定の指針を示した。SEC スタッフによれば、旧規則により、「報酬の形態を問わず、ブローカー業務に付随的なものに過ぎない裁量のないアドバイスを提供する特定のブローカー・ディーラーは、投資顧問の定義から除外され」ていた（投資顧問法通知 2376 号、2005 WL 849053（2005 年 4 月 12 日）（以下、「2376 号通知」））。

　当該旧規則の(b)により、ブローカー・ディーラーは、以下の 3 つの場合（ただし、これらの場合に限られない）には、「付随的なものに過ぎない」との要件を充足しないものとされていた。

　　①投資顧問業務について、別途の手数料を徴収し、または別途の契約を締結する場合
　　②金融プランニングの一部としてまたは金融プランニング業務の提供に関連してアドバイスを提供し、かつ、ⓐ一般公衆に対し自己が金融プランナーもしくは金融プランニング業務を提供しているものであることを一般的に表示し、ⓑ顧客に金融プランを提示し、またはⓒ金融プランニングの一部としてもしくは金融プランニング業務の提供に関連してアドバイスが行われるものであることを顧客に示す場合
　　③顧客口座について投資裁量を行使する場合（一時的または限定的な裁量の付与を除く）

　前記②の場合に関して、SEC スタッフによって重要な指針が示されていた（たとえば、Securities Industry Assoc.／SEC ノー・アクション・レター、2005 WL 3526529（2005 年 12 月 16 日公表）参照）。特定の文書または金融ツールが「金融プラン」に該当するかという問題に関して、一般に、「金融

プラン」は、顧客の長期的な金融需要に幅広く対応する目的を有するものであるとの見解がSECスタッフによって示された。実際、「金融プランニングは、通常、業務の対象および範囲によって他の類型のアドバイス業務から区別される」（2376号通知）。したがって、金融プランは、投資に関するものに加えて、保険、貯蓄、税および遺産プランニングに関する推奨を含みうる。

　SECは、金融プランを「金融ツール」とも区別していた。金融ツールは、質問票、金融計算機、資産配分・分析およびキャッシュ・フロー分析を含みうる（2376号通知参照）。顧客の長期的な需要に基づいて特定の取引または顧客資金・証券の配分に関して顧客を指導するためにも用いられうる。しかし、前述のより幅広い意味での金融プランにかかるものはこれに該当しない。金融ツールがこのように限定的に用いられる場合、ブローカー・ディーラーと顧客の間のブローカー関係の一部であると通常考えられていた。

　前記③の場合に関して、SECによれば、「投資裁量」という用語は、取引所法3条(a)項(25)号に規定される意味と同じ意味を有するものであるとされていた。したがって、一般に、ブローカー・ディーラーが特定の顧客口座について投資裁量を有すると認められるのは、顧客口座によってもしくは顧客口座のためにいかなる証券その他の財産を売買するかを決定する権限を与えられている場合、または、顧客口座によってもしくは顧客口座のためにいかなる証券その他の財産を売買するかに関して（他の者が当該投資判断について責任を負うこととされているとしても）判断を実際に行う場合である。

　ブローカー・ディーラー・セーフハーバー、特に「特別の報酬」について当局に裁量的な取扱いを認める(a)は、金融プランナー業界を震撼させた。金融プランニング協会は、その領域を守るため、SECに対して、投資顧問法202条(a)項(11)号の(G)に基づき当該セーフハーバーを採択するSECの権限を争う訴訟を提起した。ワシントンD.C.合衆国地方裁判所は、金融プランニング協会の主張を認め、投資顧問法規則202(a)(11)-1を無効とした（Financial Planning Assoc. v. SEC, 482 F.3d 481（D.C. Cir. 2007）および後記(4)参照）。

18　第2章　投資顧問はいかなる者か

　(c)　「特別の報酬」　　ブローカー・ディーラー除外規定の第3の要件
において、ブローカー・ディーラーは、投資顧問業務の提供に対して「特
別の報酬」を受けないこととされている。これは、アドバイスがブローカ
ー・ディーラーの業務に「付随的」である場合でもあてはまる。しかし、
1975年証券法改正の一部として合衆国連邦議会により手数料率の規制緩
和にかかる立法が制定されて以降、何をもって「特別」とするかの事実認
定は明確でなくなった。たとえば、当該改正により、取引所法6条(e)項(1)
号の規定が追加された。当該規定により、国法証券取引所は、その会員が
請求する手数料、値引き、割引きその他の報酬にかかる料金表または特定
の料率を強制することが禁止される。

　1975年以降、ブローカーによって、ブローカー業務にかかる手数料をリ
サーチおよびアドバイス業務にかかる報酬と「アンバンドリング (unbund-
ling)」する等、そのサービスに対して様々な方法による手数料が開発され
てきた。また、余分なサービスのない「格安」ブローカーが人気を博し、
より伝統的な「フル・サービス」のブローカーにとって競争相手として著
しい脅威となった。したがって、ブローカーが投資顧問業務そのものに対
して具体的に報酬を受けているか、あるいは、ブローカーが受領する報酬
はブローカー業務その他の業務に付随的なものに過ぎないかが重要となる。

　これらを判断するにあたって、SEC は、1の顧客と個別に交渉された報
酬と、他の顧客と交渉された報酬とで異なる取扱いをしない。ブローカ
ー・ディーラーが投資アドバイスの提供に対して「具体的に」収益を得る
ものであると認められる他の証拠がない限り、ブローカー・ディーラーが
多額の委託手数料を受領することのみをもって「特別の報酬」に該当する
ものではない (Kaufman v. Merrill Lynch, Pierce, Fenner & Smith, Inc., 464 F.
Supp. 528 (D.Md. 1978) 参照)。しかし、ブローカーが得る多額の利益につい
て具体的な名目が明示されていない場合でも、通常業務の過程で得た委託
手数料でない場合には、「特別の報酬」にあたるものと解される可能性が
ある (SEC v. Kenton Capital, Ltd., 69 F.Supp. 2d 1 (D.D.C. 1998) 参照)。

　2005年に、SEC によって、旧投資顧問法規則202(a)(11)-1のブローカ
ー・ディーラー・セーフハーバーが採択され、「特別の報酬」要件に関し
て一定の指針を示す試みがなされた（前述のとおり、このセーフハーバーは

2007 年に司法上無効とされた）。SEC スタッフによれば、旧規則により、「報酬の形態を問わず、ブローカー業務に付随的なものに過ぎない裁量のないアドバイスを提供する特定のブローカー・ディーラーは、投資顧問の定義から除外され」ていた（投資顧問法通知 2376 号（2005 年 4 月 12 日））（黒点部分は筆者加筆）。

　当該旧規則の(a)(2)により、ブローカー業務に対して、他の顧客と異なる金額の手数料、値上げ、値引きまたは同種の報酬を受領することのみをもって、登録ブローカー・ディーラーが特別の報酬を受けたものと SEC によって認定されるものではないとされた。これは、この点に関する従来からの SEC の見解と整合的であった。

　また、当該旧規則の(a)(1)により、登録ブローカー・ディーラーが特別の報酬を受領する場合でも、次の 3 つの条件が充足される場合には、SEC によって投資顧問として扱われないものとされた。

　　①投資顧問業務について顧客との間で、別途の手数料を徴収し、または別途の契約を締結しないこと

　　②顧客口座について特別の報酬を受けて行う投資アドバイスは、当該顧客口座に対するブローカー業務に付随的なものに過ぎないこと（特に、当該顧客口座について投資裁量を行使しないこと）

　　③特別の報酬を受けるべき顧客口座にかかる広告および契約、合意、申請その他のフォームにおいて、以下の事項が記載され、明確に表示されること

「お客様の口座は、ブローカー口座であり、投資顧問口座ではありません。当社の利益は、お客様の利益と必ずしも同一とは限りません。お客様の権利および当社のお客様に対する義務（利益相反を開示し、お客様の最善の利益のために行動する当社の義務の範囲を含みます）をお客様が確実に理解されるよう当社にご質問ください。当社は、お客様のほか、場合によってはお客様が購入する商品に基づき当社に報酬を支払う第三者からも、報酬を受領します。したがって、当社の利益および当社の営業員の報酬は、商品によって、また時間の経過によって異なる可能性があります」（原注：この記載において、前記の点を顧客が相談できるブローカー・ディーラーにおける適切な担当者を特定すること

20　第2章　投資顧問はいかなる者か

も必要となる）。

ブローカー・ディーラー・セーフハーバー、特に「特別の報酬」につい
て当局に裁量的な取扱いを認める旧規則(a)は、金融プランナー業界を震撼
させた。金融プランニング協会は、その領域を守るため、SEC に対して、
投資顧問法 202 条(a)項(11)号の(G)に基づき当該セーフハーバーを採択する
SEC の権限を争う訴訟を提起した。ワシントン D.C. 合衆国地方裁判所は、
金融プランニング協会の主張を認め、投資顧問法規則 202（a)(11)-1 を無効
とした（Financial Planning Assoc. v. SEC, 482 F.3d 481（D.C. Cir. 2007)および後
記(4)参照）。

(2)　**外国ブローカー・ディーラー**　　一般に、外国ブローカー・ディー
ラーは、投資顧問法に基づくブローカー・ディーラー除外規定の適用を受
けるためには、国内のブローカー・ディーラーと同様に、取引所法に基づ
きブローカー・ディーラーとして登録する必要がある（前記(1)(a)参照）。し
かし、多くの外国ブローカー・ディーラーは、取引所法に基づくブローカ
ー・ディーラー登録を適法に回避することを積極的に選択する。したがっ
て、無登録の外国ブローカー・ディーラーは、その投資顧問業務に関して、
投資顧問法に基づくブローカー・ディーラー除外規定の適用を受けること
ができるか問題となる。

一連のノー・アクション・レターにより、外国ブローカー・ディーラー
が取引所法規則 15a-6 に規定される特定の条件（すなわち、当該規則の(a)
(2)・(3)・(4)に規定されるもの）を充足し、かつ、その投資顧問業務を投資顧
問法に基づくブローカー・ディーラー除外規定に定めるものに限定する場
合には、取引所法に基づくブローカー・ディーラー登録を得る必要はない
との見解が SEC によって示されている（たとえば、Charterhouse Tilney／
SEC ノー・アクション・レター、1993 WL 277798（1993 年 7 月 15 日公表)、
Barclays PLC／SEC ノー・アクション・レター、1991 WL 176731（1991 年 2 月
14 日公表）参照)。取引所法規則 15a-6 により、外国ブローカー・ディー
ラーは、その米国における業務が当該規則に規定される範囲に限定される
場合、取引所法のブローカー・ディーラー登録から免除される。

(3)　**ブローカー・ディーラーの登録された営業代理人**（Representative)
ブローカー・ディーラーの登録された営業代理人は、そのアドバイス

業務がブローカー・ディーラーの管理下にある場合には、ブローカー・ディーラー除外規定の対象に含まれる。ブローカー・ディーラーによる管理は、取引所法3条(a)項(18)号に規定される管理の基準を充足するものである必要がある。同規定において、「ブローカーまたはディーラーと関係のある者」または「ブローカーまたはディーラーの関係者」という用語が定義されている。

　ブローカー・ディーラー除外規定の適用があるかを判断するにあたって、登録された営業代理人がいかなる立場で投資アドバイスを行うかが重要な要素となる。登録された営業代理人が（金融プランニング業務を別途立ち上げる等により）ブローカー・ディーラーとの雇用関係とは別にアドバイスを行う場合またはブローカー・ディーラーの承諾なくアドバイスが行われる場合、除外規定の適用は受けられない。したがって、これらの場合は、登録された営業代理人は、他の定義からの除外規定または登録からの免除規定の適用がない限り、投資顧問法に基づき登録を受ける必要がある。

　従前より、登録された営業代理人が、公衆に対して自己が金融プランナーであることを一般的に表示する場合は、除外規定の適用を受けられなかった。営業代理人が、「公認金融プランナー」等の教育または専門的訓練にかかる資格または学位を、名刺またはレターヘッドに用いる場合は、「一般的に表示する」に該当するとの見解がSECスタッフにより示されていた。2005年に、SECにより旧投資顧問法規則202(a)(11)-1(b)(2)のブローカー・ディーラー・セーフハーバーが採択され、営業代理人がブローカー・ディーラー除外規定の適用を受けられなくなるためには、公衆に対して一般的に表示するだけでなく、金融プランニングの一部としてまたは金融プランニング業務の提供に関連して顧客にアドバイスを提供することも必要とされた。前述のとおり、ブローカー・ディーラー・セーフハーバーは2007年に司法上無効とされた（Financial Planning Assoc. v. SEC, 482 F.3d 481 (D.C. Cir. 2007)および後記(4)参照）。

　(4)　他の除外規定の適用可能性　　合衆国連邦議会により、投資顧問法202条(a)項(11)号(C)において、ブローカー・ディーラーに具体的な定義からの除外規定が設けられたことから、当該除外規定の要件を充足しないブローカー・ディーラーであっても、他の定義からの除外規定の要件を充足す

る場合には、他の除外規定の適用を受けられるかが問題となる。他の除外規定の適用を受けられるのであれば、投資顧問法202条(a)項(11)号の(E)および(G)の除外規定は明らかに関係する。

　前記(E)の規定により、米国政府関連証券に関してのみアドバイスを行う者が除外される。したがって、この要件を充足するブローカー・ディーラーは、当該(E)の除外規定の適用を受けられる（後記5参照）。これに対して、前記(G)の規定により、202条(a)項(11)号の目的の範囲外の者として、規則、レギュレーションまたは命令によって指定することにより、「投資顧問」の定義から他の者を除外する権限がSECに認められている（後記7参照）。

　SECは、投資顧問法規則202(a)(11)-1の旧ブローカー・ディーラー・セーフハーバーを採択する権限の根拠規定として、投資顧問法211条(a)項（投資顧問法に基づき規則およびレギュレーションを制定、改正または廃止する権限を付与する包括的な立法上の根拠規定）に加えて、前記(G)（旧(F)）の規定を挙げていた（投資顧問法通知2376号2005 WL 849053（2005年4月15日）参照）。金融プランナーとブローカー・ディーラーとの間の典型的な領域争いにおいて、金融プランニング協会（以下、「FPA」）は、SECに対して、ブローカー・ディーラー・セーフハーバーを採択するSECの権限を争う訴訟を提起した（Financial Planning Assoc. v. SEC, 482 F.3d 481（D.C. Cir. 2007）参照）。FPAは、準備書面において、SECによる反対の主張にかかわらず、投資顧問法202条(a)項(11)号(G)の規定によって、当該(C)の規定に定める既存のブローカー・ディーラー除外規定の要件を書き換える権限がSECに与えられるものではないと主張した。FPAの見解によれば、ブローカー・ディーラー・セーフハーバーによって、当該(C)の規定における「付随的なものに過ぎない」との要件は存在しないものと解釈されることになり、合衆国連邦議会により設けられた「特別の報酬」の要件は実質的に削除されることになる。また、ブローカー・ディーラー・セーフハーバーにより、自ら「金融アドバイザー」および「金融コンサルタント」と称するブローカー・ディーラーの集団が、投資顧問法上の受託者責任の範囲外で業務を行うことが認められる。実際、FPAによれば、ブローカーによる投資顧問業務が増加しているという事実は、当該ブローカーを投資顧問法の対象から除外することを正当化する理由とはならない。FPAは、

ブローカー・ディーラー・セーフハーバーによって、その会員の評判が害され、会員の外形上の職務基準が低下し、競争が阻害されたと主張した。

これに対して、SEC は、「前記(G)の規定に基づき、(a)ブローカー・ディーラー・セーフハーバーの対象となる有償のブローカー業務を提供するブローカー・ディーラー（これらの者が 1940 年に存在しえなかったことには争いがない）は、投資顧問法からすでに除外されているブローカー・ディーラーの集団ではない『他の者』であり、(b)これらの者を投資顧問法の規制の対象とすることは立法目的に沿わないと合理的に判断した」と主張した。また、SEC は、「『ブローカー・ディーラーを保護』するために SEC が投資顧問法の立法経緯を歪めている」旨の FPA による「不当かつ根拠のない主張」は、SEC の調査結果「および関連する立法経緯」の解釈を誤っていると反論した。

ワシントン D.C. 合衆国控訴裁判所は、SEC が前記(G)の規定に基づく権限を逸脱したと判断し、ブローカー・ディーラー・セーフハーバーを無効として FPA の勝訴判決を下した。すなわち、裁判所は、前記(C)の規定において明示的にブローカー・ディーラーについて定められていることから、前記(C)の規定に定める範囲より広いブローカー・ディーラーの除外規定は、立法目的に合致しないと判示した。裁判所は、前記(G)の規定に基づく除外規定が 202 条(a)項(11)号の「目的」に沿うものでなければならないという法定の要件を、ブローカー・ディーラー・セーフハーバーが充足しないと判断した。したがって、当該(G)の規定における「他の者」は立法で明示的に定められていない者に限られることから、ブローカー・ディーラーは当該「他の者」に該当しない。

所属裁判官全員による大法廷での再弁論を SEC が求めるとの大方の予想と異なり、SEC は、敗訴判決について上訴しないこととした。SEC によれば、裁判所の判決は、およそ 100 万のブローカー口座（推定資産 3,000 億米ドル）に影響を与えた。

しかし、SEC は、臨時の規則として投資顧問法規則 206(3)-3T を採択し、当該規則により、二重登録者である投資顧問に関して、投資裁量を与えられていない場合における顧客との間のプリンシパル取引にかかる投資顧問法 206 条(3)項に基づく個別取引ごとの事前書面同意要件について限定

的な除外規定を設けた（プリンシパル取引につき、本書第8章第4節Ⅱ1参照）。2009年12月31日に失効するこの臨時の規則により、二重登録者は、投資裁量を与えられていない投資顧問業務にかかる顧客に対して書面による通知を行い、プリンシパル取引について包括的な書面同意を得る必要がある。書面通知および同意にかかる義務は1回限りのものであり、書面通知により、顧客に対して、ペナルティなくいつでも同意を撤回できることを知らせる必要がある。二重登録者が書面通知および同意にかかる義務を充足した場合は、各取引時においては、当該取引について顧客との間でプリンシパル取引を行う可能性がある旨を口頭で顧客に通知するだけで足りる。プリンシパル取引に関して顧客の同意が必要であり、取引所法規則10b-10により求められる取引確認において、顧客がプリンシパル取引を許可した旨が記載される必要がある。

　プリンシパル取引が、ⓐ二重登録者（もしくはその関係者）により発行される証券またはⓑ二重登録者（もしくはその関係者）が引受人となる取引に関連するものである場合は、投資適格負債証券にかかる募集を除き、前記臨時の規則による除外は適用されない。

4　一般的かつ定期的に発行されている善意の刊行物の発行者

　投資顧問法202条(a)項(11)号(D)により、「一般的かつ定期的に発行されている善意の新聞、ニュース雑誌または事業もしくは金融関係の刊行物の発行者」は、「投資顧問」の定義から除外される。従前より、この除外規定については、主に投資アドバイスを配布するための手段にあたらない新聞に限定され、SECによって狭く解釈されていた。しかし、Lowe事件（Lowe v. SEC, 472 U.S. 181 (1985)）において、合衆国最高裁判所は、この除外規定をより広く解釈した。後述のとおり、裁判所は、善意の発行者にかかる除外規定の適用を受けるためには、当該発行者の刊行物は、3つの要件を充足する必要があると判断した。

　　①刊行物は、「善意」であること。すなわち、「押し売り」が発信する
　　　宣伝資料ではなく、中立的な解説および分析が記載されるものであ
　　　ること。
　　②刊行物は、「一般的かつ定期的に発行されている」こと。すなわち、

証券市場の動向にかかるタイミングで発行されるものでないこと。

③刊行物は、「非個人的なアドバイス」(すなわち、特定の顧客または顧客ファミリーの特別な需要に合わせたものではないアドバイス)のみ提供するものであること。

Lowe 事件は、Lowe Management Corporation の社長および主要株主の Christopher Lowe 氏に関わる事件であった。Lowe 氏の会社は、投資顧問法に基づく登録投資顧問であったが、詐欺および他の不正行為を理由として SEC によってその登録が取り消された。また、SEC は、今後 Lowe 氏自身が投資顧問と関係を有することを禁じた。

それにもかかわらず、Lowe 氏は、同氏およびその関係会社が刊行する証券ニューズ・レターにおいて、非個人的な投資アドバイスおよび解説を発行し始めた。また、同氏は、刊行の合間に最新情報を発信する投資「ホットライン」を設置した。

Lowe 氏の行動を把握した SEC は、同氏に対して、同氏およびその関係会社が投資顧問法 203 条(a)項に違反する無登録の投資顧問にあたるとして訴訟を提起した。SEC は、Lowe 氏によるニューズ・レターの配布を差し止める終局的差止命令を求めた。地方裁判所は、Lowe 氏に対して、電話ホットライン、個別のレターまたは対面によって購読者に投資アドバイスを提供することを差し止める命令を行ったが、同氏による刊行物については、善意の発行者にかかる除外規定の範囲に含まれると判断し、刊行物の継続にかかる差止命令は行わなかった。しかし、控訴裁判所は、地方裁判所の判決を覆し、Lowe 氏は無登録の投資顧問であり、同氏の刊行物は除外規定の範囲に含まれないと判断した。

合衆国最高裁判所は、Lowe 氏に対する差止命令が合衆国憲法第 1 修正に基づく権利を侵害するか判断するために、最終的に Lowe 氏の上訴を審理することとした。SEC は、過去に証券業界において無登録・無資格の者による投資アドバイスに関連して不正が行われてきたことから、投資顧問の言論の自由に対する制限は許されると主張した。Lowe 氏は、商業的な「個人対個人」のコミュニケーションを規制対象とすることは可能かもしれないが、「投資顧問」という用語については、「公開市場における非個人的な投資アドバイスおよび解説」の配布までも広く含むものとして定義

することは認められないと反論した。

最高裁判所は、Lowe 氏の行為により同氏が「投資顧問」の定義に該当すると判断したが、同時に、当該定義は「決して明白なものではない」と判示した。そして善意の発行者にかかる除外規定の分析を行った。裁判所によれば、「明らかと認めるに足りる」点は２つある。第１に、顧客に対する通常業務の過程で投資顧問が配布する刊行物を除外することは、立法目的ではなかった。実際、「個人的な投資アドバイスを提供する業務を規制する」ことが合衆国連邦議会の主眼であった。第２に、非個人的な刊行物にかかる許認可を通じて報道機関を規制することは、明らかに合衆国憲法第１修正上の問題を生ぜしめる。

善意の発行者にかかる除外規定自体が２つの要件を定めていることが裁判所によって指摘されている。第１に、当該刊行物は、「善意」でなければならない。「善意」であるためには、刊行物は、「押し売り」が発信する宣伝資料ではなく、「中立的な解説および分析」が記載されるものでなければならない。第２に、刊行物は、「一般的かつ定期的に発行されている」ものでなければならない。裁判所は、この第２の要件について詳述しなかったものの、「株の売買の可否に関して時々速報を発信する者」または「当て逃げ的な情報提供者」はこれを充足しないと判示した。裁判所は、脚注において、情報提供者とは「新聞広告を通じて値上がりすることが確実な株式の銘柄のリストを名目価格で送付することを提示する」者と述べている。

そして、裁判所は、Lowe 氏の刊行物について、中立的な内容が記載され、定期的に公衆に対して提供されるものであることから、善意の発行者にかかる除外規定における２つの要件を充足すると判断した。しかし、裁判所は、次に、善意の発行者にかかる除外規定自体には定められていない第３の要件を設けた。その第３の要件とは、刊行物が、「顧客」に向けた個人的なコミュニケーションにあたらないことである。実際、「投資顧問法の制定の契機となった詐欺、欺瞞または行き過ぎの弊害は、個人的なコミュニケーションには認められるが、公開市場で宣伝・販売される刊行物には認められない」ことが裁判所によって強調されている。Lowe 氏の刊行物は、この第３の要件を充足する。

刊行物において特定の証券に関する提案が行われていたとの SEC の主張に対して、裁判所は、非個人的な形態で特定の証券を推奨する刊行物は依然として善意の発行者にかかる除外規定の適用対象となる旨判示した。Lowe 氏が個人的に保有する株式を推奨していたのであれば異なる結論が導かれていた可能性はあるが、裁判所は、SEC がこの点について証拠を提出しなかったと判示した。裁判所は、「善意」という用語が「発行者」ではなく「刊行物」という用語を修飾すると判示し、Lowe 氏が過去に SEC と問題を起こしていたことを理由として同氏が「善意」ではないとする SEC の主張を退けた。最後に、裁判所は、Lowe 氏の刊行物が明らかに善意の発行者にかかる除外規定の適用を受けると判断したことから、合衆国憲法第 1 修正の問題を検討する必要がないと判断した。

善意の発行者にかかる除外規定に関するより近時の裁判例として、SEC v. Gun Soo Oh Park (99 F.Supp. 2d 889 (N.D. Ill. 2000)) が挙げられる。1990 年代後半のドットコム・ブームにおいて、Park 氏は、「Tokyo-joe. com」という一部有償のウェブサイトを運営していた。このサイトは、Park 氏の個人的な株銘柄選択の腕前を披露することを目的とするものであった。同氏は、合計で 110 万米ドルを超える報酬を手にした。

SEC は、Park 氏が「スカルピング」および「押し売り」を行ったと主張した。「スカルピング」とは、株価を引き上げる一方で株式を売却することをいう。ここでいう「押し売り」とは、会社から無償の株式その他の報酬を受ける代わりに、当該会社の株式を推奨することをいう。

また、SEC は、Park 氏が投資顧問法上違法な投資顧問として業務を行っていると主張した。しかし、Park 氏は、前述の Lowe 事件（Lowe v. SEC, 472 U.S. 181 (1985)）を示し、善意の発行者にかかる除外規定の適用を受ける善意の発行者であると主張した。すなわち、同氏は、個人的な投資アドバイスを提供しておらず、よって、SEC が実際に行おうとしていることは同氏の合衆国憲法第 1 修正の権利の規制であると主張した。

Park 氏にとって残念ながら、善意の発行者にかかる除外規定の適用を受けるためには、Lowe 判決の 3 要件をすべて充足する必要がある。Park 氏の請求却下の申立てを退けるにあたって、地方裁判所は、Park 氏のウェブサイトは「善意」ではないため、第 1 の要件を充足しないと判断した。

実際、ウェブサイト内には、宣伝内容、大げさな推薦文言、誤解を招く実績情報その他の「押し売り」が多く見られた。

第2の要件に関して、地方裁判所は、Park氏のウェブサイトが「一般的かつ定期的」な刊行物にあたらない可能性があると判断した。地方裁判所によれば、この要件を充足するためには、刊行物が、「特定の市場活動、または証券業界に影響を与えもしくは影響を与えうる事象」にかかるタイミングで発行されるものでないことが必要である。SECによれば、Park氏は、特定の株価を利用して引き上げるため、または、特定の銘柄から利益を得ることを目的として自己が保有する株式を売買するため、散発的に株式銘柄選択を投稿し、電子メールを送信していた。地方裁判所は、SECの主張が真実であれば、Park氏の刊行物について「一般的かつ定期的」であるとは認められないと判断した。

第3の要件については、地方裁判所は、Park氏が、購読者に対して、証券の購入、売却または保有を個人的に伝達していなかったとまでは認めなかった。実際、地方裁判所によれば、Park氏が行っていたことの一部は「個人的」であると考えることができる。同氏は、銘柄選択に関する電子メールを、個人の電子メール・アカウントに直接送信していた。また、同氏は、チャット・ルームに購読者が寄せた個別の質問に対して、個人的に回答していた。同氏の行為によって、同氏の選択銘柄は、一部の個別の購読者の選択銘柄にもなっていた。それ以降にこれらの銘柄についてPark氏が話す際には、一部の購読者が実際に保有していた銘柄について話していたものであった。

5　政府関連証券に関する投資顧問

投資顧問法202条(a)項(11)号(E)により、合衆国政府関連証券に関してのみアドバイスを行う者は、「投資顧問」の定義から除外される。したがって、これらの証券に関してのみアドバイスを行うブローカー・ディーラーは、投資顧問法の規定を遵守する必要がない。しかし、取引所法において「ブローカー」または「ディーラー」の定義から合衆国政府関連証券のみ取引する者は除外されていないため、当該ブローカー・ディーラーは、引き続き取引所法の規制対象である。

6 公認格付機関

投資顧問法202条(a)項(11)号(F)により、取引所法3条(a)項(62)号で定義される公認格付機関（以下、「公認格付機関」）は、「投資顧問」の定義から除外される。しかし、公認格付機関が、証券の購入、売却または保有に関する推奨を行う場合または、他人のために全部もしくは一部が証券により構成されている財産の運用を行う場合には、除外されない。公認格付機関除外規定は、不正な慣行および利益相反の抑止を図りつつ、格付業界における競争の促進を図る2006年信用格付機関改正法の一部として近時追加された。実際上は、3大公認格付機関（ムーディーズ・インベスターズ・サービス、スタンダード＆プアーズおよびフィッチ・レーティングス）はいずれも登録投資顧問である。

7 その他SECにより法的権限に基づき除外された者

投資顧問法202条(a)項(11)号(G)（旧同号(F)）により、SECは、202条(a)項(11)号の目的の範囲外の者を、規則、レギュレーションまたは命令によって指定することにより、投資顧問の定義から除外することができる。同号(G)の規定においては、SECに対する正式な申請が必要となるため、ノー・アクション・レターの方式により救済を求める者には、当該規定に基づくSECスタッフによる救済は認められない。

裁判所に任命される受託者、財産保全管理人および後見人については、裁判所による監督が投資顧問法の規制に代わるものとして十分であるとの理由から、SECによる同号(G)の規定に基づく権限の行使により、投資顧問の定義から除外されている。また、SECによって、ごく限られた投資顧問業務を行う者も除外されている。たとえば、関係会社に対してのみアドバイスを行う会社は、SECによって202条(a)項(11)号の目的の範囲外とされている。

また、前述のとおり、SECは、投資顧問法規則202(a)(11)-1の旧ブローカー・ディーラー・セーフハーバーを採択する権限の根拠規定として、前記(G)の規定および投資顧問法211条(a)項を挙げていた。金融プランニング協会は、その領域を守るため、SECに対して、同法202条(a)項(11)号(G)に基づき当該セーフハーバーを採択するSECの権限を争う訴訟を提起した。

30　第2章　投資顧問はいかなる者か

ワシントン D.C. 合衆国地方裁判所は、金融プランニング協会の主張を認め、投資顧問法規則 202 (a)(11)-1 を無効とした（Financial Planning Assoc. v. SEC, 482 F.3d 481（D.C. Cir. 2007）および前記 **3**(4)参照）。

III　政府機関

　政府機関は、投資顧問法の規制対象からすべて除外されている。投資顧問法 202 条(b)項の規定により、同法は、合衆国、州、行政上の州の下部区画、または、合衆国、州の機関、当局、法人もしくは代理機関に対しては適用されない。

第3節　登録からの免除

　「投資顧問」の定義に該当し、投資顧問法 202 条(a)項(11)号により除外されない者であっても、投資顧問法に基づく登録から免除される可能性はある。免除された投資顧問は、SEC に登録する必要はなく、投資顧問法の規定の大部分について適用を受けない。これらの規定には、同法の記録保存義務および成功報酬規制が含まれる。特筆すべきは、免除された投資顧問であっても、同法 206 条の詐欺防止規定および他の連邦証券法の詐欺防止規定の適用は依然として受けるということである。

　投資顧問法 203 条(b)項により登録から免除される者には、6 つの類型がある。

- I　州内投資顧問
- II　保険会社のみに対する投資顧問
- III　私的投資顧問（private investment advisers）
- IV　慈善組織
- V　チャーチ（教会）・プラン
- VI　商品取引顧問

これらの類型について、それぞれ以下のとおり詳述する。

I 州内投資顧問

投資顧問法は、州際通商を行う投資顧問のみを規制することを目的とする（投資顧問法 201 条参照）。したがって、同法 203 条(b)項(1)号により、以下の者が登録から免除される。

「当該投資顧問の顧客のすべてが、当該投資顧問が本店および営業所を有する州の居住者であり、かつ国法証券取引所の上場証券または同取引所における非上場取引特権を与えられている証券について、助言の提供または分析もしくは報告書の発行を行わない投資顧問」

前記の規定により、「州内投資顧問」登録免除規定の適用を受けるためには、2 つの要件を充足する必要がある。第 1 に、投資顧問の顧客は、当該投資顧問が本店および営業所を有する州の居住者に限定される必要がある。第 2 に、投資顧問は、国法証券取引所の上場証券または同取引所における非上場取引特権を与えられている証券について、助言の提供または分析もしくは報告書の発行を行わないことが必要となる。投資顧問の大部分は取引所上場証券に関連する助言の提供を行い、よって第 2 の要件を充足しないため、州内投資顧問免除規定の適用範囲は限られる。

II 保険会社のみに対する投資顧問

保険会社に対する規制を州に認める一般的な連邦政府の政策に従い、投資顧問法 203 条(b)項(2)号により、当該投資顧問の顧客が保険会社のみである投資顧問は、登録から免除される。これに対して、保険会社自体は、202 条(a)項(11)号により「投資顧問」の定義から除外されるものではなく、登録からも免除されない。したがって、保険会社は、その行う業務により「投資顧問」の定義に該当する場合には、他の免除規定の適用を受けない限り、投資顧問法に基づく登録を受ける必要がある。

III　私的投資顧問

　投資顧問法 203 条(b)項(3)号（以下、「私的投資顧問登録免除規定」）は、「ヘッジファンド」、「プライベート・エクイティ・ファンド」および「債務担保証券（CDO）」ファンドに対してアドバイスを行う者によって数多く利用された規定であり、同規定により、以下の投資顧問が登録から免除される。

　　1　過去 12 か月間における顧客数が 15 名未満であること
　　2　一般公衆に対し自己が投資顧問であることを一般的に表示しないこと
　　3　登録投資会社または事業育成会社（business development company）に対して、投資顧問として活動を行わないこと

これらの 3 要件について、それぞれ以下のとおり詳述する。

1　「顧客数が 15 名未満」

　私的投資顧問登録免除規定の第 1 の要件に関して、投資顧問法規則 203 (b)(3)-1 により、いかなる者が投資顧問の「顧客」に該当するかの判断にかかる非排他的なセーフハーバーが定められている。この点に関する判断が行われた場合、投資顧問の顧客数を計算することが可能となる。同規則の(a)の規定により、顧客数の計算に関する 2 つの原則ルールが定められており、(b)の規定により、いくつかの特別ルールが定められている。

　これらのルールについて述べる前に、投資顧問法 208 条(d)項により、何人も、投資顧問法または投資顧問法規則のもとにおいて、それらの者が直接に行うことが不法である行為その他の事柄を、間接に、または他人を通じてもしくは他人により行うことは、違法とされることに注意する必要がある（本書第 13 章第 6 節参照）。顧客数の計算に関するルールについて「もてあそぶ」ことは、208 条(d)項との関係で問題となりうる。

　(1)　**顧客数の計算に関する原則ルール**　　顧客数の計算に関する第 1 の原則ルールは、投資顧問法規則 203 (b)(3)-1 の(a)(1)の規定に定められている。当該規定により、以下の者を「1」の顧客と計算することが認められ

る。

　　①自然人およびその未成年の子

　　②当然自然人と主たる住居を共にする親族、配偶者、配偶者の親族

　　③前記①および②の者のみが主たる受益者である口座または信託

　顧客数の計算に関する第2の原則ルールは、投資顧問法規則203(b)(3)-1の(a)(2)の規定に定められている。当該規定により、1つの要件を充足する場合には、コーポレーション（株式会社）、ジェネラル・パートナーシップ（合名会社）、リミテッド・パートナーシップ（合資会社）、有限責任会社（LLC）またはビジネス・トラストを「1」の顧客と計算することが認められる。すなわち、投資顧問が、個別の法人の所有者の投資目的ではなく、法人の目的に基づいて、法人に対して投資アドバイスを提供することが必要となる。換言すれば、一般に、投資顧問の「顧客数が15名未満」であるかを判断するにあたって、法人を「ルックスルー」して個別の投資家を投資顧問の顧客として計算する必要はない（同規則203(b)(3)-1(a)(2)(i)参照）。また、法人の所有者が同一である場合には、前記要件を充足する2以上の法人を1の「顧客」として計算することが認められる（同規則203(b)(3)-1(a)(2)(ii)参照）。

　当然ながら、「ルックスルー」を不要とする前記規則(a)(2)(i)の文言により、ヘッジファンド・アドバイザーの大部分が、アドバイスを行うヘッジファンドその他の個別運用口座が14を超えない限り、SECへの登録を免れることができた。2006年2月施行の新投資顧問法規則203(b)(3)-2により、投資顧問の顧客の計算方法が変更された。同規則により、私的投資顧問登録免除規定の第1の要件の充足性を判断するにあたって、いわゆる「私的ファンド」のアドバイザーは、ファンドを「ルックスルー」して当該ファンドの各株主、リミテッド・パートナー、社員および受益者を当該アドバイザーの個別の顧客として計算する必要がある。改正後の投資顧問法規則203(b)(3)-1(d)の規定により、「私的ファンド」は実質的にヘッジファンドを意味するものとして定義され、ヘッジファンド投資家がファンド持分の全部または一部につき、取得日から2年以内に償還を行うことが認められた。

　投資顧問法規則203(b)(3)-2の施行からわずか4か月後に、ワシントン

34 第2章 投資顧問はいかなる者か

D.C. 合衆国控訴裁判所は、SEC に同規則を制定する権限がないと判断した（Goldstein v. SEC, 451 F.3d 873 (D.C. Cir. 2006) 参照）。裁判所は、同規則を「裁量的」であると判断して無効とし、見直しのため SEC に差し戻した。したがって、同規則 203(b)(3)-1 の(a)(2)(ⅰ)の要件が充足される限り、ヘッジファンド・アドバイザーは、法人を「1」の顧客として計算することが再び可能となった（Goldstein 判決および判決後の顛末の詳細については、本書第4章第1節Ⅴ1参照）。

　(2)　**顧客数の計算に関する特別ルール**　　投資顧問法規則 203(b)(3)-1 の(b)の規定により、いかなる者が投資顧問の顧客に該当するかの判断に関する追加的な特別ルールがいくつか定められている。同規則(b)(1)の規定により、法人の所有者が法人とは別に投資アドバイスを受ける場合には、投資顧問は、当該所有者を個別の顧客として計算する必要がある。同規則(b)(2)の規定により、同規則(b)(1)の対象範囲は限定され、法人の所有者が投資顧問から定期的報告を受けることまたは法人の代わりに投資顧問から勧誘を受けることのみを理由として、当該所有者を個別の顧客として計算する必要はない。

　投資顧問法規則(b)(3)の規定により、リミテッド・パートナーシップまたは有限責任会社は、ジェネラル・パートナー、業務執行社員または当該パートナーシップもしくは有限責任会社に対する投資顧問として活動するその他の者の顧客とされる。同(b)(4)の規定により、投資顧問は、報酬を受けないで投資アドバイスを行う者を顧客として計算する必要がないものとされ、投資顧問法 202 条(a)項(11)号の「投資顧問」の定義と整合的である。同規則(b)(5)の規定は、外国のアドバイザー（すなわち、米国外に本店および営業所を有するアドバイザー）に適用される。同規定により、外国のアドバイザーは、米国居住者ではない者を顧客として計算する必要がない。

2　一般公衆に対する「一般的表示」

　私的投資顧問登録免除規定の第2の要件は、一般公衆に対し自己が投資顧問であることを一般的に表示しないことである。投資顧問であることを「一般的に表示する」とは、広告や宣伝に親和性のある概念である。したがって、名刺、文房具、業務用の電話帳登録または建物の案内、業務用ウ

ェブサイトおよび（または）広告において、投資顧問である旨または助言を行う顧客を探している旨の表示がある場合は、これを充足する。既存の顧客に他の潜在顧客を紹介するよう働きかけること（「口コミ」広告）でも充足する。また、SEC は、広く公衆に対してではなく、公益事業年金プラン等の特定の属性を対象として見込み顧客を探す場合であっても、結論に影響はないとの見解を示している。

しかし、証券法に基づくリミテッド・パートナーシップ持分の私募に参加することのみを理由として、投資顧問法 203 条(b)項(3)号において、一般公衆に対し自己が投資顧問であることを一般的に表示するものと判断されるものではない（同規則 203 (b)(3)-1 (c)参照）。したがって、ヘッジファンド・アドバイザーは、証券法に基づくヘッジファンド証券の私募に参加することのみを理由として、投資顧問であることを「一般公衆に対し一般的に表示する」ものではない。

3　登録された投資会社および事業育成会社に対する活動

私的投資顧問登録免除規定の最後の第 3 の要件は、当該者が、投資会社法に基づき登録された投資会社または事業育成会社に対して、投資顧問として活動を行わないことである。「事業育成会社」という用語は、投資顧問法 202 条(a)項(22)号で定義されており、ベンチャー・キャピタル・ファンドを含むものとして定められている。実際、1980 年中小企業投資奨励法において、合衆国連邦議会により、ベンチャー・キャピタル・ファンドの資本形成活動を一般的に参考にして事業育成会社の定義が定められた。事業育成会社は、証券投資を行う目的で運営される点において投資会社に類似する。しかし、投資会社と異なり、証券の発行者に対して、大きなエクイティ持分を取得し、相当の経営支援を行うことが多い。

IV　慈善団体

投資顧問法 203 条(b)項(4)号により、投資会社法 3 条(c)項(10)号(D)で定義される「慈善団体」に該当する投資顧問は、登録から免除される。この免除規定は、1995 年慈善活動保護法の制定によって、投資顧問法がいくつか

の他の連邦証券法とともに改正された際に定められた。慈善活動保護法は、慈善団体に対する寄付の円滑化を図ることを目的とする。

重要な点としては、投資顧問法203条(b)項(4)号により、2つの要件を充足する場合には、慈善団体の受託者、取締役、役員、従業員またはボランティアも、登録から免除される。第1に、当該慈善団体における当該者の雇用または義務の範囲内で活動する者である必要がある。第2に、当該者の助言、分析または報告が、当該慈善団体および投資会社法3条(c)項(10)号(D)による「投資会社」の定義から除外される特定の慈善ファンドに対してのみ提供されるものでなければならない。

V　チャーチ（教会）・プラン

投資顧問法203条(b)項(5)号により、3つの類型の投資顧問が、投資顧問法上の登録から免除される。第1に、内国歳入法典414条(e)項で定義される「チャーチ（教会）・プラン」は、登録から免除される。第2に、内国歳入法典に基づき当該プランを設定し維持することができるすべての者または団体も、登録から免除される。第3に、当該プランの受託者、取締役、役員、従業員またはボランティアは、その資格で活動するに際して、投資会社法3条(c)項(14)号に基づく「投資会社」の定義から除外されるチャーチ（教会）・プランに対してのみ、または当該プランに関して、投資アドバイスを提供する場合に限り、登録から免除される。

VI　商品取引顧問

投資顧問法203条(b)項(6)号により、「商品取引顧問」として商品先物取引委員会に登録されている投資顧問は、2つの要件を充足する場合には、投資顧問法上の登録から免除される。第1に、当該投資顧問の業務が主として投資顧問としての活動でないことが必要となる。第2に、当該投資顧問は、投資会社法により登録された投資会社または事業育成会社に対して投資顧問として活動するものではないことが必要となる。

投資顧問法203条(b)項(6)号は、2000年商品先物近代化法（以下、「商品

先物近代化法」）制定の一環として追加された。商品先物近代化法は、デリバティブ商品にかかる規制権限をめぐる SEC と商品先物取引委員会との間の領域争いにつき、立法的解決を図ることを主眼とするものであった。

　これに対して、SEC に登録された投資顧問は、その活動内容によって、商品取引顧問として商品先物取引委員会への登録が必要となりうる（本書第 3 章第 4 節参照）。

第3章 投資顧問に対する連邦および州の権限

第1節 規制枠組み

I 二重の規制枠組み（〜1997年）

　1997年以前は、投資顧問は、通常、二重の規制枠組みの対象とされていた。この規制枠組みにより、投資顧問は、連邦と州の両方のレベルで、登録、手数料、検査および実質的な規制の対象とされていた。1997年に、合衆国連邦議会により、1996年全国証券市場改善法（以下、「全国証券市場改善法」）の一部として、投資顧問監督調整法が制定され、二分化された規制枠組みが導入された。この二分化により、投資顧問の規制枠組みはより効率的となり、少額の運用資産残高を有する投資顧問をSECが監督することがほぼ不要となった。

II 二分化された規制枠組み（1997年〜現在）

　後述のとおり、現在、各投資顧問は、一般に、連邦および州の両方のレベルではなく、主として連邦または州のいずれかのレベルで登録および規制の対象となる。投資顧問の登録先およびその主たる監督当局は、その業務の性質および「運用資産残高（AUM）」の金額による。

1 連邦レベルの登録および規制
（1）**義務的な連邦登録**　投資顧問法203A条（「州および連邦の義務」という適切な題名が付されている）ならびに同規則203A-1・203A-2により、投資顧問が1以上の州ではなくSECに登録するかが定められている。同条および同規則の文言の一部は、SECと州のいずれに登録するかについ

て投資顧問に柔軟な対応を認めるように読めるものの、一般に、SECへの登録を義務づける方向でかなり限定的に解されている。

投資顧問法203A条を同規則203A-1・203A-2と合わせ読むことにより、以下のとおり解釈される。「投資顧問」の定義からの除外または登録からの免除が適用されない限り、投資顧問は、以下の場合にはSECに登録する必要がある。

①1以上の顧客が、投資会社法に基づき登録された投資会社に該当する場合（投資顧問法203A条(a)項(1)号(B)参照）

②「運用資産残高」が3,000万米ドル以上である場合（投資顧問法規則203A-1(a)(1)(i)参照）

③投資顧問登録を要求しない州に本店および主たる営業所を維持する場合（現在、ワイオミング州のみ該当）（投資顧問法203A条(a)項(1)号参照）

④米国外に主たる営業所を維持し、米国の顧客を有する場合

⑤公認格付機関（たとえば、ムーディーズ・インベスターズ・サービスおよびスタンダード＆プアーズ）であって、証券の購入、売却もしくは保有に関する推奨を行う場合または、他人のために全部もしくは一部が証券により構成されている財産の運用を行う場合（投資顧問法202条(a)項(11)号(F)、同規則203A-2(a)および本書第2章第2節Ⅱ6参照）

⑥ERISA法に定める特定の年金プランの資産（その合計額が5,000万米ドル以上である場合に限る）に関する「年金コンサルタント」（投資顧問法規則203A-2(b)(2)で定義される）である場合（同規則203A-2(b)参照）

⑦SECに登録された投資顧問の関係者（すなわち、当該投資顧問を支配し、支配され、または共通の支配下にある者）であり、本店および主たる営業所が投資顧問と同一である場合（投資顧問法規則203A-2(c)参照）

前記⑦において、「支配」とは、証券の保有、契約その他の方法を問わず、投資顧問の経営や運営方針を指示し、または指示させる権限を意味する。直接または間接的に、投資顧問の議決権証券の25%以上にかかる議決権を行使できる者や投資顧問の利益の25%以上を受ける権利を有する

者は、当該投資顧問を支配するものと推定される（投資顧問法規則 203A-2 (c)参照）。「本店および主たる営業所」とは、投資顧問が業務を行う事業所であって、投資顧問の役員、パートナーまたは経営者が投資顧問の活動にかかる指示、支配または指揮を行う場所をいう（同規則 203A-3(c)参照）。

(2)　**選択的な連邦登録**　後述のとおり、SEC の規則により、4 つの類型の投資顧問が、連邦と州のいずれのレベルで登録を行うか選択することができる。これらの投資顧問は、連邦レベルの規制枠組みと州レベルの規制枠組みとを比較してその負担の軽重によって、SEC に登録することを選択するか判断することになる。しばしば、SEC による検査と監督を避けるため、州レベルの登録が選択されることがある。他方で、予測可能性が乏しく潜在的に負担がより重くなる可能性がある州レベルの規制枠組みではなく、予測可能性のある SEC 登録による規制が選択される場合もある。たとえば、一部の州では、最低純資産額を維持することが投資顧問に義務づけられており、また、投資顧問が顧客の資産を管理し、または顧客口座について投資裁量を有する場合には、保証証書を維持することが義務づけられている。

第 1 の類型は、2,500 万米ドル以上 3,000 万米ドル未満の「運用資産残高」を有し、他に SEC 登録義務を負わない投資顧問である（投資顧問法規則 203A-1(a)(2)参照）。

第 2 の類型は、新たに設立された投資顧問で、登録後 120 日以内に SEC 登録資格を取得する合理的な見込みがあるものである（投資顧問法規則 203A-2(d)参照）。ただし、この選択を利用する投資顧問は、最終的にこの期間内に SEC 登録資格を取得できなかった場合、SEC 登録を取り下げる必要がある。

第 3 の類型は、SEC への当初申請時点におけるその「運用資産残高」は 2,500 万米ドル未満であるものの、複数の州で業務を行っているため 30 以上の州で登録を受ける必要がある投資顧問である。以後投資顧問が SEC 登録を維持するためには、SEC にフォーム ADV の年次更新の変更を提出する際に、25 以上の州において、各州法に基づき登録を受ける必要がある。SEC は、24 以下の州に登録する必要があることは過大な負担と考えていないようであり、この選択を利用する投資顧問は、州レベルで

の登録が必要となる州が 25 未満となる場合は SEC 登録を取り下げる必要
がある（投資顧問法規則 203A-2 (e)参照）。

　最後の類型は、いわゆる「インターネット投資顧問」である。この類型
に該当するためには、投資顧問は、すべての顧客に対して、もっぱら双方
向性のあるウェブサイトを通じて投資アドバイスを行う必要がある。ただ
し、直前 12 か月間において他の方法により 15 名未満の顧客に対してアド
バイスを行うことができる。「双方向性のあるウェブサイト」は、各顧客
がウェブサイトを通じて提供する個人情報に基づいて、コンピュータ・ソ
フトウエアをベースとするモデルまたはアプリケーションにより顧客に投
資アドバイスが提供されるウェブサイトをいうものと定義されている（投
資顧問法規則 203A-2 (f)参照）。

　(3)　**「運用資産残高（AUM）」**　投資顧問の大部分は、「運用資産残高」
のドル建て金額によって SEC と州のいずれに登録する必要があるか判断
されるため、「運用資産残高」が何で構成され、どのように計算されるか
を理解することが不可欠である。投資顧問法 203A 条(a)項(2)号において
「運用資産残高」は、「証券ポートフォリオであり、当該証券ポートフォリ
オに対して投資顧問が継続的かつ定期的な監理サービスおよび運用サービ
スを提供するもの」と定義される。しかし、投資顧問法自体には、これ以
外に実質的な指針は示されていない。より具体的な内容については、フォ
ーム ADV の要領において明確化が図られている。

　フォーム ADV の一般要領 5b において、「証券ポートフォリオ」とは、
合計額の 50% 以上が証券である 1 以上の口座であると規定されており、
当該規定において現金および現金同等物は証券と扱われる。しかし、商品、
収集品および不動産は、証券と扱われない。特定の口座の合計額の 50%
以上が証券である場合、証券で構成される部分の金額だけでなく、当該口
座全体の金額が、投資顧問の運用資産残高の金額の算定に用いられる。信
用買いした証券について控除は行われない。投資顧問に報酬を支払わない
顧客の口座は、（これらが、投資顧問自身、その関係者、親族および（ヘッジ
ファンドの場合の）報酬を免除された特定の投資家により拠出された資金に相
当するものであることが往々にしてあることから）計算に含まれる。

　投資顧問が特定の口座について投資裁量を有し、継続的に監理サービス

42　第3章　投資顧問に対する連邦および州の権限

および運用サービスを提供する場合、当該口座は当然ながら「運用資産残高」の計算に含まれる。また、フォーム ADV の一般要領 5b (3)(b)によれば、一定の限られた場面においては、投資裁量がない助言関係も当該計算に含まれる場合がある。

(4)　**SEC に登録された投資顧問に対する州の権限**　　投資顧問法203A 条(b)項(1)号(A)により、州が、SEC に登録された投資顧問に対して、投資顧問としての登録、免許付与または資格付与を要求する州法を適用することは禁止される。しかし、州は、SEC に登録された投資顧問に対して、もっぱら通知の目的で SEC に提出した文書を州に提出することを義務づけることができる（本書第 5 章第 6 節参照）。さらに、州は、特定のSEC に登録された投資顧問の「被監督者」（投資顧問法 202 条(a)項(25)号で定義される）について、「投資顧問代表者」にも該当し、当該州に営業所を有する場合には、登録、免許付与または資格付与を続けることができる（後記 2 (1)参照）。

また、すべての投資顧問は、州の一般的な詐欺防止にかかる権限に服する。実際、投資顧問法 203A 条(b)項(2)号において、州の証券委員会（またはこれに相当するもの）は、投資顧問または投資顧問の業務関係者に対し、詐欺または欺瞞に関して調査を行い、または執行行為を行う権限を明確に付与されている。業務関係者には、投資顧問のパートナー、役員および取締役のほか、直接または間接に当該投資顧問を支配し、または当該投資顧問によって支配される者が含まれる（同法 202 条(a)項(17)号参照）。

2　州レベルの登録および規制

(1)　**登　　録**　　一般に、投資顧問は、①SEC に登録する義務がない場合、②選択権が与えられている場合に SEC に登録しないことを選択した場合、③投資顧問法 202 条(a)項(11)号の「投資顧問」の定義から除外されない場合、および、④登録からの免除が受けられない場合に、州レベルで登録する必要がある。

州当局に登録された投資顧問が、その運用資産残高が 3,000 万米ドル未満であり、よって SEC に登録する必要がないと合理的に判断した場合には、SEC は、当該投資顧問に対して、投資顧問法 203 条（または同条に基

づく登録により投資顧問が服する同法のいかなる規定）の違反を主張することが禁止される。しかし、投資顧問は、本店および主たる営業所を有する州に登録する必要がある（同規則 203A-4 参照）。

　州レベルの登録が必要または認められることを前提として、投資顧問はどの州に登録する必要があるか。一般に、特定の州の法律に定める「投資顧問」の定義に該当し、当該州で業務を行う者は、当該州に登録する必要がある。幸い、大部分の（ただし、すべてではない）州の投資顧問の法令・規制は、投資顧問法 202 条(a)項(11)号に定める「投資顧問」の定義を含め、投資顧問法の規定と近似した内容が定められている。また、同法 222 条(d)項（「全国的な最低基準」）により、州は、当該投資顧問が当該州に営業所を有し、かつ、過去 12 か月の期間において当該州の居住者である顧客を 6 人以上有している場合でない限り、投資顧問に登録を要求してはならない。

　重要な点としては、州は、当該州に営業所を有する「投資顧問代表者」に免許を付与し、登録し、またはその他の方法により資格を付与することもできる（投資顧問法 203A 条(b)項(1)号(A)参照）。同規則 203A-3 (a)(1)により、投資顧問代表者と認められるためには 2 つの要件を充足する必要がある。第 1 に、当該者は、投資顧問の「被監督者」に該当する必要がある。「被監督者」とは、投資顧問のパートナー、役員、取締役（またはこれらの者と同様の地位にある者、または同様の役割を遂行するその他の者）もしくは従業員、または当該投資顧問を代表して投資アドバイスを提供し、当該投資顧問の監督および支配に服する者をいう（同法 202 条(a)項(25)号参照）。しかし、継続的に投資顧問の顧客に対して勧誘、面談その他の方法による連絡を行わない「被監督者」または特定の個人もしくは口座の目的もしくは需要を満たすことを目的としないアドバイス（「非個人的投資アドバイス」）のみを提供する「被監督者」は、投資顧問代表者にあたらないと解される（同規則 203A-3 (a)(2)参照）。

　第 2 に、当該者は、①自然人である顧客が 5 人を超え、かつ、②自然人が顧客全体の 10% を超えている必要がある。したがって、主としてリテール投資家に着目されており、SEC によれば「自然人」という用語はすべてのリテール投資家を含むものである。しかし、事業、慈善または教育

団体、投資会社その他の機関投資家および、投資顧問法規則205-3に基づき成功報酬契約を締結する場合には個人富裕層（この文脈において「適格顧客（qualified clients）」という）は、除外されている。

州の証券委員会（またはこれに相当するもの）は、投資顧問または投資顧問の業務関係者に対し、詐欺または欺瞞に関して調査を行い、または執行行為を行う明示的な権限も有する（投資顧問法203A条(b)項(2)号参照）。業務関係者には、投資顧問のパートナー、役員および取締役のほか、直接または間接に当該投資顧問を支配し、または当該投資顧問によって支配される者が含まれる（同法202条(a)項(17)号参照）。

(2) **州当局に登録された投資顧問に対する SEC の権限**　SEC は、4つの主要な分野において、州当局に登録された投資顧問に対する権限を保持している。第1に、SEC は、州とともに、投資顧問または投資顧問の業務関係者に対し、詐欺または欺瞞に関して調査を行い、または執行行為を行うことができる（投資顧問法203A条(b)項(2)号・206条参照）。しかし、興味深いことに、投資顧問法に基づく特定の詐欺防止ルールは、州当局に登録された投資顧問に適用されない。実際、同規則206(4)-1（広告）・206(4)-2（顧客資産の保管）・206(4)-3（現金報酬勧誘）および206(4)-4（金融・規制情報の開示）は、SEC に登録しているかまたは登録する必要がある投資顧問にのみ適用される。

第2に、投資顧問法205条の成功報酬の禁止は、SEC に登録された投資顧問だけでなく州当局に登録された投資顧問にも同様に適用される。ただし、州当局に登録された投資顧問は、SEC に登録された投資顧問と同様に、個人富裕層（この文脈において「適格顧客（qualified clients）」という）に関する除外を受けることができる（同規則205-3参照）。

第3に、投資顧問法206条(3)項のプリンシパル取引およびエージェンシー・クロス取引の禁止は、州当局に登録された投資顧問に適用される。ただし、州当局に登録された投資顧問は、SEC に登録された投資顧問と同様に、同規則206(3)-2に基づき特定の条件を満たす場合にはエージェンシー・クロス取引を行うことができる（プリンシパル取引およびエージェンシー・クロス取引の概要については、本書第8章第5節参照）。

最後に、州当局に登録された投資顧問は、SEC に登録された投資顧問

と同様に、重要な非公開情報の悪用を防止するために合理的に考案された文書による手続を構築し、維持し、かつ執行しなければならない（投資顧問法204A条および本書第10章第1節・第2節参照）。

3 州レベルの登録からSEC登録への移行

フォームADVにおいて、投資顧問は、その運用資産残高を特定する必要がある。州当局に登録された投資顧問は、その運用資産残高が3,000万米ドル以上に増えた旨を記載したフォームADVの年次更新の変更を州に提出した日から90日以内に、SECに登録を申請する必要がある（投資顧問法規則203A-1(b)(1)参照）。運用資産残高が2,500万米ドル以上3,000万米ドル未満に増えた投資顧問は、SECに登録することができるが、登録する義務はない（投資顧問が他の理由でSECに登録する義務を負うものではないことを前提とする）。SECに登録した場合、投資顧問は、同時に1以上の州当局への登録を維持しているか否かにかかわらず、SECの規制に服する（フォームADVの一般要領11および前記1(2)参照）。

4 SEC登録から州レベルの登録への移行

SECに登録された投資顧問は、その運用資産残高が2,500万米ドルを下回る旨を記載したフォームADVの年次更新の変更をSECに提出した場合（または他の理由でSECへの登録資格を失った場合）、決算期末から180日以内に、フォームADV-Wを提出し、SEC登録を取り下げる必要がある。当該投資顧問は、当然ながら、投資顧問として業務を継続する場合には、当該期間中に、関連する州に投資顧問として登録する必要がある。

フォームADV-Wが提出されるまでは、当該投資顧問は、SECと1以上の州のいずれにも登録されていると解され、したがって、投資顧問法および適用ある州法のいずれにも服する。180日の提出期間中にフォームADV-WをSECに提出する前に、投資顧問の運用資産残高が再び2,500万米ドル以上に増えた場合（または他の理由でSECへの登録資格を得た場合）、当該投資顧問は、フォームADV-Wを提出する義務を負わず、SECへの登録を維持することができる（投資顧問法規則203A-1(6)(2)、フォームADV一般要領12参照）。

46　第3章　投資顧問に対する連邦および州の権限

第2節　ヘッジファンドおよび債務担保証券（CDO）にかかる投資顧問の登録

掲題に関する説明については、本書第4章第1節・第2節を参照のこと。

第3節　ERISA 法に関する問題

I　概　　説

　年金プランは、今や数兆米ドル規模となった投資運用業界の急激な成長に貢献している最大の要因である。年金資産がこの成長の主たる推進力であるため、投資顧問は、当然ながら、膨大な SEC の規制に加えて、1974年従業員退職所得保障法（以下、「ERISA 法」）および米国労働省（以下、「労働省」）の規制に服することがある。

　年金資産を運用する投資顧問は、ERISA 法の運用および執行を行う労働省のスタッフによる検査の対象となる。労働省のスタッフは、SEC スタッフより小規模であるため、労働省のスタッフによる検査は、SEC 検査と比べると頻度は相当低い。

II　登録および資格

　ERISA 法403条により、従業員給付制度の「投資運用者」は、（銀行または保険会社である場合を除き）登録された投資顧問である必要がある。禁止取引クラス免除84-14により、投資顧問は、年金資産を運用するために、「適格専門資産運用者」あるいは QPAM に該当することが必要となる可能性もある。QPAM とは、以下の者をいう。

　　「投資顧問として登録された独立した受託者であって、8,500万米ドルを超える運用資産残高をコントロール下に有し、かつ、(A)株主またはパートナーのエクイティ資本が100万米ドルを超えるか、あるいは、(B) ERISA 法404条および406条に規定する義務の不履行または違反

により生じうる債務を含むそのすべての債務の支払いが、次の(i)～(iii)に掲げる者により無条件で保証されているもの。(i)投資顧問およびその関係者を合算して株主もしくはパートナーのエクイティ資本が100万米ドルを超える場合には、投資顧問と関係を有する者、(ii)銀行、貯蓄貸付組合もしくは保険会社、または(iii)登録されたブローカー・ディーラーであって、その純資産が100万米ドルを超えるもの」。

QPAM は、ERISA 法 406 条(a)項(1)号(A)～(D)の規定する関係者との間で幅広い取引を行うことが認められる。

III　保　証

ERISA 法 412 条により、投資顧問は、退職年金資産を「取扱い」または他の方法により退職年金資産に対する投資裁量を有する場合には、投資顧問による詐欺および不正から生じる損失から退職年金プランを保護するために、受託者保証を得る必要がある。労働省の定義によれば、「取り扱う」とは、投資顧問が、年金資産に対して物理的な接触または支配を行って、資産の価値を移転しまたは交渉する権限を有する場合が広く含まれる（29 C.F.R. §2580.412-6 参照）。

投資顧問の大部分は、登録されているか否かを問わず、退職年金資産を運用し、したがって、ERISA 法 412 条により保証を得る必要がある。保証の金額は、1,000 米ドルの下限および 50 万米ドルの上限の範囲内で、取り扱う年金資産の 10% 以上でなければならない。近時の投資顧問の運用資産残高の規模および多くの詐欺事例の規模に照らすと、これらの制限は低額である。また、保証において免責金額を定めることは認められず、各退職年金プランが保証に基づく被保険者として指定されている必要がある。

ERISA 法の保証要件は、100 万米ドル以上の資本および剰余金を有し、信託権限の行使または保険業の運営が認められ、連邦または州当局により監督される者には適用されない。投資顧問の大部分は資本が少なく、多くは信託権限の行使および保険業の運営を行わないため、投資顧問の大部分は ERISA 法の保証を得ている。ERISA 法の保証要件は、投資会社法 17

48　第3章　投資顧問に対する連邦および州の権限

条(g)項および同規則 17g-1 に基づく投資会社の身元保証要件とは別に必要となる。

IV　他の適用されうる ERISA 法・労働省の規制

他に投資顧問にも適用されうる ERISA 法の規制には、ソフトダラーに関する ERISA 技術告示 86-1（1986 年 5 月 22 日）、議決権の代理行使に関する労働省告示 94-2（1994 年 7 月 29 日）、年金投資に関する労働省・米国財務省声明（1989 年 1 月 31 日）、関係ミューチュアル・ファンドに関する禁止取引クラス免除 77-4（1977 年 3 月 31 日）および、関係ブローカー・ディーラーの利用に関する禁止取引クラス免除 86-128（1986 年 11 月 5 日）が含まれる。

第 4 節　CFTC に関する問題

I　概　　説

多くの投資顧問は、証券投資のレバレッジ、為替ヘッジおよび一般にポートフォリオの利回り拡大を図るために、先物および商品オプションを用いる。これらの投資顧問は、法律または規制上の免除を受けられない限り、商品取引顧問として商品先物取引委員会（以下、「CFTC」）への登録を受けなければならない可能性がある。CFTC は、先物取引、先物オプションその他の商品関連の上場金融商品を含む商品を規制する。

商品取引所法（CEA）1 条 a 項(6)号により、「商品取引顧問」（CTA）は、報酬または利益を受けて、①先物取引、商品オプションもしくは一定のレバレッジ取引に対する投資に関して他人に助言することを業とする者または、②定常的業務の一部として当該行為に関する分析もしくは報告を発行もしくは公表する者と定義される。

II　商品取引顧問（CTA）としての登録からの免除

　投資顧問法と同様に、商品取引所法および関連規則により、以下の者は、商品取引顧問業務の提供がその業務にとって付随的なものに過ぎない場合には、商品取引顧問の登録から免除される。すなわち、銀行、信託会社、レポーター、ニュースの発行者、弁護士、会計士、教師、フロア・ブローカー、先物取次業者および保険会社である。CFTC は、CFTC 解釈レター 94-29 号（1994 WL 283961（1994 年 3 月 15 日））において、「付随的なものに過ぎない」が何を意味するかに関する指針を示しており、個別具体的な事例ごとの判断を要する。

　投資顧問法と同様に、商品取引所法 4 条 m 項により、過去 12 か月間において 15 名を超える者に商品取引アドバイスを提供しておらず、一般公衆に対し自己が商品取引顧問であることを一般的に表示しない商品取引顧問には、CFTC への登録義務が適用されない（投資顧問法 203 条(b)項(3)号（同規定では、年間 15 名ではなく 14 名の顧客まで認められる）および本書第 2 章第 3 節 III 1 参照）。CFTC 規則 4.14(a)(10)においては、15 名の上限に関する人数の算定にあたって、投資顧問法規則 203(b)(3)-1 において SEC が採用した手法と実質的に同様の手法が定められている（本書第 2 章第 3 節 III 1(1)・(2)参照）。一般に、ファンドは 1 名として計算され、各ファンドの投資家の数の算定に際して「ルックスルー」は行われない。

　重要な点としては、商品取引所法 4 条 m 項(3)号により、SEC に登録された投資顧問は、その業務が主として商品取引顧問として活動するものでない場合には、商品取引顧問としての登録から免除される（CFTC 規則 4.14(a)(8)参照）。

　SEC に登録された投資顧問は、外国為替先物取引および商品市場に上場されているオプションにかかる取引を行う場合には、CFTC に商品取引顧問として登録を受ける必要がない。ただし、当該投資顧問は、一般公衆に対し自己が商品取引顧問であることを一般的に表示してはならず、先物取引にかかるアドバイスをすべて、CFTC 規則 4.5・4.13(a)(3)もしくは 14.13(a)(4)に規定するプールまたはすべての投資家が非米国人であるオ

50 第3章 投資顧問に対する連邦および州の権限

フショア・プールに対してのみ行う必要がある。なお、当該投資顧問は、CFTC 規則 4.14 (a)(8)の投資顧問のための免除規定に依拠している旨を米国先物協会に通知する必要がある。

III 商品ファンド運用業者（CPO）としての登録からの免除

商品取引所法において、商品ファンド運用業者（CPO）は、商品ファンドの参加者を勧誘しまたは当該参加者から資金を受領する者と定義される。CFTC の定義によれば、商品ファンドは、金額を問わず先物取引を行う私募の集団投資ファンドを広く意味する。CFTC 規則 4.13 (a)(3)により、①適格投資家（証券法規則 501 (a)に定義される）、②適格投資家によって親族のために設定された信託、③会社法規則 3c-5 (a)(4)で定義される精通した従業員、または、④ CFTC 規則 4.7 (a)(2)(viii)(A)で定義される適格適任者（「qualified eligible person」。一定の商品ファンド運用業者の代理人および関係者を含む）に対して勧誘が行われる商品ファンドの商品ファンド運用業者は、登録から免除される。

CFTC 規則 4.13 (a)(3)により、商品ファンドに認められる先物取引の上限金額が以下のとおり定められている。すなわち、①先物にかかる当初のマージンおよびプレミアムは、建玉の未実現損益勘案後（ただし、購入したオプションにかかるイン・ザ・マネーの金額を除く）のファンドの清算価値の5%を上回ってはならない。あるいは、②ファンドの先物の正味想定元本の合計額が、建玉の未実現損益勘案後のファンドの清算価値の100%を上回ってはならない。

CFTC 規則 4.13 (a)(4)に定める別の免除規定により、すべての自然人が適格適任者であるファンドの商品ファンド運用業者は、非自然人が適格適任者または適格投資家である場合は、登録から免除される。

CFTC 規則 4.13 (a)(3)および(a)(4)に基づくこれらの2つの免除規定においては、商品ファンド運用業者が当該免除規定に依拠している旨を米国先物協会に通知する必要がある。

第4章　ヘッジファンドおよび債務担保証券（CDO）のアドバイザー

第1節　現在の登録に関する環境

Ⅰ　概　　説

　伝統的に、ヘッジファンドの大部分とそのアドバイザーは、投資会社法と投資顧問法に基づく登録からの免除を利用して SEC 登録を回避した。投資顧問法 203 条(c)項に基づく登録を回避したこれらのヘッジファンド・アドバイザーは、同法に基づく記録保存義務や開示義務にも服さないうえ、SEC はこれらのアドバイザーに対する検査を実施する権限をも有しない。しかし、登録されていないアドバイザーであっても、投資顧問法およびその他の連邦証券法の詐欺防止規定の適用を受ける。

　過去 20 年以上にわたって、SEC および立法者等は、国内の有価証券市場および経済に対してヘッジファンドが有する重大な影響について懸念を強めてきた。この影響は、ヘッジファンドの数と投資資産が増加し、その市場活動、取引高、負債利用（レバレッジ）が高まってきていることに起因する。SEC は、これらのヘッジファンドが金融市場の参加者として重要性を増してくるにつれ、ヘッジファンドの規制方針を決定するのに必要不可欠な情報を有していないことを特に問題視した。

　この問題意識から、2002 年、SEC はスタッフに対してヘッジファンドの調査をするよう要請した。2003 年 9 月、スタッフは「ヘッジファンドの台頭が示すもの」と題する調査報告をまとめた。この調査報告は、後の投資顧問法 203 条(b)項(3)号-2 の制定・施行および関連諸規則の改正のきっかけとなった（「ヘッジファンド登録規定」）。これらの規定は、後述のとおり、大部分のヘッジファンド・アドバイザーに 2006 年 2 月において投

52　第4章　ヘッジファンドおよび債務担保証券（CDO）のアドバイザー

資顧問法による登録を義務づける効果をもたらし、あわせて、投資顧問法に基づいて記録保存、開示義務および SEC による調査権限に服せしめる結果となった。

　ヘッジファンド登録規定は、ヘッジファンド業界に多大なインパクトをもたらした。2006 年 3 月末時点で SEC に登録されていた 1 万もの投資顧問のうち実に 24% がヘッジファンド・アドバイザーであった。その 2400 のヘッジファンド・アドバイザーのうち、46% は新ヘッジファンド登録規定の制定後に登録されていた。

　しかしながら、2006 年 6 月、施行からわずか 4 か月後に、ワシントン D.C. 合衆国控訴裁判所は同規定を無効とする判決を全員一致で下した。V で後述するとおり、裁判所は、同規定が法律の根拠に欠けるものであるとし、SEC の挙げた制定理由は合理的でないと判断した（Goldstein v. SEC, 451 F.3d 873（D.C. Cir. 2006）参照）。

　旧ヘッジファンド登録規定はもはや有効ではないものの、同規定は、ヘッジファンドおよびヘッジファンド・アドバイザーに対する SEC の考え方を示唆するものとして非常にすぐれているため、以下にその全体像を説明する。

II　ヘッジファンドおよびヘッジファンド・アドバイザーの登録免除と除外

1　ヘッジファンドとは何か

　ヘッジファンドとは、本質的に公募されていないミューチュアル・ファンドである。ミューチュアル・ファンドと同様、エクイティ証券（典型的にはリミテッド・パートナーシップ持分または LLC 持分）を発行することで、ポートフォリオに組み入れる有価証券その他の資産を購入するための資金を調達する。また、通常、運用資産残高の一定割合をもって投資顧問に年間運用報酬が支払われる点も、ミューチュアル・ファンドと同様である。

　しかし、ミューチュアル・ファンドと異なって、ヘッジファンドはその有価証券の募集につき証券法上の登録を行わず、投資会社法上の投資会社としての登録も行わず、むしろこれらの法律に基づく登録免除の規定を利

用し、私募によってファンド持分を販売する。また、ヘッジファンドはヘッジファンド・アドバイザーに対して、年間運用報酬に加えてファンドのキャピタルゲインおよび資産価値の増加に対する割合により報酬を支払うことが通常であり、これは一般に「成功報酬」と呼ばれる。ヘッジファンドは通常投資家への払戻しを四半期ごとに投資の一定割合に制限することが多いが、ミューチュアル・ファンドは払戻請求に毎日応じなければならない。加えて、パフォーマンス結果についていえば、ミューチュアル・ファンドはＳ＆Ｐ500等の所定のベンチマークを上回る成績を上げることを追求するが、ヘッジファンドはこれにとどまらず絶対的にプラスのリターンを投資家に提供することを追求する。

2　投資会社法に基づく登録からの免除

　ヘッジファンドに対し投資会社法に基づく登録の免除を可能とする規定としては、3条(c)項(1)号と3条(c)項(7)号の2種類があり、「投資会社」の定義からの除外を認めている。

　(1)　**3条(c)項(1)号に基づくファンド**　投資会社法3条(c)項(1)号は、以下の2要件を充足する有価証券の発行者（以下、「3条(c)項(1)号ファンド」）につき、「投資会社」の定義からの除外を認める。第1の要件は、そのファンドの発行済有価証券の実質所有者の数が100名以下であることであり、第2の要件は、証券法に基づく公募をしておらず、またしようとしていないことである。

　第1の要件に関連して、法人投資家は3条(c)項(1)号ファンドの中で原則として1人の投資家とカウントされるが、以下の①および②に該当する場合には、ファンドは法人投資家につき「ルックスルー」を要求され、投資家数100名の制限のカウントにあたって、法人投資家の実質所有者の数によらなければならない。

　　①法人投資家自体が「投資会社」であるか、または3条(c)項(1)号もしくは3条(c)項(7)号の登録免除に依拠する会社である場合

　　②当該法人投資家が3条(c)項(1)号ファンドの発行済議決権付株式の10％以上を実質的に保有する場合（投資会社法3条(c)項(1)号(A)、同規則3c-1参照）

前記第2の要件に関連して、3条(c)項(1)号ファンドは、一般的な勧誘や一般的な広告を行うことができず、その投資家との間に明白な既存の関係を有している必要がある。3条(c)項(1)号ファンドは、募集の登録を避けるため、「私募（private placement）」による登録免除である証券法4条(2)項、および4条(2)項に基づいてSECが制定したセーフハーバーであるレギュレーションDの証券法規則506に依拠する。規則506に基づいて、発行者は、その持分を証券法規則501(a)に定める「適格投資家（accredited investor）」の定義に該当する者に加え、35名以下のかかる定義に該当しない者（単に「買付者」という）に対してのみ売り付けることができる。証券法規則501(a)に定める「適格投資家」の要件は、自然人については、①単独でもしくはその配偶者と合算して、100万米ドル超の純資産（主たる住居を含む）を有するか、または②直近過去2年度のいずれにおいても、その単独の個人所得が20万米ドル超であるかもしくはその配偶者と合算した所得が20万米ドル超であって、かつ当年度においても同じ収入レベルに達することが合理的に予想されることである（証券法規則501(a)(5)(6)参照）。重要なことは、ヘッジファンドそのものは、レギュレーションDのその他の免除規定（すなわち証券法規則504・505）またはレギュレーションAを利用することができないということである。これは、証券法規則504・505およびレギュレーションAは、証券法4条(2)項ではなく、同法3条(b)項すなわち「少額募集（small issue）」による免除に基づくものだからである。同規則505に基づく募集については一般的な勧誘または一般的な広告が禁止されているとはいえ、SECは、同規則504・505およびレギュレーションAに基づいて行われる募集を、「私募（private）」ではなく「公募（public）」だと捉えている（証券法規則502(c)参照）。

(2) **3条(c)項(7)号に基づくファンド**　投資会社法3条(c)項(7)号は、以下の2要件を充たすファンド（以下、「3条(c)項(7)号ファンド」）を「投資会社」の定義から除外する。第1の要件は、ファンドの現存する証券が、取得時に「適格購入者（accredited purchaser）」の要件を充たす者によってのみ所有されていること、第2の要件は、当該ファンドが証券法による公募を行わずかつ行うことを提案しないことである。

第1の要件に関連して、投資会社法上の「適格購入者」が満たすべき最

低要件は、証券法上の「適格投資家（accredited investor）」の要件に比べて著しく厳格である。投資会社法2条(a)項(51)号に基づく「適格購入者」は、自然人の場合500万米ドル以上の投資（主たる住居を含まない）であり、自身の裁量に基づいて投資する法人の場合には、2,500万米ドル以上の投資が必要とされる。これに対し、証券法規則501(a)上の「適格投資家」の要件は、自然人については、①単独でもしくはその配偶者と合算して、100万米ドル超の純資産（主たる住居を含む）を有するか、または②直近過去2年度のいずれにおいても、その単独の個人所得が20万米ドル超であるかもしくはその配偶者と合算した所得が30万米ドル超であって、かつ当年度においても同じ収入レベルに達することが合理的に予想されることである（証券法規則501(a)(5)・(6)参照）。

3条(c)項(1)号ファンドと異なって、3条(c)項(7)号ファンドは無制限の数の「適格購入者」をもつことができるように見えるが、実際には2つ制約がある。第1の制約は、3条(c)項(7)号ファンドは、その投資家の数を増やし過ぎるといつの間にか取引所法に基づく開示会社になってしまうという危険性がある。すなわち、ファンドは投資家数500名の基準に達しないように留意が必要である。500名というのは、管理資産が1,000万米ドル以上である場合に、取引所法に基づく開示会社となる基準である（取引所法12条(g)項、同規則12g-1参照）。第2の制約は、3条(c)項(7)号ファンドがその投資家の数を増やすにつれて、そのファンドが一般的な勧誘行為に従事している可能性も同時に増すということである。

第2の要件として、3条(c)項(7)号ファンドは、証券法による公募を行ってはならず、かつ行うことを提案してはならない。本要件に関する検討と分析は、3条(c)項(1)号ファンドの第2の要件のものとほとんど同じである（前記(1)参照）。

大部分のヘッジファンドとプライベート・エクイティ・ファンドは投資会社法に基づく登録からの免除事由として同法3条(c)項(7)号に依拠しているが、アドバイザーが、これらのファンドと内容をほぼ同一にする3条(c)項(1)号ファンドを立ち上げ、その従業員、友人および親族（これらのうちのほとんどは適格購入者の要件を充たさない）を参加させることは往々にして行われる。

56 第4章 ヘッジファンドおよび債務担保証券（CDO）のアドバイザー

3 投資顧問法に基づく登録からの免除

　ヘッジファンド・アドバイザーは、伝統的に、SEC および州当局に対する登録を避けるため、投資顧問法の「私的投資顧問」による登録免除に依拠してきた。投資顧問法 203 条(b)項(3)号に基づき、投資顧問のうち、ⓐ過去 12 か月間において有した顧客が 15 名未満であり、ⓑ公衆に対して投資顧問であることを表明しておらず、かつ ⓒ 投資会社法に基づく登録を受けた投資会社の投資顧問となっていないものは、登録を免除される（後記 III 参照）。

　2006 年までは、一般的に、「顧客が 15 名未満」か否かを決定する際に、投資顧問から投資顧問を受ける法人の背後を観察（ルックスルー）し、個別の投資家を数える必要はなかった。ところが、投資顧問法規則 203 (b)(3)-1 (a)(2)(i)によれば、投資顧問は、法人に対して投資アドバイスを行う際に、その法人の所有者の投資目的ではなく、法人自体の投資目的に基づいてアドバイスを行うとされているため、投資顧問は、個々の投資家ではなく法人に対する直接のアドバイスを行うことにより、SEC に対する登録をすることなく、何百もの個々の投資家に対して間接的にアドバイスを行うことができる。

　2006 年 2 月以降、SEC のヘッジファンド登録規定は、「ルックスルー」の規定を設け、ヘッジファンドの大部分に投資顧問法に基づく登録を義務づけた。しかし、ワシントン D.C. 合衆国控訴裁判所は 2006 年 6 月にヘッジファンド登録規定の無効を宣言した（Goldstein v. SEC, 451 F.3d 873（D.C. Cir. 2006）参照）。このため、現時点では、投資顧問の顧客の数を決定する際に影響を及ぼす「ルックスルー」規定は、今なお完全な拘束力と効力を有する同規則 203 (b)(3)-1 (a)(2)(i)以外には存在しない。

　旧ヘッジファンド登録規定はもはや有効ではないものの、同規定は、ヘッジファンドおよびそのアドバイザーに対する SEC の考え方を示唆するものとして非常にすぐれているため、以下にその全体像を説明する。

III　旧ヘッジファンド登録規定の制定に至る経緯

　SEC は、富裕かつ洗練された顧客を対象にする投資顧問までを、私的

投資顧問による登録免除をもって、投資顧問法に基づく登録から免除させることが議会の意図ではないだろうと考えていた。SEC としては、投資顧問のうち、その活動が国民を対象としたものではなく、主に親しい友人や家族のメンバーで構成されるような少数の投資家に投資アドバイスを提供するもののための限定された適用除外を設けるのが議会の意図であろうと考えていた。自分自身を防御するための十分な知識と経験をもっている投資家のための取引であれば公募の定義から免除される証券法とは異なり（具体的には、証券法 4 条(2)項がこれに該当する）、投資顧問法は、プロの投資顧問に資産を委託しているすべての種類の投資家を保護することを意図している。

　2000 年代初頭に、SEC は、現在の規制プログラムがヘッジファンドに関して不十分であったため、未登録の投資顧問による詐欺を効果的に抑止または検出することができなかったと考え始めた。SEC が認知する不十分さというのは、未登録の投資顧問の情報を得ることができないことに基づいており、それは、記録の検査や情報開示を強制する権限の欠如に起因する。SEC は、さらに、投資家が受け取る有用な情報（すなわち、ヘッジファンドとそのアドバイザーに関するものおよびヘッジファンドとそのアドバイザーとの間の潜在的な利益相反に関するもの）についての情報量、およびヘッジファンド・アドバイザーがファンド資産を評価する方法について懸念をもっていた。

　これらの理由により、SEC は、ヘッジファンド登録規定を制定した。以下で詳細に記述するように、このヘッジファンド登録規定には、一定の「私募ファンド」における「顧客」数をカウントする際に「ルックスルー」を要求する規定を含む、投資顧問法規則 203(b)(3)-2 が新設された（したがって、これらの私募ファンドの投資顧問は、同規則 203(b)(3)-1(a)(2)(i)における「単一の顧客」の規定に依拠できなくなる）。同規則はまた、同規則 203(b)(3)-1(d)に「私募ファンド」の定義を追加し、同規則を改正した。ワシントン D.C. 合衆国控訴裁判所による Goldstein 事件（Goldstein v. SEC, 451 F.3d 873 (D.C. Cir. 2006)）に至るまで、ヘッジファンド登録規定の「ルックスルー」部分は、大部分のヘッジファンド・アドバイザーを SEC に登録させるように企図されていた。これにより、投資顧問法 203 条(b)項(3)号の「私

58 第4章　ヘッジファンドおよび債務担保証券（CDO）のアドバイザー

的投資顧問」に基づく登録免除は利用不可能となったためである。

IV　旧ヘッジファンド登録規定

1　はじめに──「私募ファンド」とは

　SEC の旧ヘッジファンド登録規定は、投資顧問のうち、その活動がいわゆる「私募ファンド」に関係するものを特に対象としていた。あるファンドが「私募ファンド」とされるための要件は、以下の3つであった。第1に、ファンドは投資会社法3条(c)項(1)号または3条(c)項(7)号に基づいて「投資会社」の定義から除外されていること。第2に、ファンドは、持分所有者に、持分の購入から2年間に、当該所有持分の償還請求をする機会を提供していること。第3に、ファンドの販売は、その投資顧問のスキル、能力および専門知識に基づくものであること。

　第2の要件（2年間の償還条項）は、プライベート・エクイティ・ファンドやベンチャー・キャピタル・ファンド等の長期的な投資ビークルが、意図せざるかたちで「私募ファンド」の定義に該当してしまうことのないよう設けられたものである。実際、SEC は、2年間の償還請求機会という要件があれば、大部分のヘッジファンドを「私募ファンド」の定義に落としこむことができると考えていた。

　この2年間の償還条項による意図せざる効果として、いくつかの新しいヘッジファンド・アドバイザーと多くの既存のヘッジファンド・アドバイザーが、新規投資家に対して、2年間は持分の償還を請求できないとする規定をファンドの投資規定に新規に設け、既存の条項についても変更するということが起きた。新規投資家に2年間のロックアップ条項に同意させることによって、アドバイザーは再び投資顧問法に基づく登録を免れることができたのである。

2　旧ヘッジファンド登録規定における「顧客」数の計算

　旧投資顧問法規則（以下、「旧規則」）203(b)(3)-2に基づき、私募ファンドのアドバイザーは、ファンドを「ルックスルー」して当該ファンドの各株主、リミテッド・パートナー、社員および受益者をアドバイザーの個別

の顧客として計算する必要があるとされていた。持分所有者の合計数が14名を超えた場合は、アドバイザーは投資顧問法203条(b)項(3)号の私的投資顧問登録免除規定に基づく免除に依拠することができなくなり、他の登録免除が利用可能である場合を除き、SECへの登録義務が生じる（アドバイザーがSEC登録の数値要件を充たすことを前提とする）。これらの要件については、本書第3章第1節II1(1)・(2)を参照のこと。

　旧規則によれば、ファンドのアドバイザーは、典型的なケースとして、当該ファンドに持分を有している場合、その所有形態を問わず、顧客数の算定から自分自身を除外することができた。さらに、一定の知識豊富な投資アドバイスに従事する人員も、現在の投資顧問法規則205-3(d)(1)(iii)にいう「適格顧客」に該当するとみなされて、顧客数の算定から除外されていた。

　「私募ファンド」の投資家に、登録された投資会社が含まれている場合は、そのファンドの投資顧問は、私的投資顧問登録免除の文脈上、その投資会社の所有者を顧客として数えなければならなかった。この規則は、「私募ファンド」における登録投資会社の出資が、直接であるか間接であるかを問わず適用された。もっとも、投資会社の所有者を計算する際に、「単一」の顧客の数え方の指針となる現在の投資顧問法規則203(b)(3)-1(a)(1)の一般的な規定は依然として適用された。

　旧規則203(b)(3)-2は、「ファンド・オブ・ファンズ」というそれ自体「私募ファンド」であるファンドが投資家に含まれるファンドのアドバイザーにも適用されるとSECは述べていた。私的投資顧問登録免除に依拠できるか否かを決定するにあたり、アドバイザーは、「最上位」の私募ファンドにつき「ルックスルー」を行い、当該ファンドの投資家を顧客として数えることが要求された。

　最後に、SECは、外国の法規制に服するオフショア・ファンドのアドバイザーを免除する可能性を否定した。したがって、旧規則203(b)(3)-2のもとでは、オフショア・ファンドのアドバイザーは、米国居住者でない投資家を除外することはできたが、米国居住者の投資家についてはそれぞれ顧客としてカウントするものとされた。この結果、オフショア・ファンドのアドバイザーは14名を超える米国居住者の顧客にアドバイスを行う

場合、SEC に登録することが必要とされた。ある投資家がその投資の時点では米国居住者ではなかったもののその後に米国居住者となった場合、米国投資家数制限との関係でオフショア・ファンドは当該投資家を 14 名の顧客にカウントする必要はなかった。

　ヘッジファンド登録規定の廃止により、それまでに出された SEC スタッフによるオフショアのアドバイザーに宛てたガイダンスは、引き続き適用されることとなった。このように、投資顧問法の実体規定は、オフショア・ファンドやオフショア・クライアントとの取引に関する限り原則として適用されない。投資顧問法に基づき SEC に登録されたオフショアのアドバイザーは、現在および将来の米国顧客との関連では、投資顧問法およびそれに基づく規則を遵守し続けなければならない（アメリカ法曹協会私的投資事業体小委員会／SEC ノー・アクション・レター、2005 WL 3334980 （2005 年 12 月 8 日公表）参照）。

3　投資顧問法規則 205-3 の改正

　現在の投資顧問法規則 205-3 (a)によれば、登録された投資顧問は、「適格顧客」に対してのみ成功報酬を請求できるとされている。適格顧客とは、①投資顧問に運用を委託している財産が 75 万米ドル以上である自然人または会社、あるいは②投資時点で保有する純資産が 150 万米ドル以上である自然人または会社を一般的に意味する（同規則 205-3 (d)(1)参照）。

　登録していないアドバイザーは、当然ながら投資顧問法 205 条(a)項(1)号の成功報酬禁止規制の制約を受けない。旧ヘッジファンド登録規定に基づく登録をアドバイザーに要求し、同規則 205-3 に服せしめることで、SEC は個人投資家がヘッジファンドにアクセスすること（「個人投資家の流入」）を制限しようとした。実際に、成功報酬が課されるそれぞれの投資家は「適格顧客」の要件を充たさなければならなくなったため、少額の純資産しかもたない個人投資家の投資をそもそも排除する結果となったのである。

V 旧ヘッジファンド登録規定の廃止

1 Goldstein 事件

　ヘッジファンド登録規定が施行されてわずか4か月後の2006年6月に、ワシントンD.C.合衆国控訴裁判所は、全員一致でこれを無効とした。裁判所は、これらの規定が「裁量的」であると判断し、SECの制定理由を「不合理」と判示した（Goldstein v. SEC, 451 F.3d 873（D.C. Cir. 2006）参照）。

　同規定の有効性を争ったのは、Kimball & Winthrop and Opportunity Partners L.P. の共有者の1人である投資顧問会社のPhillip Goldsteinである。そのポイントは、旧投資顧問法規則203(b)(3)-2の「顧客」と「投資家」は同義か否かという点であった。SECは旧規則を制定するにあたり、「顧客」という用語は投資顧問法で定義されていないため顧客のカウントの仕方について法律上不明確であると結論づけており、これを前提として、SECは旧規則を制定し、ファンドそのもののみならず、ファンドにおける「投資家」もまた、私的投資顧問登録免除規定の文脈で、アドバイザーが有する顧客数を決定するにあたり「顧客」とされることを明らかにした。SECは、米国の市場でヘッジファンドが次第に重要な位置を占めてきている背景に照らして、かかる解釈は合理的であると主張した。

　しかし、裁判所は、SECの主張する「顧客」の適切な解釈に同意せず、「ある用語が複数の意味を有しうるということのみをもって、関係当局に対し、妥当しうる1つの意味を選択する権限を与えるものではない」と判示した。「法律の用語は文脈に応じて読まれるべきもの」であり、その法規範全体の仕組みに合致するよう解釈されなければならない。

　裁判所の主たる懸念は、旧規則203(b)(3)-2において、「投資家」と「顧客」を同義に読むことが許容されているとすれば、ヘッジファンドのアドバイザーはファンドとファンドの個別投資家の両方に受託者責任を負う効果を有することになってしまい、そのような規則は、アドバイザーに対して利益相反を生ぜしめ、「二主に仕えしむ」ことになるというものであった。また、裁判所は、SECの主張に従えば、「顧客」が投資顧問法において2つの異なる意味を有することになってしまうとも判示した。ヘッジフ

ァンドにおける投資家は、私的投資顧問登録免除規定が利用可能か否かを決定する文脈では「顧客」とされる一方で、投資顧問法 206 条に基づいて投資顧問が負う受託者責任との関係では「顧客」とされないことになる。裁判所は、この両者の説明がつかないとして SEC を批判した。

SEC は、また、大部分のヘッジファンドの組織形態は、ファンドがその顧客数を 15 名未満にすることによって投資顧問の登録義務を逃れるための「法的な技巧」に過ぎないとして、旧規則 203(b)(3)-2 の有効性を主張した。裁判所はこの点については認めたが、法律のこの分野においては、形式が重要であり、かかる形式が受託者責任を誰に対して負うかを決定することとなると述べた。

裁判所は、最終的に、ヘッジファンドの投資家とアドバイザーとの間の関係が、ヘッジファンドの投資家を「顧客」として扱うことを正当化するためにどの程度変化してきたのかを SEC は適切に説明していないと述べた。実際、旧規則 203(b)(3)-2 は、100 名未満の顧客を有するファンドに対し、投資会社法 3 条(c)項(1)号に従って投資会社法に基づく登録の免除を許容しつつ、投資顧問法においては 14 名を超える顧客を有するファンドのアドバイザーに登録を義務づけるものであった。

裁判所は、「〔SEC の〕解釈は合理性の限界を超えていた」と強い調子で述べ、同規則を無効とした。結果として、SEC はその権限を超えていた。実際、裁判所は、SEC による「『顧客』の解釈は、法律における用語の一般的な意味にほぼ違反するものであった」と判示した。裁判所は、投資顧問法において使われている 1 つの用語の意味を SEC が操作することを拒否することによって、SEC がある「取っ掛かり」を設け、次々とヘッジファンドに関する包括的な規制を制定していくことを排除したのである。

2　その後の展開

SEC は最終的に、Goldstein 判決に上訴しないこととし、代わりに別の規則の制定を目指すことを選択した。具体的には投資顧問法 206 条(4)項のもとで新しい詐欺防止規定を提案し、後に採択した。さらに、SEC は、ヘッジファンドに個人投資家が投資することを制限する目的で、「適格投

資家（accredited investor）」という用語を再定義することを提案した。

(1) **投資顧問法規則 206(4)-8**　SEC は、2006 年 12 月、新しい投資顧問法規則 206(4)-8 を提案し、後に、2007 年 9 月 10 日を施行日として提案どおり同規則を採択した。同規則に基づき、以下の事象は、投資顧問法 206 条(4)項の意味における「詐欺的、欺瞞的または相場操縦的な行為、慣行または業務」とされた。

・投資顧問が集団投資ビークルの投資家または潜在投資家に対して、重要な事項について虚偽の記載をすること、またはその記載がなされた状況に照らして誤解を生じさせないために必要な事実の記載が欠けていること

・投資顧問が集団投資ビークルの投資家または潜在投資家に対して、その他「詐欺的、欺瞞的または相場操縦的な行為、慣行または業務」をすること

投資顧問法規則 206(4)-8(a)(1)・(2)を参照のこと。同規則の適用に際してある事項が「重要」といえるかについて、SEC は、仮に合理的な投資家が投資判断をする際に、当該事実が利用可能な情報についての総体的構成を著しく変えていたであろうという相当程度の蓋然性を有していた場合をいうものであると考えている（Basic Inc. v. Levinson, 485 U.S. 224 (1988) および TSC Indus. v. Northway, Inc., 426 U.S. 438 (1976) 参照）。

投資顧問法規則は集団投資ビークルにアドバイスをするすべての投資顧問に適用される。「集団投資ビークル」は、投資会社法 3 条(c)項(1)号および同項(7)号による適用免除がなければ投資会社とされるすべての会社を含むと定義されている（投資顧問法規則 206(4)-8(b)参照）。したがって同規則は、米国において投資会社として登録されている会社および投資会社法 3 条(c)項(1)号または同項(7)号に基づいて登録を免除されている「集団投資ビークル」にのみ適用される。重要なことは、集団投資ビークルが SEC に登録されるか、または投資会社法 3 条(c)項(1)号または同項(7)号に依拠して米国人（証券法に基づくレギュレーション S に定義される）からの投資を受け入れるまでは、同規則は集団投資ビークルにおける投資家に適用されない。プライベート・エクイティ・ファンド、ヘッジファンド、ベンチャー・キャピタル・ファンド、ディストレス・ファンド、ファンド・オブ・

ファンズ、債務担保証券（CDO）、および登録された投資信託会社のアドバイザーはすべて同規則に服する。

投資顧問法規則による集団投資ビークルのアドバイザーに対する禁止規定は、ビークルが現に証券を募集、販売もしくは償還しているか、または投資顧問が現在の投資家のみと通信しているかもしくは潜在投資家とも通信しているかを問わず適用される。同規則 206(4)-8 には「故意（scienter)」または「知りながら」の要件が定められていないため、集団投資ビークルの投資顧問は、軽率または意図的な欺罔的な行為はもとより、より低い基準での過失責任を問われることになる。ただし、同規則は集団投資ビークルにもその投資家にも、投資顧問に対する私的な権利を定めるものではない。その代わりに、SEC は、同規則に違反した投資顧問に対して、民事上および行政的な執行手続を提起し規則を執行する。

また、投資顧問法規則は、詐欺行為を詳述することをせず、規則に基づいて投資顧問による詐欺とされるか否かをそれぞれケースバイケースの調査に委ねる。SEC スタッフは、規則を潜脱するロードマップを潜在的な詐欺師に与えないよう規則中に不正な活動の具体例をあえて挙げなかった。ただし、SEC は同規則の提案通知において、不正な活動が、「たとえば既存の投資家に対する決算書における、または潜在投資家に対する私募目論見書、オファリング・サーキュラー、提案依頼書（RFP）に対する返答における虚偽または誤解を生ぜしめる記述」を含むと示した（Prohibition of Fraud by Advisers to Certain Pooled Investment Vehicles; Accredited Investors in Certain Private Investment Vehicles／投資顧問法通知 2576 号、2006 WL 3814994（2006 年 12 月 27 日）（以下、「2576 号通知」）参照）。

(2) **証券法規則 509 の提案**　　SEC はまた、証券法に基づくレギュレーション D に、ヘッジファンドおよびその他の私募投資ビークルに対する「個人投資家の流入」を制限するため証券法規則 509 を新たに提案した（2576 号通知参照）。規則案は、「私募投資ビークル」による募集にのみ適用される。ここでいう「私募投資ビークル」とは、投資ファンドを含むが、投資会社法 3 条(1)項に規定される除外規定がなければ投資会社法に基づく「投資会社」となるべきベンチャー・キャピタル・ファンド（いわゆる「3 条(c)項(1)号ファンド」）は除外されている。「ベンチャー・キャピタル・フ

ァンド」は、投資顧問法 202 条(a)項(22)号にいう「事業育成会社」と同義である。

　この規則案によれば、自然人は私募投資ビークルによる募集に参加するため、2 段階基準による「適格人」の要件を充たさなければならない。第 1 に、証券法規則 501 (a)(5)または同(a)(6)による「適格投資家」の定義に該当する必要がある（前記Ⅱ2(1)参照）。第 2 に、当該ビークルへの投資時点で 250 万米ドル以上の「投資」（5 年ごとに物価上昇に応じた調整を行う）を行っている必要がある。なお、投資会社法 3 条(c)項(7)号に規定される除外規定に基づく投資ファンド（いわゆる「3 条(c)項(7)号ファンド」）は、「私募投資ビークル」の定義から除外されている。これらのファンドは、すでに 2 段階基準に近似した規制（勧誘および販売の対象は、投資会社法 2 条(a)項(51)号(A)に定義される「適格購入者」かつ証券法規則 501 (a)にいう適格投資家に該当する者でなければならない）に服しているからである。

　「投資」の定義は、投資会社法 2 条(a)項(51)号-1 に含まれるものと同様である。自然人による（配偶者と通算しない）投資は、ⓐ配偶者と共同して保有する投資およびⓑ配偶者との間の夫婦共有財産（これに類似する持分を含む）における 50％ 相当分のみを含む。夫婦が共同で投資を行う場合、それぞれが適格人に該当するかの判定にあたっては、両者の投資の総額が（個別であるか共同であるかを問わず）算入される。「投資」には、自然人とその家族が、個人的な目的のためにまたは事業の場所としてもしくは取引や事業に関連して使用する不動産は含まれないことに留意すべきである。

　提案された証券法規則 509 は、統計的な観点からいえば、ヘッジファンドへの「個人投資家の流入」に歯止めをかけるものである。「適格人」の要件を厳重にすることによって、SEC はこれに適合する家計の数を現在の 8.5％ から 1.29％ に減少させる（88％ 減）ことができると見込んでいた。SEC は、本件に関して、ある者の投資額の合計は、その者の金融知識の程度を適切に近似するという想定に大きく依拠している。

　前述したとおり（Ⅱ2(2)参照）、大部分のヘッジファンドとプライベート・エクイティ・ファンドは投資会社法に基づく登録要件の免除事由として 3 条(c)項(7)号に依拠しているが、投資顧問がこれらと内容をほぼ同一とする 3 条(c)項(1)号ファンドを立ち上げ、その従業員、友人および親族（こ

66 第4章 ヘッジファンドおよび債務担保証券（CDO）のアドバイザー

れらのうちのほとんどは適格購入者の要件を充たさない）を参加させることが、往々にして行われる。そのため、この規則が採択された場合に苦境に立たされる可能性がもっとも高いのはこの層である。

はたして、この規則案において「適格人」の定義を満たさない投資家、そのうち特に現在の証券法規則501(a)に基づく「適格投資家」の要件を充たすものは、これに否定的に反応し、激しい反対論を展開した。特に、現在の「適格投資家」ではあるが新規則においては「適格人」の要件を充たさない投資家に対して、彼らが現に投資している私募投資スキームに今後投資をすることを認めるような除外規定すら認められないことが、この傾向に拍車をかけた。SEC は、後の通知において、「適格人」の要件に、250万米ドル以上の「投資」の基準ではなく、40万米ドル（配偶者と合算して60万米ドル）の収入基準を使うことについてコメントを募集したことから、潜在的な妥協策を模索していると察せられる（Revisions of Limited Offering Exemptions in Regulation D／証券法通知8828号、2007 WL 2239110 (2007年8月3日) 参照)。

（3）**その他の動き**　連邦政府およびいくつかの州は、ヘッジファンドを規制することを考えていた。議会は、旧ヘッジファンド登録規定と同様にヘッジファンド・アドバイザーを規制する効果を有する新しい立法を考えていた。州レベルでは、（ニューヨーク州に続いて）2番目または3番目にヘッジファンドが集中する州であるコネティカット州が先行した。同州は、2006年初めに、銀行部門の中にヘッジファンド局を設けた。同局の7名のスタッフは、ヘッジファンドのみならず、広範囲にわたる各所の市場参加者から集められた。その主たる目的は不正な行為の注視にあるものの、それ自体では調査を実施しない。

ヘッジファンド規制は流動的であり、読者は現在の法令規則を確認されたい。

3　登録の取下げ

旧ヘッジファンド登録規定に基づいて SEC に登録したヘッジファンド・アドバイザーは、Goldstein 事件の後、登録の取下げをすることが認められ、投資顧問法203条(b)項(3)号に定める私的投資顧問登録免除の要件

を充たす投資顧問である限り、自由に取下げをすることができた。SEC登録の取下げをするためには、登録された投資顧問は、フォーム ADV-W を SEC に提出しなければならない。フォーム ADV-W は、投資顧問登録記録保存機構（IARD）を通じて電子的に提出される（投資顧問法規則 203-2 および本書第 5 章第 5 節 III 参照）。

　おそらく驚くべきことといえるであろうが、SEC の公表によれば、多くのヘッジファンド・アドバイザーが Goldstein 事件の後に SEC 登録の取下げをしたとはいえ、かなりの数が自発的に登録を維持した。結果として、Goldstein 事件後の登録の純減は、予想されたほど顕著なものではなかった。

　多くのヘッジファンド・アドバイザーは、登録していた期間に、公衆に対して投資顧問であることを一般に表明したか、または 14 名を超える顧客数を有するに至っており、登録を取り下げれば問題を生じることになる。言い換えれば、彼ら自身が私的投資顧問登録免除の要件に該当しなくなるような行動をとってしまっていたのである。そういった場合でも、これらのアドバイザーが、公衆に対して自己が投資顧問業務を提供していることを一般的に表示することを止め、その顧客数を 14 名以下に減少させれば、私的投資顧問登録免除に依拠できることを SEC は示したが、他方、登録の取下げは 2007 年 2 月 1 日までに行わなければならないとした。登録の取下げを行ったアドバイザーは、取下げから 12 か月間は、私的投資顧問登録免除に依拠できるか否かの判定に際して、取下げ以降の期間における顧客数をカウントすればよいとされた。

　旧ヘッジファンド登録規定により SEC に登録しその後も登録を維持することを選択したアドバイザーには、無効とされた同規定において彼らに与えられていた一定の利益を享受する権利が与えられた。具体的に、これらのアドバイザーには以下の事項が許容された。

　　・投資顧問法規則 204-2 (a)(16)に基づいて要求される裏づけ資料のすべてが揃っていなくとも、同規定の効力発生日（2005 年 2 月 10 日）に先立つ期間における過去のパフォーマンス情報を表示することができる。それぞれのアドバイザーは、2005 年 2 月 10 日に先立つ期間におけるパフォーマンスに関連した帳簿および記録をすべて保存し

なければならない。

・投資顧問法規則 205-3(c)に規定される「適格顧客」の定義に合致する投資家または顧客であるか否かを問わず、2005 年 2 月 10 日の前に当該アドバイザーの投資家または顧客であった者に対して、継続して成功報酬を課すことができる。

・一定の要件を充足するファンド・オブ・ファンズの監査済財務書類の交付時期を、当該ファンドの会計年度末日から起算して 180 日以内とすることができる（他の種類のヘッジファンドでは、120 日以内が要求されている）。

第 2 節　未登録のヘッジファンドおよびヘッジファンド・アドバイザーに対する投資顧問法の適用

I　登録免除

前記第 1 節 II 3 において詳述されるように、ヘッジファンド・アドバイザーは、通常、アドバイスを提供する顧客を 15 名未満に抑えることにより、投資顧問法 203 条(b)項(3)号の私的投資顧問登録免除規定を利用しており、このため SEC への登録は行わない。各アドバイザーは、有限責任組合（リミテッド・パートナーシップ）、有限責任会社（LLC）またはビジネス・トラストといった法形式を問わずファンドにおける個別の投資家ではなく、そのファンド自体を「顧客」と扱う。Goldstein 事件（Goldstein v. SEC, 451 F.3d 873 (D.C. Cir. 2006)）において、ワシントン D.C. 合衆国控訴裁判所は、旧ヘッジファンド登録規定を無効とし、この考え方を支持した。この決定に際して、裁判所は、ヘッジファンド・アドバイザーの「関心は、ファンドのパフォーマンスに向けられており、それぞれの投資家の財務状況に向けられているものではない」と述べた。

債務担保証券（以下、「CDO」）は、異なるリスク特性を有する債券とエクイティの多様化されたポートフォリオに投資することを可能にする、ストラクチャード・ファイナンス市場の中でも、比較的新しいスキームであ

る。CDO のアドバイザーはしばしばコラテラル・マネジャーと呼ばれる
が、CDO ポートフォリオを活発に運用し取引する。典型的な CDO にお
いては、債券とエクイティの保有者の優先順位に応じて、異なるクラスの
投資家による投資を可能にしている。

　ヘッジファンド・アドバイザーと同様に、コラテラル・マネジャーは、
一般に、私的投資顧問登録免除規定に基づく許容された14名の顧客をカ
ウントするにあたり、それぞれの CDO を 1 の「顧客」としてカウントし
ている。これまで、SEC も裁判所もこの考え方についてコメントしてい
なかった。しかし、Goldstein 判決において、裁判所は、「もし投資家とア
ドバイザーの関係のうちいくつかが『顧客』関係を有するような一定の特
徴を有するのであれば、SEC は、その特徴を識別し、ヘッジファンド登
録規定をこれに適合させるようにしなければならなかった」と述べて、
SEC が、ファンドにおける異なるクラスの投資家を、顧客と取り扱うこ
とを正当化できるかもしれないと示唆した。SEC が、CDO における異な
るクラスの投資家を顧客としてカウントするという裁判所の示唆を実現し
ようとしていたら、コラテラル・マネジャーははるかに少数のファンドに
しかアドバイスできないであろう。たとえば、ある CDO において債務に
ついて 4 クラス、エクイティについて 1 クラスが設けられていたとすれば、
かかるファンドは 1 の顧客ではなく、5 の顧客とカウントされることにな
る。このため、コラテラル・マネジャーは、13 の別のファンドではなく、
もう 1 つ、類似構造の（5 つのクラスを有する）ファンドをアドバイスす
ることが許容されるのみであろう。本書の共同執筆者としては、SEC は、
Goldstein 事件の裁判所の論旨が法理であるとするのではなく、これを適
用する規則を採択しなければならないと考える。

II　詐欺防止規定

　最も重要なことは、ヘッジファンド・アドバイザーもコラテラル・マネ
ジャーも、それらが SEC に登録しているか否かを問わず、投資顧問法
206 条の詐欺防止規定には服するということである。2007 年 7 月、SEC
執行部門は、インサイダー取引を行ったヘッジファンド・アドバイザーを

調査し罰則を適用する、特別のヘッジファンド詐欺防止ワーキンググループを立ち上げた。

III　プリンシパル取引

　コラテラル・マネジャーはCDOを積極的に運用する。コラテラル・マネジャーの取引は、時として、顧客の同意が必要なプリンシパル取引を生じさせることがある。

　CDOにおける「顧客」が誰であるかが不明確で、適用されるSEC規則も存在しないため、投資顧問法206条(3)項に基づく顧客同意をどのように得るべきかに関して、業界の慣行は区々である。

　一部のコラテラル・マネジャーはCDOの取締役会から同意を取得している。取締役会は、多くの場合、一般にプリンシパル取引の詳細については何も知識がないようなケイマン諸島の事務管理会社からの代表者によって構成されている。別のコラデラル・マネジャーは、CDOの債務投資家の代表者からの同意を得ることにしている。さらに、それぞれのプリンシパル-エージェンシー間取引の公平性を審理する特定の目的を有する代表者委員会をCDOの組成時点に立ち上げておき、かかる委員会からの同意を得るコラテラル・マネジャーもいる。最後に、一部のコラテラル・マネジャーは、個別のプリンシパル取引について顧客同意を得ず、CDO組成時の約款に記載された一般的な包括同意に依拠している。共同執筆者は、債務投資家の代表者または代表者委員会からの同意を取得するのが、望ましい慣行であると考えている（プリンシパル-エージェンシー間取引のより詳細な記述については、本書第8章第5節II1および2参照）。

第5章 登録およびフォームADV

第1節 概　説

　投資顧問法203条(b)項に基づき登録を免除されない限り、投資顧問は、SECまたは1つ以上の州レベルの証券当局のどちらかに登録しなければならない（本書第3章第1節II参照）。どちらに登録する場合も、投資顧問は、SECと北米証券管理者協会が共同で開発したフォームADV（「投資顧問登録のための統一申請書」）による必要がある。さらに、フォームADVは、現にSEC登録をしている投資顧問と初めてSECに登録する投資顧問が、州証券当局に対して必要な通知の提出をする際にも使用される（後記第6節参照）。

　フォームADVは第1部および第2部から成り立っている。第1部は、投資顧問に関する技術的かつバックグラウンドに関する情報を規制当局に対して提供するものである。第2部は、投資顧問の業務およびその活動内容を記載する。投資顧問は、第2部を顧客および潜在顧客への開示資料として利用することができる。かかる利用により、投資顧問は、顧客および潜在顧客に開示書類を提供しなければならないとする投資顧問法規則204-3(a)の要求を満たすことができる（本書第7章第2節II参照）。もちろん、投資顧問は、他のディスクロージャー書類と同様に、フォームADVを詐欺的行為に対する責任追及に対する防御手段として利用することができる。

　フォームADVに記載される情報は、真実かつ完全なものでなければならない。投資顧問法207条に基づき、投資顧問が、SECに提出される「登録申請または報告」において意図的に重要な事実について虚偽の記載をすることは禁止されている。また同条により、投資顧問が、かかる申請または報告において記載すべき重要な事実の記載を意図的に省略することも禁止されている。申請者が提出したフォームADVのSECによる承認

72 第5章 登録およびフォーム ADV

または不承認および既存の投資顧問の登録の停止については、後記第5節
参照。

第2節 フォーム ADV

フォーム ADV は第1部と第2部の2つのパートから構成されている。
第1部はさらに2つの部分に分けられ、それぞれ以下のとおりである。

I フォーム ADV の第1部 A

SEC または州証券当局のいずれかに登録されている投資顧問は、第1
部 A の全部に記載する必要がある。第1部 A には、一連の質問を通じて、
投資顧問自身の情報、その業務執行内容、その投資顧問のオーナーまたは
支配者の情報および当該投資顧問に代わって助言を提供する者に関する情
報が明記される。

第1部 A は、以下の 12 の項目から構成される。

項目1（投資顧問自身に関する情報）——投資顧問の事業所在地および
規制当局からの連絡先といった投資顧問自身に関する情報を記
載する。

項目2（SEC 登録）——投資顧問が SEC 登録の要件を充たすかどうか
を決定するのに必要な情報を記載する。

項目3（組織形態）——投資顧問の組織形態に関する情報（たとえば、
法人、パートナーシップ、個人事業者等）、投資顧問の設立され
た州または国、および投資顧問の事業年度を記載する。

項目4（承継）——投資顧問が既存の登録投資顧問の事業を承継して
いる場合、当該承継に関する情報を記載する。

項目5（投資顧問業に関する情報）——投資顧問の従業員、顧客、報酬
の取決め、運用資産残高（AUM）および助言業務に関する情
報を記載する。項目5の情報は、SEC が当該投資顧問の業務
を理解し臨店調査に向けた準備を行い、さらには規制方針を策
定する際の材料となるものである。

項目 6（その他事業活動）——投資顧問による助言業務以外の活動に関する情報を記載する。投資顧問が、ブローカー・ディーラー、ブローカー・ディーラーの登録証券外務員、先物取引業者（futures commission merchant）、商品投資顧問業者、不動産業者、保険業者または銀行等にも該当する場合、その旨を表示しなければならない。

項目 7（金融業における関連会社）——投資顧問の金融業における関連会社およびその活動に関する情報を記載する。項目 7 の情報は、投資顧問とその顧客との間で利害対立が生じうる分野を識別するのに役立つ。特に、投資顧問が、その「関係者」（たとえば、ブローカー・ディーラーや、投資会社、銀行等）の性質を記載することが義務づけられている。「関係者」は、①投資顧問の役員、パートナーまたは取締役（またはこれに類する機能を有するもの）のすべて、②直接または間接に投資顧問を支配し、支配され、または投資顧問と共同支配下にある者のすべて、③投資顧問の従業員の全部（事務、庶務、補助またはこれに類する機能のみを提供するものを除く）を含むと定義されている。

項目 8（顧客取引に対する参加または持分）——投資顧問がその顧客の取引に参加しているかまたは持分を有している場合に、これらに関する情報を記載する。これは、投資顧問が顧客との間で、プリンシパル取引として証券の売買を行うこと、投資顧問が顧客のために報酬を受領してブローカーとして証券取引を実行すること、および投資顧問が顧客に対して推奨する有価証券を自己のために売買すること等が含まれる。項目 7 の情報と同様、項目 8 の情報は、投資顧問とその顧客との間で利害対立が生じうる分野を識別するのに役立つ。また、項目 7 と同様、項目 8 は、投資顧問の「関係者」に関する情報の記載を必要とする。

項目 9（顧客資産の保管）——投資顧問またはその関係者が、顧客資産を保管するかについての情報を記載する。

項目10（支配者）——直接または間接に投資顧問を支配するすべての者に関する情報を記載する。

項目11（懲戒履歴）——投資顧問および投資顧問の助言を行う関係会社の懲戒履歴に関する情報を記載する。SEC はこの情報を、投資顧問の登録申請に対する受理、拒否もしくは抹消を決定し、または投資顧問としての活動に対する制限の設定を決定するために利用し、さらに、臨店検査の際に特に注力すべき潜在的な問題分野を識別するのに役立つ。

項目12（小規模事業）——投資顧問法規則 0-7 に定める「小規模事業」または「小組織」の定義に合致する投資顧問は、その旨の情報を記載する。SEC は、小規模な事業者に対する規制の効果を測定するために、この情報を使う。すでに登録を行っているかまたは登録しようとする投資顧問のうち、資産運用残高が 2,500 万米ドル未満のもののみが項目 12 を記載する。

第 1 部 A では、さらに以下の別紙の開示が要求される。

別紙 A ——投資顧問の直接的なオーナーおよび経営陣等に関する情報

別紙 B ——投資顧問の間接的なオーナーに関する情報

別紙 C ——別紙 A および別紙 B の更新

別紙 D ——第 1 部 A の一定の項目における記載事項の追加情報

開示報告書（DRP）——別紙の一部とされ、投資顧問またはそれに関連する者の懲戒事由に関する詳細を記載する。

II　フォーム ADV の第 1 部 B

フォーム ADV の第 1 部 B においては、投資顧問は、州証券規制当局の要求する追加的な質問事項に対応しなければならない。したがって、SEC に登録済みの投資顧問または登録しようとする投資顧問は、第 1 部 B の記載を要しない。

以下に述べるように、第 1 部 B は 2 つの項目により構成される。項目 2 は複数の小項目に分かれる。

項目 1 （投資顧問が登録する州）——投資顧問は、その登録する州について、適切な略称の横のチェックボックスにチェックする（複数選択可）。

項目2A（監督およびコンプライアンスの責任者）――投資顧問の監督およびコンプライアンスにおける責任者に関する情報を記載する。

項目2B（保証金または資本金に関する情報）――投資顧問の登録する州において、その保証金または資本金に関する情報が要求される場合には、かかる情報を記載する。

項目2C（保証の否認、取消しまたは支払い）――保証会社が投資顧問のための保証につき否認、取消しまたは支払いを行ったことがあるかについての情報を記載する。もし該当する事実があれば、保証に関する開示報告書（DRP）が必要となる。

項目2D（未執行の判決または先取特権）――投資顧問に対する執行されていない判決または先取特権の有無に関する情報を記載する。もし該当する事実があれば、判決または先取特権に関する開示報告書（DRP）が必要となる。

項目2E（仲裁申立て）――投資顧問、その助言を行う関連会社または役員が、過去または現在において、ⓐ2,500米ドル以上の損害で、ⓑ投資または投資関連の業務に関連して、横領、贈収賄、偽造、変造、恐喝、または広く不正、不公平もしくは非倫理的な業務執行に関与したとの主張に基づいた仲裁申立ての対象となっているかに関する情報を記載する。もし該当する事実があれば、仲裁申立てに関する開示報告書（DRP）が必要となる。

項目2F（民事手続、行政手続、自主規制機関（SRO）による手続）――投資顧問、その助言を行う関連会社または役員が、過去または現在において、投資または投資関連業務に関連して、横領、贈収賄、偽造、変造、恐喝、または広く不正、不公平もしくは非倫理的な業務執行に関与したとして、民事手続、行政手続、自主規制機関（以下、「SRO」）による手続の対象となっているかに関する情報を記載する。もし該当する事実があれば、民事手続に関する開示報告書（DRP）が必要となる。

項目2G（その他事業活動）――投資顧問が従事するその他の活動に関する情報を記載する。

項目2H（フィナンシャル・プランニング・サービス）——投資顧問が直近事業年度において提供したフィナンシャル・プランニング・サービスに基づいて行われた投資額に関する情報を記載する。

項目2I（顧客資産の管理）——投資顧問が、顧客のアカウントから直接に助言報酬を差し引いているか、または500米ドルを超える助言報酬につき6か月以上前の支払いを顧客に対して要求しているかに関する情報およびその詳細を記載する。

項目2J（個人事業）——投資顧問が個人事業者である場合には、その旨を記載したうえ、一定の資格試験（たとえば、シリーズ65試験）に合格しているかを記載する。また投資顧問の専門職（たとえば、公認フィナンシャル・プランナー）として指名されているかどうかを記載する。

III　フォーム ADV の第2部

　第2部では投資顧問のサービスおよび業務執行に重点が置かれる。大部分の投資顧問は、開示説明書規則（すなわち投資顧問法規則204-3(a)）を遵守する目的で、第2部を利用している。この規則に基づき、投資顧問法203条による登録をしているかまたは登録を要求される投資顧問は、原則として、助言業における顧客および潜在的な顧客のそれぞれに対して、開示書類（以下、「開示説明書（brochure)」）を、所定の期間内に提供しなければならない。開示説明書は、投資顧問のフォーム ADV の第2部により構成されているか、またはそこで要求されている情報を最低限含むものでなければならない（本書第7章第2節II参照）。第2部以外によって開示書類を提供する場合、かかる開示書類は、そこで要求されている情報を含んでいる限り、第2部と同じ様式である必要はない（Nathan and Lewis Securities／SEC ノー・アクション・レター、1990 WL 286885（1990年7月19日公表）参照）。

　2000年4月に、SEC は、フォーム ADV の第2部を改正することを提案した（投資顧問法通知1862号（2000年4月5日）参照）。この改正は、現状まだ採用されていない。このため、投資顧問としては、現在の文言のと

おりに第2部を使い続けなければならない。以下に見ていくように、第2部においては、広汎な情報を含む14の項目を記載しなければならない。

項目1（サービスおよび報酬）——投資顧問が提供する助言サービスおよび投資顧問が請求する報酬に関する情報を記載する。特に提供されるサービスおよび投資顧問の基本報酬体系は、フォームADVの別紙Fに記載を要する。

項目2（顧客の類型）——投資顧問が一般に投資アドバイスを提供する顧客の類型（たとえば、個人、投資会社、信託等）に関する情報を記載する。

項目3（投資の類型）——投資顧問が一般に投資アドバイスを提供する投資の類型（たとえば、株式、社債、投資証券等）に関する情報を記載する。

項目4（証券分析方法／投資方針）——チャート分析、ファンダメンタル分析またはテクニカル分析といった投資顧問の証券分析方法に関する情報を記載する。投資顧問は、顧客に投資アドバイスを実施するときに依拠する投資方針についても開示しなければならない。これらの方針には、有価証券の長期保有（1年以上の保有）、有価証券の短期買付（1年以内の売却）、トレーディング（30日以内の売却）、空売り、オプションの売りおよびマージン取引等が含まれる。最後に、投資顧問は、助言内容を形成していく際に利用する主たる情報源（たとえば、経済新聞、公開会社の年次報告書その他のSEC提出書類、会社のプレスリリース等）を記載しなければならない。

項目5（学歴および業務経歴）——投資顧問が顧客に対する投資アドバイスを決定または提供する人員に要求する学歴および業務経歴に関する情報を記載する。これらの情報はフォームADVの別紙Fに記載される。

項目6（バックグラウンド情報）——投資顧問の主要な執行役員および顧客に対する一般的な投資アドバイスを決定する個人にかかる氏名、生年、高校卒業後の正式な学歴、直近5年間の業務経歴に関する情報を記載する。これらの開示はフォームADVの別

紙 F になされる。

項目 7（その他事業活動）――投資顧問が従事する投資アドバイスの提供以外の事業活動を記載する。顧客に対して投資アドバイス以外で対価をもって提供する商品またはサービスについての開示が必要とされる。

項目 8（金融業における関連会社）――ブローカー・ディーラー、商品取引アドバイザー、不動産ブローカーといった投資顧問の金融業におけるその他の活動または関連会社を記載する。

項目 9（顧客取引に対する参加状況または持分）――投資顧問またはその関係者が、顧客の取引に参加しているかまたはその他の持分を有しているかどうかに関する情報を記載する。これは、投資顧問が顧客との間で、プリンシパル取引として証券の売買を行うこと、投資顧問が顧客のために報酬を受領してブローカーとして証券取引を実行すること、および投資顧問が顧客に対して推奨する有価証券を自己のために売買することを含む。

項目 10（最低口座要件）――投資顧問が、投資監督サービスの提供もしくは投資顧問口座の管理を行い、またはフィナンシャル・プランニング・サービスもしくはこれに類似する名称のサービスを提供する旨表示し、かつ口座の開始や維持に際して最低純資産額その他の条件を課しているかどうかに関する情報を記載する。投資監督サービスの提供とは、それぞれの顧客の個別のニーズを前提としたファンド投資に関する継続的な助言を提供することを意味する（投資顧問法 202 条(a)項(13)号参照）。

項目 11（顧客口座の検証）――投資顧問が、投資監督サービスの提供もしくは投資顧問口座の管理を行い、またはフィナンシャル・プランニング・サービスもしくはこれに類似する名称のサービスを提供する旨表示している場合、誰が顧客口座を検証しているのか、またどのように調査を実施するのかについて記載しなければならない。投資顧問は、検証の実施者に関して、その人数、役職および機能、検証実施に際して投資顧問が与える指示の内容ならびにそれぞれの検証の実施者が担当する口座数を記

載する。実際の検証に関しても、その頻度、検証を行うこととなる要因および異なるレベルの検証の実施について記載する。さらに、顧客に定期的に提供される顧客口座報告書の内容および頻度についても記載する。

項目 12（口座に関する裁量）――投資顧問またはその関係者が、顧客の個別の同意なく、有価証券の売買、その数量、利用するブローカーやディーラー、支払うべき手数料率を決定する権限を有するかどうかについて記載する。投資顧問またはその関係者が、顧客に対して利用するブローカーを提案する場合には、その手数料の合理性を判断しブローカーを選択する際に考慮される要素を記載しなければならない。投資顧問またはその関係者に対して提供されるプロダクト、リサーチおよびサービスの価値が要素の 1 つである場合には、追加的な開示が必要とされる。

項目 13（追加的な報酬）――投資顧問が受領する追加的な報酬について記載する。特に、投資顧問自身またはその関係者が、顧客に対する助言の提供に関して、顧客以外の者から受領する金銭その他の経済的利益を得る約束については、書面によるものであるか口頭によるものであるかを問わず、開示することを要する。投資顧問は、投資顧問またはその関係者が直接または間接に、顧客の紹介者に対して報酬を支払うかについても開示する。

項目 14（貸借対照表）――投資顧問がⓐ（SEC 登録をすでにしているか現在しようとしている場合を除き）顧客の資金もしくは有価証券を保管している場合、またはⓑ顧客に対して、500 米ドル以上の顧問報酬を 6 か月以上先立って支払いを求める（またはその選択肢を与える）場合には、直近事業年度の貸借対照表を記載する。かかる開示はフォーム ADV の別紙 G に記載を要する。項目 14 は、投資顧問が顧客に負う義務を履行するだけの財務的な健全性があるかを顧客が評価することを容易にするために開示される。

投資顧問が第 2 部を「開示説明書規則」の要求を満たすために利用する場合、たとえ開示説明書規則で特に要求されていない開示事項であっても、

投資顧問法規則やこれに基づく規則またはその他の連邦法もしくは州法で要求されていれば、かかる事項を投資顧問の現在または将来の顧客に対して開示しなければならない（投資顧問法規則 204-3 (e)参照）。投資顧問法規則 206 (4)-4 により要求される重要な財務情報または懲戒情報は、かかる情報に当然に含まれる（本書第 7 章第 2 節 III 参照）。

　投資顧問が、異なる顧客に実質的に異なる助言サービスを提供している場合、特定の顧客または潜在顧客に対して交付する開示説明書から、一定の情報を省略することが認められることがある。具体的には、投資顧問が、ある種類の投資顧問サービスまたはその報酬をその顧客または潜在顧客にのみ提供もしくは請求しまたはその提案をする場合、フォーム ADV の第 2 部により要求されている情報であっても、顧客または潜在顧客に対して提供される開示説明書から省略することができる（投資顧問法規則 204-3 (d)参照）。

第 3 節　フォーム ADV の届出

　投資顧問は、ⓐSEC に対する届出（および州証券当局に対する通知届出）またはⓑ投資顧問登録記録保存機構（以下、「IARD」）を通じた提出を義務づける州当局に対する届出を行う場合には、フォーム ADV を、IARD を通じて電子的に届け出なければならない。IARD のウェブサイト（www.iard.com）には、IARD を通じた届出に際しての詳細な指示が記載されている。IARD の利用を開始するには、「IARD 利用資格パッケージ」を完成させたうえで、IARD を現在運営する全米証券業協会（以下、「NASD」）（将来、金融取引業規制機構（以下、「FINRA」）に移行される予定である。第 7 章第 3 節 III 1 (5)参照）に届け出なければならない。SEC 登録に関して、適切なファイリング手数料を支払っている限り、フォーム ADV が IARD を受理した時点で、SEC に「登録」されたものとみなされ、投資顧問は投資顧問法 207 条による潜在的な責任を負う。同条は、SEC に対する届出書類における重大な虚偽記載または記載の欠缺を禁止している（投資顧問法規則 203-1 (c)・(d)参照）。

　投資顧問は、①SEC もしくは電子届出を要求する州証券当局に対する

第 3 節　フォーム ADV の届出　*81*

届出が継続的に困難であるとして免除が与えられたとき、または②電子届出を選択することが任意である州証券当局に対して電子届出しないことを投資顧問が選択した場合、フォーム ADV を電子版ではなく紙面で届け出ることができる。

　投資顧問法規則 203-3 は、継続的困難による免除として、2 つの類型を認めている。SEC は、投資顧問が予期しない技術的問題により IARD システムに対する書類の届出が不可能になった場合に「一時的困難」に基づき、電子届出の義務からの免除を与える。ただし、届出日から 7 営業日以内に IARD に対する電子届出を行わなければならない。これに対して、投資顧問が「小規模事業」の要件に該当する場合には、継続的困難による免除を与えることができる。「小規模事業」の要件に該当するのは、投資顧問がフォーム ADV の第 1 部 A 項目 12 においてすべての該当する質問に対して「No」と回答する場合である。一時的困難または継続的困難の免除を得ようとする場合、投資顧問は、フォーム ADV-H により免除申請書を（当然のことながら紙面で）届け出なければならない（投資顧問法規則 203-3(a)(2)(i)・同(b)(2)参照）。

　投資顧問は、その届出書類に第 2 部（および顧客に対して提供した開示説明書）を保存している限り、SEC に対してフォーム ADV 第 2 部の写しを届け出る必要はない。届出書類に保存された第 2 部の写しは、SEC に届け出たものとみなされ、投資顧問は投資顧問法 207 条による潜在的な責任を負う。同条は、SEC に対する届出書類における重大な虚偽記載または記載の欠缺を禁止している（投資顧問法規則 203-1(b)(2)・204-1(c)参照）。

　投資顧問は、フォーム ADV 第 1 部 A を最初に電子届出する際に、当初ファイリング手数料を NASD に対して支払わなければならない。その後は、年次更新届出のたびに、年間ファイリング手数料を支払う。いずれの手数料も払戻不可であり、ファイリング手数料が支払われるまでは、フォーム ADV は SEC に「届出」されたとはみなされない（投資顧問法規則 203-1(d)参照）。

表1 フォーム ADV の訂正

箇所／項目	年次更新のみ	いかなる変更については中間更新が必要となる項目	重大な変更があれば中間更新が必要となる項目
第1部 A			
項目1（投資顧問自身に関する情報）		○	
項目2（SEC 登録）	○		
項目3（組織形態）		○	
項目4（承継）			○
項目5（投資顧問業に関する情報）	○		
項目6（その他事業活動）	○		
項目7（金融業における関連会社）	○		
項目8（顧客取引に対する参加または持分）			○
項目9（顧客資産の保管）		○	
項目10（支配者）			○
項目11（懲戒履歴）		○	
項目12（小規模事業）	○		
第1部 B			
項目1（投資顧問が登録する州）		○	
項目2A（監督およびコンプライアンスの責任者）		○	
項目2B（保証金または資本金に関する情報）		○	
項目2C（保証の否認、取消しまたは支払い）		○	
項目2D（未執行の判決または先取特権）		○	
項目2E（仲裁申立て）		○	
項目2F（民事手続、行政手続、自主規制機関（SRO）による手続）		○	
項目2G（その他事業活動）			○
項目2H（フィナンシャル・プランニング・サービス）	○		
項目2I（顧客資産の管理）		○	
項目2J（個人事業）	○		
第2部			
重要でない変更	○		
重要な変更			○

第4節　フォームADVの訂正

　フォームADVは、最低限1年に1回は、各事業年度の末日から90日以内に、訂正されなければならない。フォームADVの一般要領4によれば、投資顧問は、その年次更新において、すべての項目に対する回答を更新しなければならないとされる（投資顧問法規則204-1(a)(1)参照）。

　投資顧問は、フォームADVの指示事項が要求する場合、より頻繁に訂正しなければならない（すなわち、いわゆる「中間更新」を提出しなければならない）。ただし、投資顧問法規則204-1(a)(2)を参照のこと。一般要領4によれば、フォームADVは、ⓐ一定の回答における情報がいかなる意味であれ不正確となった場合、およびⓑその他の回答における情報が重要な点で不正確になった場合、フォームADVを「速やかに」訂正しなければならないとされる。

　前記表1は、投資顧問のフォームADVの届出義務を要約したものである。

　投資顧問が投資顧問法規則204-1に基づき提出する訂正書類は、投資顧問法204条および207条にいう「報告」とみなされる（同規則204-1(e)参照）。投資顧問法207条は、とりわけ、同法204条に基づいてSECに提出される報告における重要な事実について意図的に虚偽の記載をすることまたは同報告に記載すべき重要な事実を意図的に省略することを禁止している。

　訂正書類のIARDに対する提出は、当初のフォームADVの提出と同様の手順で行われる（投資顧問法規則204-1(b)・(d)および前記第3節参照）。

第5節　投資顧問の登録適格要件、登録不適格要件 および取下げ

Ⅰ　投資顧問の登録適格要件

　衝撃的とはいえないまでも驚くべきことに、投資顧問法は、資本、財務

または教育に関して、投資顧問として SEC に登録することを可能にする
要件や審査といったものを課していない。ただし、以下に述べるように、
一定の者を、投資顧問法に基づく投資顧問となる適格性を欠くものと定め
ている。多くの場合、SEC 登録は、迅速に行われ費用も大してかからな
い。これは、多額の費用がかかり、かつ所定の遵守要件を充たす必要があ
るブローカー・ディーラーの登録と著しく対照的である。多くの州は、
SEC とは異なるアプローチを採用しており、州に登録される投資顧問に
関係する個人に、シリーズ 65 等の一定の試験に合格することを要求する。

　SEC は、フォーム ADV が提出された日から法律上定められた 45 日以
内に、申請に対して登録を与えるか、または登録拒否の審査手続を開始す
るかどうかを決定する。ただし、申請者がより長期間の審査期間に同意し
た場合を除く。SEC は、投資顧問法 203A 条に基づく（1 以上の州ではな
く）SEC への登録の資格があり、同法 203 条に定める要件を充たすと判断
すれば、登録を与える。しかし、実際には、大部分の SEC 登録は、フォ
ーム ADV の提出日から 21 日以内には付与されている。

　SEC に承認された申請者は、米国または米国の機関もしくは担当者に
より、後援、推奨または承認された旨や、その能力または資格が何らかの
点において認められた旨を、いかなる手段でも表明したりほのめかしたり
することはできない。ただし、申請者は、登録の効果をミスリードしない
限度で、投資顧問法に基づき登録されていることを表示することができる
（投資顧問法 208 条(a)項・(b)項参照）。この点に関し、SEC スタッフは、顧問
の文具、名刺やその他のマーケティング資料に、「登録投資顧問」のフレ
ーズを使用することを禁止していない。しかし、SEC への登録に基づい
て、積極的な販促活動を行うことは望ましくないとされる。Mandell Fin.
Group／SEC ノー・アクション・レター（1997 WL 274828（1997 年 5 月 21
日公表））と In the Matter of FinArc, LLC／投資顧問法通知 1763 号（1998
WL 667628（1998 年 9 月 29 日））を比較すること。

　同様に、投資顧問は、自己を「投資カウンセル（investment counsel）」
と表明すること、または事業の説明として「投資カウンセル」の名称を使
用することにつき注意が必要である。実際、①その主要な事業が投資顧問
により構成されており、②その事業の大部分が投資顧問サービスの提供に

より構成されていなければ、「投資カウンセル」の名称の表示または使用をすることはできない（投資顧問法208条(c)項参照）。

SECが、ある申請者の登録拒否の審査手続を開始することを決定した場合には、検討中の拒否理由を申請者に知らせたうえ、聴聞の機会を与えなければならない。SECは通常、申請者がそのフォームADVを提出した日から120日以内に手続を終える必要があるが、これを延長するだけの正当な根拠があると判断し、かつ、理由を公表する場合、SECは最大90日間、かかる期間を一方的に延長することができる。90日間を超える延長の場合には、申請者の同意が必要である（投資顧問法203条(c)項(2)号参照）。

SECは、申請者が当初からSECに登録する適格性を有していない場合や登録手続の要件に従わない場合、またはSECとして申請者の登録が投資顧問法203条(e)項に基づく取消しもしくは停止事由（後記II参照）に該当すると判断した場合には、その登録を拒否することができる。

II　投資顧問の登録不適格要件

投資顧問法203条(e)項に基づき、SECには、投資顧問の登録を拒否し、(12か月を超えない期間の）停止しもしくは取消しを命じ、または投資顧問とその関係者による不適格要件に該当する特定の事象を理由に投資顧問の活動に罰則や制限を課す権限が与えられている。登録不適格事由とは、とりわけ、重大な虚偽もしくは誤解を生じさせる登録申請の提出、過去10年以内における重犯罪の有罪判決、投資顧問に関係することを禁止もしくは停止するSEC命令、または連邦証券法規定の違反が含まれる（投資顧問法203条(e)項(1)号～(9)号を全般的に参照のこと）。

投資顧問法203条(f)項は、投資顧問の関係者または関係者になろうとする者であって同様の登録不適格事由に従事しているか関与したか関与しているものに対して、同様の権限をSECに与えている。この文脈において、「投資顧問の関係者」には、すべての被支配人および従業員（事務・庶務を担当する者を含む）が含まれる。不適格事由に該当する者が投資顧問の関係者となること、または投資顧問がかかる不適格者を関係させることは禁

止されている。203 条(f)項の適用上、投資顧問が不適格者を積極的に関係させたか、または不適格者の関与を受動的に受け入れたかは問題とされない（SEC v. Washington Investment Network, 475 F.3d 392 (D.C. Cir. 2007) 参照）。

III 投資顧問登録の取下げ

SEC に登録した投資顧問は、2 つの方法のいずれかにより登録を自発的に取り下げることができる。第 1 に、登録された投資顧問は、投資顧問としての事業を他の事業者に承継させ登録を引き継がせることができる（投資顧問法 203 条(g)項参照）。承継する投資顧問は、承継後 30 日以内に SEC に登録申請を届出し、SEC がこれを拒否しない場合には、SEC に登録される。

第 2 に、登録された投資顧問は、フォーム ADV-W を SEC に届け出ることにより、登録の取下げを行うことができる（投資顧問法 203 条(h)項参照）。フォーム ADV-W は同法 204 条および 207 条にいう「報告」とみなされるため、完全かつ正確に真実を記載しなければならない。このフォームには、その助言業務を解散する努力、特に顧客からの保管資産、投資顧問契約の承継および帳簿記録の将来の保存に関する情報を記載することを要する。フォーム ADV-W は、IARD により受理されてから 60 日後に効力を生ずるとされ、SEC が、投資顧問による登録の取下げに条件を付すことができるとしている。また、場合によっては、その投資顧問の登録を停止しまたは取り消すこともできる。（投資顧問法規則 203-2 参照）。登録された投資顧問が登録を取り下げる場合、その後 5 年間にわたって一定の帳簿記録を維持し、同規則 204-2 (e)に基づいてその場所を SEC に通知しなければならない。

第 6 節 州当局に対する通知書の届出

投資顧問法 203A 条(b)項(1)号(A)により、州が、SEC に登録された投資顧問に対して、投資顧問としての登録、免許付与または資格付与を要求する州法を適用することは禁止される。しかし、州は、SEC に登録された投

資顧問に対して、もっぱら通知の目的で SEC に提出した文書を州に提出することを義務づけることができる。かかる提出は「通知書の届出」と呼ばれている。通知書の届出は、一般に、ある州において、投資顧問が6名以上の顧客を有するか、または事業所を有する場合に必要とされる。通知書の届出は、典型的には、フォーム ADV の第1部 A、訴状送達の同意書およびファイリング手数料の支払いの3つからなる。投資顧問は通常 IARD を通じて電子的に通知書を提出する。SEC は、投資顧問がそのフォーム ADV の第1部 A において要請している場合、通知書を州証券当局に対し自動的に送付する。州が、SEC に登録された投資顧問に対して、登録、許可または資格を要求することは禁止されているが、当該州に事業所を有する投資顧問代表者（investment adviser representative）に対して、登録、認可およびその他の適格性の付与を継続することはできる（投資顧問法203A 条(b)項(1)号(A)および本書第3章第1節 II 2(1)参照）。

第6章　投資顧問による広告

第1節　はじめに

　何といっても、投資顧問業界は、実に競争の激しい業界である。他と差別化したいという、どの投資顧問も有する欲求は無数の方法で展開されるものの、おそらくいずれも投資顧問の広告よりむしろ迷惑行為に近くなっているといえる。そのような状況をふまえて、SEC は定期検査において、投資顧問の広告に特に注意を払っている。広告中の虚偽または誤解を生じさせる記述（特に、過去のパフォーマンスに関するもの）は、SEC の指摘事項や行政処分の中でも頻出する課題である。

　この点に関して、SEC は、投資顧問法 206 条(4)項に基づく一般的な詐欺防止規定に広範に依拠している。同条項は、「詐欺的、欺瞞的または不正操作的な行為、慣行または業務」に従事することを違法であると規定する。206 条(4)項は、「詐欺的、欺瞞的または不正操作的な行為、慣行または業務」を定義し、これを防止することを目的とする手段を定める下部規則を定めることを SEC に指示している。SEC は、かかる指示に基づき、投資顧問法規則 206(4)-1（以下、「広告規則」）を制定し、投資顧問の広告において制限または禁止される明示的な個別類型 4 つと一般的類型 1 つを示した。また SEC は、多数のノー・アクション・レターによりこの分野の実質的な指針を示した。

第2節　「広告」とは何か

　「広告」の定義は、広告規則の(b)に定められている。複数の人に向けた通知、回覧状、手紙その他の書面による通信、または投資顧問の助言サービスを提案する出版物、ラジオまたはテレビにおける通知その他の発表をいい、既存の顧客に助言サービスを継続または更新させるよう誘導するこ

とを意図した通信を含むと広く定義されている。電子的に流通する通信は広告とみなされ、紙面、ラジオまたはテレビにおける通信と同じ規制に服する。このため、ウェブサイトに掲載された情報や複数の人に送信された電子メールも広告規制における「広告」に該当しうることに、留意しなければならない。

　重要なことは、1対1の口頭によるコミュニケーションは「広告」の定義に該当せず、広告規制に定められる禁止規定にも服さない。ただし、投資顧問法206条の一般的詐欺防止規定には服する。これに対し、書面によるコミュニケーションは、「広告」の定義に該当しうる。実際に、1人の潜在顧客に対する売込みのために使われる書面資料は、一般に他の投資家に対して使われるものと実質的には異ならないものであるため、これらの資料は公衆に広まっているとみられることがある（Investment Company Institute／SEC ノー・アクション・レター、1998 WL 235022 (1988年9月23日公表) 参照）。投資顧問は、投資顧問法規則 204-2 (a)(11)に基づいて、原則としてその広告の写しを保存しておかなければならない（本書第11章第2節 IV 参照）。

第3節　広告規制における禁止および制限

　広告規則（すなわち、投資顧問法規則 206(4)-1）は、投資顧問の広告において制限または禁止される明示的な個別類型4つと一般的類型1つを示している。以下、それぞれの類型別について述べる。これらの禁止は、投資顧問法203条に基づいて登録しているかまたは登録することが義務づけられている投資顧問にのみ適用される（投資顧問法規則 206(4)-1 (a)参照）。登録することが義務づけられていない投資顧問も、当然ながら投資顧問法206条の一般的詐欺防止規定に服する。

I　禁止および制限の具体的検討

1　証言広告
　広告規則に基づき、投資顧問は、「直接または間接を問わず、投資顧問

または当該投資顧問による助言、分析、レポートもしくはその他のサービスに関して、いかなる種類のものであれ証言を行う」広告を公表、回覧または頒布してはならない（広告規則 206 (4)-1 (a)(1)）。「証言広告」とは、投資顧問の助言サービスに関する助言対象顧客による経験のほか、顧客がこれらのサービスを支持するとの意見を含む。当然ながら、典型的な証言広告は、「満足した」顧客からの投資顧問に対する手紙である（Richard Silverman／SEC ノー・アクション・レター、1985 WL 54061（1985 年 3 月 27 日公表）参照）。

特定の助言対象顧客による経験または支持の意見は、その顧客の経験が当該投資顧問のすべての顧客の経験の典型例であるとの必ずしも正しくないか欺瞞的な暗示や間違った推測を生じさせやすいという懸念に基づいている（Gallagher and Assoc., Ltd.／SEC ノー・アクション・レター、1995 WL 447626（1995 年 7 月 10 日公表）参照）。このような懸念が生じない状況においては、SEC はノー・アクション・リリーフ（問題視しない旨の見解）を表明している。このため、実際の助言対象顧客ではなく公平な第三者の意見を含む広告は、許容される（New York Investors Group, Inc. SEC／ノー・アクション・レター、1982 WL 29455（1982 年 9 月 7 日公表）参照）。

投資顧問のパフォーマンスに関する公平な第三者による格付を含む広告についても、同様である。投資顧問の実際の顧客に対する調査結果に基づくものであるとしても、かかる格付が好意的な顧客の回答に重点を置いたものであるとか、好意的でない回答を無視するといったものでない限り、許容される（DALBAR, Inc.／SEC ノー・アクション・レター、1998 WL 136415（1998 年 3 月 24 日公表）参照）。

投資顧問の広告においては、特定の顧客の名称に言及するだけでも、広告規則に対する抵触の懸念がある。これは、使用された名称が、潜在顧客の決定に影響を与えることがありうるからである。SEC スタッフは顧客リストを含む広告を「証言広告」であるとはみていないが、これらの広告は投資顧問法 206 条(4)項および広告規則(a)(5)に服するものであると考えている。このため、顧客リストに盛り込む顧客を選択するにあたっては、成果をベースにした基準ではなく、アカウントの大きさ、地理的な場所といった客観的な基準を使う必要がある（In the Matter of Reservoir Capital Mgt.,

Inc./投資顧問法通知 1717 号、1998 WL 193159（1998 年 4 月 24 日）、Cambiar Investors, Inc./SEC ノー・アクション・レター、1997 WL 528245（1997 年 4 月 28 日公表）および Denver Investment Advisors, Inc./SEC ノー・アクション・レター、1993 WL 313090（1993 年 7 月 30 日公表）参照）。

2　過去における特定の推奨

　広告規則に基づき、投資顧問は、一定の例外的な状況にある場合を除き、直接または間接を問わず、「投資顧問による特定の推奨が、ある人に対して、利益をもたらしたこと、または利益をもたらすはずであったことに言及する」広告を公表、回覧または頒布してはならない（広告規則 206(4)-1 (a)(2)）。明らかに SEC は、投資顧問が、新しい顧客を獲得し既存の顧客をつなぎ止めようとして、利益をもたらした推奨のみを宣伝することで、投資顧問の洞察力が実際より優れているという間違った印象を与えることを懸念している。広告規則の(a)(2)は、過去 1 年以内に投資顧問が行ったすべての推奨を含む広告、または（有償無償を問わず）かかる推奨の一覧を提供することを提案する広告は許容されている。かかる広告や一覧には、以下の追加的な情報を記載しなければならない。

　　①推奨された各証券の名前
　　②それぞれの推奨の日付および性質（購入・売却・保有）
　　③推奨時点の各証券の市場価格
　　④各推奨行為をトリガーすべき価格
　　⑤最近日現在の各証券の市場価格
　　⑥本文または文字列における最大の活字と同じ大きさで、活字により、以下の注意文言を最初のページに記載する。「本書の推奨が、将来利益をもたらすかまたはこの一覧と同様のパフォーマンスを達成することを想定すべきではない」

　重要なことは、広告規則の(a)(2)の制限は、伝統的な広告のほか、広告における進歩的な取組みをも対象としているということである。たとえば、SEC スタッフによると、投資顧問がその過去のニューズ・レターの一部を潜在顧客に提供することは、もっとも利益をもたらす推奨を含むレターのみを投資顧問が送付しうるという理論構成で、これらの規則に違反する

92 第6章 投資顧問による広告

ことがありうると述べている（Starr and Kuehl, Inc.／SEC ノー・アクション・レター、1976 WL 9116（1976 年 4 月 17 日公表）参照）。

　過去の特定の推奨に関する懸念が生じない状況においては、SEC スタッフはノー・アクション・リリーフ（問題視しない旨の見解）を表明している。このため、過去の推奨を含む既存顧客に対する投資顧問の情報伝達は、言及された証券がそれらの各顧客に保有されているか最近まで保有されていたものであって、当該情報伝達の文脈において投資顧問の助言サービスを促進する目的であることを示していない場合には、広告であるとみなされない（Investment Counsel Assoc. of Amer., Inc.／SEC ノー・アクション・レター、2004 WL 892243（2004 年 3 月 1 日公表）参照）。同様に、投資顧問からの勧誘によらずして顧客、潜在顧客またはコンサルタントが一方的に投資顧問に当該投資顧問の特定の推奨に関する特定の情報を要請してきた場合には、これに対して投資顧問が回答することは、厳密には「広告」に該当しないため、許容される。

　SEC はさらに、一定の関連資料は、広告規則(a)(2)の規制に服さないとしても、同規則(a)(5)の「重要な事実に関する虚偽の記載またはその他不実もしくは誤解を生じさせる」記載を含む広告の禁止に抵触する可能性があることを明らかにしている。投資顧問が特定の証券を客観的基準かつパフォーマンス・ベースでない基準で選択しない限り、①過去における特定の推奨の一部のみを含み、残りは別の一覧で提供するとする広告や、②過去における特定の推奨の一部を、それらの推奨が利益をもたらしたか利益をもたらすものであったかどうかを示さない広告もこれに含まれる（Franklin Mgt., Inc.／SEC ノー・アクション・レター、1998 WL 853257（1998 年 12 月 10 日公表）参照）。

3　表、グラフおよび数式による表示

　広告規則に基づき、投資顧問は、投資家に対して、どの証券について売り・買いを行うべきか、または売買をどのタイミングで実施するべきかを、それ自体で示す表、グラフ、数式その他のツールを示唆してはならない。同様に、投資顧問は、広告において、利用の限界と困難さを目立つように開示しない限り、かかるツールが、どの証券の売り・買いを行うべきか、

または売買をどのタイミングで実施するべきかに関する投資家の決定に役立つと示唆してはならない（広告規則 206(4)-1(a)(3)）。この制限は、いかなるツールも人間の一定の判断の助けなくしては効果的に投資判断を行うことはできないという SEC の暗黙の価値判断を具体化するものである。たとえば、Investor Intelligence（John Anthony）／SEC ノー・アクション・レター（1975 WL 8971（1975 年 11 月 30 日公表））のケースでは、「金融事象のみを扱う自称霊媒者」と自認する個人が本人の独自の技術を広告する許可を SEC に求めたが、SEC は、「超感覚的知覚または類似の（主張されるところの）能力による予測の正確性は、科学的に未だ確立されていない」と述べて、かかる申請を拒否した。SEC は、さらに、「彼が有価証券の価値について予測できる特別の精神能力を有するとの主張は、SEC の見解によれば、有価証券の選択に利用可能なツールを提示するという表明に等しい」と付け加え、広告規則(a)(3)に違反するとした。

4　無償サービス

　広告規則に基づき、投資顧問が広告中に、レポート、分析またはその他のサービスが無償であるという記述を広告に入れることは、それらのレポート、分析またはその他のサービスが、直接または間接の条件または義務も一切なく、実際に無償に提供されており、今後も無償に提供されるものでない限り、禁止される（広告規則 206(4)-1(a)(4)参照）。

II　一般的な禁止事項

　前述のように、広告規則には、虚偽または誤解を生じさせる広告の一般的な禁止が規定されている。特に、投資顧問は、「重要な事実に関する虚偽の記載を含むか、またはその他不実もしくは誤解を生じさせる」広告を、直接または間接に、出版し、回覧または頒布することを禁止している（投資顧問法規則 206(4)-1(a)(5)参照）。この一般的な禁止事項にいかなる種類の広告が抵触するかを投資顧問に対して示す目的で、SEC スタッフは、それぞれの潜在的な広告を、以下の要素から検討することを提案している（Bypass Wall Street, Inc.／SEC ノー・アクション・レター、1992 WL 19987

（1992 年 1 月 7 日公表）参照）。

①広告の形式および内容

②全体的な文脈から検討した際に広告から生じうる示唆または推論

③広告が対象とする顧客または潜在顧客のレベル

　広告規則(a)(5)を利用することにより、SEC はたとえば以下のような事案の投資顧問に対して行政処分を実施している。

ⅰ運用残高（AUM）、従業員の数および事業年数を誇張した事案（In the Matter of Boston Investment Counsel, Inc. and Robert E. Campanella／投資顧問法通知 1801 号、1999 WL 373782（1999 年 6 月 10 日）参照）

ⅱ投資パフォーマンスを過大に記載した事案（In re Reservoir Capital Mgt., Inc.／投資顧問法通知 1717 号、1998 WL 193159（1998 年 4 月 24 日）参照）

ⅲ報酬控除前（グロス・パフォーマンス）の数値を開示し、報酬控除後のパフォーマンスについては開示説明書の後ろのページ番号の付されていないページに目立たないよう記載した事案（In the Matter of Bell Capital Mgt., Inc.／投資顧問法通知 1813 号、1999 WL 641795（1999 年 8 月 6 日）参照）

ⅳミューチュアル・ファンドのタイミング・セレクション戦略を開発し、その遡及的適用に基づく戦略のパフォーマンスを広告したが、その広告されたパフォーマンスは顧客の資産を使った実際の取引の結果を示すものではないとの明示的または詳細な開示が十分になされていなかった事案（In the Matter of LBS Capital Mgt., Inc.／投資顧問法通知 1644 号、1997 WL 401055（1997 年 7 月 18 日）参照）

第 4 節　パフォーマンス情報の広告

Ⅰ　概　　説

　投資顧問が新規顧客を魅了する最良の方法の 1 つは、輝かしいトラックレコードを示すパフォーマンス情報を宣伝することであると、投資顧問は

熟知している。ミューチュアル・ファンドのパフォーマンスを宣伝することは証券法、投資会社法および NASD 規則（将来 FINRA 規則に移行される予定である。第 7 章第 3 節 III 1(5)参照）により厳重に規制されているが、投資顧問のパフォーマンスに関してはそうではない。実際、投資顧問法は、パフォーマンス広告の問題を個別に取り上げてはいない。それでも、パフォーマンス広告は、広告規則に含まれる虚偽または誤解を生じさせる広告の一般的な禁止の規制に服する（投資顧問法規則 206(4)-1 (a)(5)参照）。

　かつては、SEC は、投資顧問の広告にパフォーマンス情報を盛り込むことは、過去のパフォーマンスが繰り返されうると示唆されることから、本質的に誤解を生じさせるものであるとの見解を採っていた（A.R. Schmeidler & Co.／SEC ノー・アクション・レター、1976 WL 12236（1976 年 6 月 1 日公表）等を参照）。今日では、一定のガイドラインに従って開示がなされる限り、投資顧問は、必ずしもミスリーディングとならずにパフォーマンス情報を広告に使用することができるという事実を SEC も認めている。SEC は、一連のノー・アクション・レターを通じて、パフォーマンス広告の実施に関する相当程度のガイダンスを提供している。本件に関して特に重要なのは、以下に記述される、Clover Capital Mgt. Inc.／SEC ノー・アクション・レター（986 WL 67379（1986 年 10 月 28 日公表））とその結果である。

　投資顧問は、特に広告において公表された一部または全部の運用口座におけるパフォーマンスまたは収益率の基礎となるか、またはその計算を示すのに必要な計算、帳簿、内部文書、記録または書類をすべて保存しなければならない（投資顧問法規則 204-2 (a)(16)および本節、本書第 11 章第 2 節 IV 参照）。

II　実際のパフォーマンス情報またはモデルによる パフォーマンス情報

　投資顧問は、広告において、一般に 2 つのタイプのうちいずれかのパフォーマンス情報を使用する。1 つは、運用する実際の顧客ポートフォリオのうちの全部または一部のパフォーマンスである。もう 1 つは、一定の日

に設定した実際の顧客ポートフォリオと同様に投資顧問が運用する架空の口座（モデルポートフォリオ）のパフォーマンス情報を使用するというものである。投資顧問は、モデルポートフォリオの広告の方を実際の顧客ポートフォリオの広告よりも好む傾向にある。これは、その方が、顧客の秘密を侵害したり公衆に対してパフォーマンスの虚偽表示をしたりすることなく、強みや投資手法を表示することができるからである。実際に、投資顧問によっては、モデルポートフォリオのパフォーマンスは、投資顧問の採用するアプローチやその成績に関する非常によい近似情報を提供することができる。

投資顧問によるパフォーマンス情報の宣伝は、一般に以下のいずれかの伝達方法により行われる。1つは、広範囲に配布される広告を通じて情報を広めるという方法である。もう1つは潜在的な法人顧客および富裕な個人に対する1対1の営業ピッチ資料にパフォーマンス情報を表示するという方法である。かかる2つのパフォーマンス情報と2つの伝達方法との組み合わせを、以下に順に検討していく。

1　一般公衆に対する実際のパフォーマンス情報の広告

投資顧問が「実際の」パフォーマンス情報を公衆に対して広告する場合、一部の口座を除外することが誤解を生じさせる表示とならない限り、かかる情報は、「コンポジット（Composite）」または選択された口座の選択によることができる（Nicholas-Applegate Mutual Funds／SEC ノー・アクション・レター、1996 WL 450350（1996 年 8 月 6 日公表）参照）。「コンポジット」とは、似通った戦略または投資方針で運用されているポートフォリオやアセットクラスを合成し、1つのパフォーマンス表示とすることをいう。コンポジットは、特定の投資スタイル、戦略および投資方針を有するすべての口座をパフォーマンス表示に入れ込むことにより、「代表的な口座」またはすでに終了した口座を除外した部分的なコンポジットを使用した場合に比べて、より完全な記録を提供することができるようにしたものである（Assoc. for Investment Mgt. & Research／SEC ノー・アクション・レター、1996 WL 729385（1996 年 12 月 18 日公表）参照）。

以下に記述するように、実際のパフォーマンス情報を提示する場合、投

資顧問は、潜在顧客に対して、①原則として報酬控除後ベースのパフォーマンス情報、および②所定の説明的な義務的開示を提供しなければならない。

(1) **報酬控除後ベースの開示**　Clover Capital Mgt. Inc.／SEC ノー・アクション・レター（1986 WL 67379（1986 年 10 月 28 日公表））において、SEC スタッフは、実際のパフォーマンス情報は、報酬控除前ではなく報酬控除後ベースで開示しなければならないと述べた。このため、次の段落に記述される除外規定の場合を除き、実際のパフォーマンスの情報は、投資顧問報酬、ブローカレッジその他の報酬またはその他適用される費用を控除した後の数字で表示されなければならない。SEC スタッフは当初、カストディアン（保管銀行）費用の控除も必要であるとしたが、その後、多くの顧客はカストディアンを直接選び、直接カストディアン費用を支払うという理論に基づいて、その見解を覆した（Investment Company Institute／SEC ノー・アクション・レター、1987 WL 108068（1987 年 8 月 24 日公表）参照）。

Assoc. for Investment Mgt. & Research／SEC ノー・アクション・レター（1996 WL 729385（1996 年 12 月 18 日公表））において、SEC スタッフは、少なくとも「コンポジット」ベースのパフォーマンスについては、報酬控除前のパフォーマンスと報酬控除後ベースのパフォーマンスの両方を表示した広告を投資顧問が配布することを許容した。ただし、SEC スタッフは、報酬控除前も報酬控除後ベースも「同程度に目立つように」記載しなければならないとし、あわせて潜在顧客が両者を容易に比較できるような方法で表示することを要求した。

SEC スタッフは、投資顧問が「コンポジット」ベースのパフォーマンスを広告する場合、控除部分につき、実際の報酬または「モデル報酬」のどちらかを選択しうることとした。投資顧問は、「モデル報酬」を控除する方がコンポジットパフォーマンスの計算を単純化することができるため、「モデル報酬」の控除を好む傾向にある。ただし、投資顧問が選択したモデル報酬は、当該パフォーマンス期間においてコンポジットに含まれる口座に適用される報酬のうち最も高額のものでなければならない。また、広告においても、パフォーマンス情報は、適用される報酬のうち最も高額の

ものを控除して作成されていることを開示しなければならない（J.P. Morgan Investment Mgt., Inc.／SEC ノー・アクション・レター、1996 WL 282573（1996 年 5 月 7 日公表）参照）。

（2）**義務的開示**　　前記(1)の Clover 事案で SEC スタッフは、実際のパフォーマンス情報を含む広告は、以下の 4 つの開示項目を盛り込まなければならないとした。

①表示された実際の結果に対する重要な市場状況、または経済状況の影響

②表示された実際の結果が、配当その他の収益の再投資を反映しているかどうか、または反映している場合その程度

③広告が潜在的な利益を示唆または明示している場合には、損失の蓋然性

④広告が投資顧問の実際の結果とインデックスの結果とを比較している場合、当該比較に関係する重要な事項

⑤表示された実際の結果を得るために重要な条件、目的または戦略（たとえば、運用口座には、値上がりを目的として運用される株式を含むといった情報）

⑥該当する場合、表示された実際の結果は、投資顧問の一部の選択されたグループにのみ関連すること、その選択の基準、およびかかる方針が表示された実際の結果に与える影響が重大であればその影響（注：目立つように開示する必要がある）

2　一般公衆に対するモデルによるパフォーマンス情報の広告

前記のとおり、投資顧問は一定の日に設定した実際の顧客ポートフォリオと同様に投資顧問が運用する架空の口座（モデルポートフォリオ）のパフォーマンス情報を広告中に使用することができる。ただし、この方法を採用する場合、投資顧問は、潜在顧客に対して、①報酬控除後ベースのパフォーマンス情報および②以下に記載される所定の説明的な義務的開示を提供しなければならない。

（1）**報酬控除後ベースの開示**　　Clover Capital Mgt. Inc.／SEC ノー・アクション・レター（1986 WL 67379（1986 年 10 月 28 日公表））において、

第4節　パフォーマンス情報の広告　99

SEC スタッフは、実際のパフォーマンス情報は、報酬控除前ではなく報酬控除後ベースで開示しなければならないと述べた。このため、モデルによるパフォーマンスの情報は、顧問報酬、ブローカレッジその他の報酬またはその他適用される費用を控除した後の数字で表示されなければならない。SEC スタッフは当初カストディアン（保管銀行）費用の控除も必要であるとしたが、その後、多くの顧客はカストディアンを直接選び、直接カストディアン費用を支払うという理論に基づいて、その見解を覆した（Investment Company Institute／SEC ノー・アクション・レター、1987 WL 108068（1987 年 8 月 24 日公表）参照）。実際のパフォーマンス情報を含む広告に利用可能な、報酬控除前ベースの表示の免除規定は、モデルによるパフォーマンス情報の文脈では利用可能でないことに留意されたい。

　(2)　**義務的開示**　　SEC スタッフは、前記(1)の Clover 事案において、モデルによるパフォーマンス情報を含む広告は、以下の 9 つの開示項目を盛り込まなければならないとした。

　　①表示されたモデル結果に対する重要な市場状況、または経済状況の影響

　　②表示されたモデル結果が、配当その他の収益の再投資を反映しているかどうか、または反映している場合その程度

　　③広告が潜在的な利益を示唆または明示している場合には、損失の蓋然性

　　④広告が投資顧問のモデル結果とインデックスの結果とを比較している場合、当該比較に関係する重要な事項

　　⑤表示されたモデル結果を得るために重要な条件、目的または戦略（たとえば、運用口座には、値上がりを目的として運用される株式を含むといった情報）

　　⑥モデル結果に特有の本質的な限界。特に、かかる結果が実際の取引の結果を反映したものではないこと、および、投資顧問が実際に顧客の金銭を運用していた場合に、投資顧問の意思決定に影響を与えたであろう重要な市場状況または経済状況を反映していないかもしれないこと

　　⑦広告に示された期間においてモデルポートフォリオにおける条件、

目的または投資戦略における重要な変更があればその情報、および
かかる変更が表示されたモデル結果に対して与えた影響
⑧モデルポートフォリオに含まれる有価証券またはモデルポートフォ
リオにおいて採用された投資戦略のいずれかが、投資顧問によって
現在提供されている助言サービスの種類に該当しないかまたは一部
該当しない場合にはその情報（たとえば、投資顧問が推奨をとりやめ
た一定の種類の有価証券がモデルには含まれている等）
⑨投資顧問の顧客が、モデルにおいて表示された結果と著しく異なる
投資結果を有していた場合にはその情報

3 「1対1」の場合の表示

投資顧問は、潜在顧客に対するワン・オン・ワン（以下、「1対1」）に
よる実際のパフォーマンス情報を含むプレゼンテーションまたはモデルに
よるパフォーマンス情報を含むプレゼンテーションのいずれかを行うこと
ができる。一般に投資顧問は、一般公衆に向けられた広告には「報酬控除
前」のパフォーマンス情報を掲載することはできないが、1対1のプレゼ
ンテーションであればこれを盛り込むことができる（Investment Company
Institute／SEC ノー・アクション・レター、1988 WL 235405（1988年9月23日
公表）参照）。これは、そもそも1対1によって勧誘を受けるのは富裕層
の個人および機関投資家のみであること、またこれらの者は一般に投資顧
問との間で報酬について交渉しうる立場にあるという SEC の考えを反映
したものである。

ただし、1対1のプレゼンテーションに「報酬控除前」のパフォーマン
ス情報を記載する条件として、SEC スタッフは、投資顧問が以下の情報
を書面で潜在顧客に対して開示しなければならないとした。

①パフォーマンスの数値は、投資顧問報酬の控除を反映していないこ
と
②投資顧問報酬および投資顧問が、顧客の投資顧問口座において負担
するその他の費用の相当額が顧客の利益から減額されること
③投資顧問報酬は、フォーム ADV の第2部に記載されていること
④長期間にわたって複利計算された投資顧問報酬が顧客のポートフォ

リオの全体的な価値に及ぼす影響を示す代表的な例（たとえば、表、図、グラフまたは説明）

Investment Company Institute／SEC ノー・アクション・レター（1988 WL 235405（1988 年 9 月 23 日公表））を参照のこと。

III　米国投資管理・調査協会（AIMR）パフォーマンス提示基準

　潜在顧客による投資運用会社のパフォーマンスの比較を容易にし、かかるパフォーマンスの計算の整合性を促進することを目的として、投資顧問の事業者団体である米国投資管理・調査協会（以下、「AIMR」）は、パフォーマンス情報の計算と表示における基準を作成した。基準は、なかでもパフォーマンス情報を計算する際に口座を除外することに対して制限的な見方を採用している。SEC によって支持されているわけではないが、AIMR の基準は、よく知られ、受け入れられている。実に多くの顧客、特に法人顧客はこれらの基準に従うことを要求している。このため、多くの投資顧問は、彼らが広告において AIMR 基準を遵守していることを標榜している。このように広告しながら実際にはそうでないことを認識している投資顧問は、虚偽記載および誤解を生じさせる記載による責任を負う可能性がある（例として、In the Matter of Schield Mgt. Co.／投資顧問法通知 1872 号、2000 WL 694288（2000 年 5 月 31 日）参照）。

第 5 節　パフォーマンス情報のポータビリティ

　ある投資顧問で働いている、成功を収めたポートフォリオ・マネジャーが、自分自身の助言業務を始めたり、よりよい報酬を提供する別の既存の投資顧問に転職したりすることは、比較的一般的なことである。これに関して、ポートフォリオ・マネジャーは、従前のポジションにおけるパフォーマンス成績を広告またはそれ以外に公表して、顧客を、彼自身の新しいプランまたは彼の新しい雇用者に惹きつけてもよいのか、という問題がある。

SEC は、過去の成績を含む広告は、投資顧問法規則 206 (4)-1 (a)(5)に照らして誤解を生じさせるものとなりうるという懸念を表明している。たとえば、従前のポジションにおける運用口座のパフォーマンス結果を広告する際、当該マネジャーが口座のための有価証券を選定する責任を有する複数名のうちの 1 名でしかない場合には、誤解を生じさせるものとなりうる。この場合、実際に、当該マネジャーのみがパフォーマンス結果を作出したかのような虚偽の印象を与えるものであろう。当該マネジャーが従前のポジションでは有価証券の選定に責任を有する唯一の人物であったとしても、現在のポジションでは口座の運用に責任を有する複数名のうちの 1 人でしかない場合も、同様に誤解を生じさせるものとなりうる（例として、Great Lake Advisors, Inc.／SEC ノー・アクション・レター、1992 WL 105179 (1992 年 4 月 3 日公表) 参照）。もっとも、SEC は、1996 年に、あるミューチュアル・ファンドのポートフォリオ・マネジャーが、新しいミューチュアル・ファンドのための投資顧問において、同人の過去の投資パフォーマンス結果を利用することを認めた（Bramwell Growth Fund／SEC ノー・アクション・レター、1996 WL 450346 (1996 年 4 月 7 日公表) 参照）。

Horizon Asset Mgt., LLC／SEC ノー・アクション・レター (1996 WL 554956 (1996 年 9 月 13 日公表)) に詳述されるように、SEC スタッフは、前身のエンティティが運用していた口座の過去のパフォーマンス結果を記載する広告は、以下の 6 要件が充たされる限り、それ自体が広告規則(a)(5)に照らして誤解を生じさせるものではないという立場を採用した。

①新しい投資顧問において口座を運用する者が、従前の投資顧問においても過去のパフォーマンス結果の達成に主として責任を有する者であったこと

②前投資顧問におけるパフォーマンス結果が新投資顧問における潜在的顧客に対して関連性のある情報を提供することが予想される程度に、かつて運用していた口座が新投資顧問において現在運用されている口座と非常に類似していること

③前投資顧問においてほぼ類似した方法により運用されていたすべての口座が広告されていること（ただし、一部を除外したとしても、広告中のパフォーマンスより有意に優れたものとならない場合を除く）

④広告がパフォーマンス結果の広告に関する SEC スタッフの解釈
（すなわち、Clover 事案およびその結果）に沿ったものであること
⑤広告がすべての関連ある開示文言を記載していること（パフォーマ
ンス結果が別エンティティにおいて運用された口座のものであることを
含む）
⑥投資顧問法規則 204-2(a)(16)の要求に従い、新投資顧問が広告に含ま
れるパフォーマンスまたは収益率の計算を示すのに必要な記録を保
存すること

　Horizon の事案そのものは、3 名から構成される投資アドバイザリー委
員会を有する新投資顧問からのノー・アクション・リリーフ（問題視しな
い旨の見解）を求めるものであった。3 名のうち 1 名（管理マネジャー）は、
委員会のすべての投資決定に責任を有する。委員会の他のメンバーが助言
を行うことも可能だが、管理マネジャーが、最終的な決定権限を有してお
り、助言の有無にかかわらず投資ポートフォリオを運用することができた。
管理マネジャーは、新しい投資顧問とは関係のない投資顧問をかつて所有
し運営していた。管理マネジャーは以前の投資顧問においては従業員では
あったが、彼は当該投資顧問が行うすべての投資決定に実質的に責任を有
していた。この件において、SEC スタッフは、前記に列挙された 6 つの
要件を新投資顧問が満たす限り、管理マネジャーが実際に旧投資顧問にお
いて投資決定に責任を有しており、新投資顧問における今後の投資決定は
投資アドバイザリー委員会の他のメンバーによる同意を得る必要なくなさ
れる場合には、前投資顧問のパフォーマンス記録を新投資顧問が広告する
ことは誤解を生じさせるものではないと指摘した。

　この点に関して 1 点問題となりうるのは、広告規則 204-2(a)(16)を参照し
た前述の⑥の要件を投資顧問が遵守することができるかという点である。
広告規則は一般に投資顧問に対して、広告に含まれる運用口座におけるパ
フォーマンスまたは収益率の基礎となるか、またはその計算を示すのに必
要なすべての文書を保存することを求める。この要件は、前投資顧問のパ
フォーマンスデータを利用しようとする投資顧問にも同様に適用される
（Great Lake Advisors, Inc./SEC ノー・アクション・レター、1992 WL 105179
（1992 年 4 月 3 日公表）参照）。

104　第6章　投資顧問による広告

　容易に想像がつくが、前投資顧問は、この提示に必要な書類を他の投資顧問に提供することに対して、消極的であるか不本意であることが多い。しかしながら、前投資顧問が純資産価額を、問題となっている前の口座（ミューチュアル・ファンドを含む）の管理と同時に公表する場合、新しい投資顧問はパフォーマンスを公開情報に基づいて計算し、それらの計算をサポートする資料を保存することによって、広告規則 204-2 (a)(16)の要件を充たすことができる。もっとも、当該口座からの配当金または分配金の金額および支払日が不明である場合、かかる計算に問題がないとはいえない（Salomon Brothers Asset Mgt. Inc. および Salomon Brothers Asset Mgt. Asia Pacific Ltd.／SEC ノー・アクション・レター、1999 WL 528854（1999 年 7 月 23 日公表）参照）。

第7章 アドバイザリー関係

第1節 勧誘・紹介契約

I 「勧誘」一般

　投資顧問は、関係者および（または）第三者（たとえば、ブローカー、保険代理業者、フィナンシャル・プランナー、会計士または弁護士）から潜在顧客の紹介を受けることを頼りにすることがある。紹介を行う者を「勧誘者」という。紹介のためのアレンジメントが真に勧誘者による投資顧問への報酬を伴わないならば、利益相反の問題はなく、アレンジメントも疑わしいものではない。しかしながら、勧誘者が報酬を得ている場合、金銭の報酬かそれ以外の形態によるものかにかかわらず、利益相反が生じ、懸念の原因となる。

　SEC は、長い間、紹介報酬が投資顧問により支払われると投資顧問法上の詐欺防止規定である投資顧問法206条との関係で、重大な問題が生じると信じてきた。SEC の見解は、そのようなアレンジメントにより、勧誘者は紹介報酬を支払う投資顧問を優先する経済的な誘因があるため、本来的に利益相反を生じることになる。しかしながら、そのような投資顧問は、顧客のニーズに適した者ではないかもしれない。少なくとも、206条により、かかる利益相反は顧客となるものに開示される必要がある。

II 金銭による報酬

1 金銭勧誘ルールの背景

　SEC は、特定の投資顧問に顧客を紹介する勧誘者が報酬を得ている場合に、本来的に生じる利益相反およびバイアスに対処するために2種類の

106　第7章　アドバイザリー関係

代替的な方法を検討した。当初、SEC はそのような紹介報酬を直接的に
禁止することを考えた。しかしながら、SEC は、顧客の勧誘に要する費
用は、投資顧問業界内では必要かつ許容範囲内の広告費用であるとする有
識者の見解を受け入れたように見受けられ、その考えを改めた。

　代わりに SEC は 2 つ目の方法を採用し、一定の側面を規制しつつ、紹
介を許容することとした。そのため、SEC は投資顧問法 206 条(4)項によ
る権限に基づいて、同規則 206 (4)-3 を採用した（以下、「金銭勧誘ルール」）。
金銭勧誘ルールにより、勧誘者は、一定の要件が充たされる限り勧誘の対
価として報酬を受領できることとなる。定義上、非金銭勧誘のアレンジメ
ントは金銭勧誘ルールの対象とはならないが、別途、投資顧問法 206 条の
詐欺防止規定の適用を受ける。

2　金銭勧誘ルールの要件

　投資顧問法 203 条により登録され또は登録が必要な投資顧問が、直接
または間接に勧誘活動に関連して勧誘者に金銭報酬を支払う前に、投資顧
問は、金銭勧誘ルールの規定を満たす必要がある。金銭の紹介報酬を「提
供されたサービスの手数料」「コンサルティング手数料」または「ブロー
カレッジ手数料」として偽装しようとする試みは、SEC によって認めら
れていない。このルールの目的上、「勧誘者」は、直接または間接に、投
資顧問のために顧客を勧誘しまたは顧客を投資顧問に紹介するあらゆる者
を含むと定義される。同様に「顧客」は、既存の顧客および潜在顧客のい
ずれをも含む（投資顧問法規則 206 (4)-3 (d)(1)・(2)参照）。

　一般的に、「勧誘行為」は潜在顧客を特定の投資顧問に誘導するよう企
図されたいかなる行為も含むものとされる。潜在顧客を投資顧問に誘導す
るのは通常の場合勧誘者により行われるものであるが、「勧誘行為」は、
逆も含むよう幅広く定義されている。すなわち、勧誘者が潜在顧客の名称
を投資顧問に提供し、投資顧問からその潜在顧客に接触することができる
場合も含まれる。

　一般的な意味で、潜在顧客による投資顧問の選定に資するものとして企
図された行為は、「勧誘行為」とは通常考えられていない。たとえば、潜
在顧客の検討に資するよう、投資顧問のリストを作成する者、また、特に

重要なものとして、特定の投資顧問を他より推奨することについて、実質的な経済的利益を有しない者は、一般的には「勧誘行為」に従事していない（Nat'l Football League Players Assoc./SEC ノー・アクション・レター、2002 WL 100675（2002 年 1 月 25 日公表）参照）。実際、勧誘者が紹介報酬を支払う投資顧問を潜在顧客に紹介することについて経済的な動機づけを有する場合における本来的な利益相反を生じさせないのであれば、当該活動は「勧誘行為」には該当すべきでない。

　金銭勧誘ルールは、当該ルールがあてはまる場合に遵守すべき、次の 5 つの要件を定めている。①投資顧問に関係するもの、②勧誘者に関係するもの、③書面による勧誘契約に関連するもの、④開示に関連するもの、⑤勧誘者の監督に関係するものである。各要件については以下で述べるが、金銭勧誘ルールに従うことによっても、受託者責任その他の当該者が服する法令上の義務を免れるものではない（投資顧問法規則 206(4)-3(c)参照）。

　次頁の**表 2** においては、金銭勧誘ルールの要件を要約し、またこれらの要件を論じている本書の対応箇所を記載している。

　(1)　**投資顧問側の要件**　　金銭勧誘ルールに依拠するためには、投資顧問は投資顧問法 203 条に基づき登録を受けていなければならない（同規則 206(4)-3(a)(1)(i)参照）。登録を義務づけられているが登録していない投資顧問は勧誘者に対して金銭で紹介報酬を支払うことを禁止される。202 条(a)項(11)号により「投資顧問」の定義から除外される者や、203 条(b)項により登録を免除される者は、金銭勧誘ルールに従う必要はない。

　(2)　**勧誘者側の要件**　　投資顧問は後記の不適格条項に基づき不適格とされた者を勧誘者として採用してはならない。概して、これらの条項による帰結は以下のとおりである。投資顧問は、投資顧問法に基づいて当該投資顧問がその者を直接に被用者として雇用できない場合、勧誘者のサービスを利用することはできない。具体的には、投資顧問法規則 206(4)-3(a)(1)(ii)に基づき、投資顧問は金銭の支払いを次の勧誘者に対して行うことはできない。

　　①投資顧問法 203 条(f)項に基づく SEC の命令の対象となっている場合

　　②過去 10 年以内において、投資顧問法 203 条(e)項(2)号 A〜D の行為

108 第7章 アドバイザリー関係

表2 金銭勧誘ルールの要件 (投資顧問法規則 206(4)-3)

要　件	勧誘者の種類		
	関係者である勧誘者	関係者以外の勧誘者であり、非個人的な (impersonal) 投資顧問サービスを宣伝する者	関係者以外の勧誘者であり、個人的な (personalized) 投資顧問サービスを宣伝する者
勧誘サービスを受けようとする投資顧問の登録	常に (1)*	常に (1)*	常に (1)*
非適格勧誘者の利用禁止	常に (2)*	常に (2)*	常に (2)*
投資顧問と勧誘者との間の書面による勧誘契約	常に (3)*	常に (3)*	常に (3)*
書面による勧誘契約に必要な特定の条項	不要 (3)(a)*	不要 (3)(b)(ア)*	必要 (3)(b)(イ)*
勧誘者と顧客との関係・地位に関する開示	必要 (4)(a)*	適用なし (4)(b)(ア)*	適用なし (4)(b)(イ)*
勧誘契約の条項の開示	不要 (4)(a)*	不要 (4)(b)(ア)*	必要 (4)(b)(イ)*
投資顧問による勧誘者の監督	不要 (5)*	不要 (5)*	必要 (5)*

＊これらの要件を論じている本書の掲載箇所を示している。

について重罪 (felony) または軽微罪 (misdemeanor) で有罪となった場合

③投資顧問法 203 条(e)項(1)号・(5)号・(6)号に定める行為を行ったものと SEC に認定され、または当該行為について有罪となった場合

④投資顧問法 203 条(e)項(3)号に定める命令、判決または決定に服する場合

前記の4つの不適格条項すべてにおいて言及される投資顧問法 203 条は、一定の場合に SEC がある者に対して投資顧問と関係を有することを禁止する権限を付与している。しかしながら、SEC による禁止を義務づけるものではない。そのため、金銭勧誘ルールが採用された際に、SEC は、投資顧問法 203 条(e)項・(f)項に基づく SEC の命令に服する者であっても、法令上不適格であることを潜在顧客に適切に開示することを条件として、適切な状況下では、勧誘者として採用することを認める意向を示した（たとえば、Dougherty & Co. LLC／SEC ノー・アクション・レター、2003 WL

第1節 勧誘・紹介契約 *109*

22204509（2003 年 7 月 3 日公表）参照）。

(3) **書面による勧誘契約の要件**　投資顧問は、投資顧問が当事者となる書面による勧誘契約に基づく場合に限り、金銭報酬を勧誘者に支払うことができる（投資顧問法規則 206 (4)-3 (a)(1)(ⅲ)参照）。投資顧問は、同規則 204-2 (a)(10)に基づき保存義務を負う記録の一部として、当該契約の写しを保存しなければならない（本書第 11 章第 2 節 V 参照）。後述のとおり、書面による勧誘契約に追加要件が適用されるか否かは、勧誘者自身に関する情報と投資顧問が潜在顧客に提供を予定している助言サービスの種類による。

(a) 関係者である勧誘者　勧誘者が、投資顧問または投資顧問の関係者のパートナー、役員、取締役、従業員である場合には、書面による勧誘契約について追加要件は適用されない。ここで「関係者」とは、投資顧問を支配し、支配され、もしくは投資顧問と共同支配下にある者を意味する。しかしながら、勧誘者と当該投資顧問またはその関係者との間の状況、および当該投資顧問とその関係者の間の関係は、勧誘や紹介の時点で顧客に開示されなければならない（投資顧問法規則 206 (4)-3 (a)(2)(ⅱ)参照）。

(b) 関係者以外の勧誘者　(ア) 非個人的な投資顧問サービスの宣伝

勧誘者が、非個人的な投資顧問サービスのみを提供する投資顧問に対して潜在顧客を勧誘している場合には、書面による勧誘契約について追加要件は適用されない（投資顧問法規則 206 (4)-3 (a)(2)(ⅰ)参照）。勧誘者が投資顧問の関係者であるか関係者以外の者であるかを問わず適用されるが、前記のとおり、関係者である勧誘者は、投資顧問との関係性を考慮してすでに別途除外されている。

投資顧問による非個人的な投資顧問サービスとは、当該投資顧問が、もっぱら①書面による資料または口頭により、特定の顧客の目的や要求を満たすことを目的としないもの、②特定の有価証券に対する投資のメリットに関する意見の表現を含むことのない統計的情報、または③前記①②の組み合わせにより、投資顧問サービスを提供する場合をいう（投資顧問法規則 206 (4)-3 (d)(3)参照）。

(イ) 個人的な投資顧問サービスの宣伝　一方、書面による勧誘契約についての追加要件はこれら以外の場合には適用される。すなわち、勧

誘者が関係者でない第三者であって、潜在顧客に対して、個人的な投資顧問サービスを提供する投資顧問について勧誘する場合である。この場合には、書面による契約は次の3つの条件を満たす必要がある。

　①勧誘者が投資顧問のために行う勧誘活動および対価として支払われる報酬を規定しなければならない。

　②投資顧問の指示、投資顧問法および同法に基づく規則に従って、勧誘者が業務を遂行する義務を負うことを規定しなければならない。

　③報酬が支払われるあらゆる勧誘活動の際に、投資顧問法規則204-3に基づく投資顧問の開示説明書の最新の写し、ならびに主に勧誘者および投資顧問自身に関する情報を提供し、かつ、これらの者の間の（特に経済的な）取決めを記した別途の開示書類（以下、「勧誘者の開示書類」）を、各顧客に対して提供することを勧誘者に義務づけなければならない（同規則206(4)-3(a)(2)(iii)(A)参照）。

　(4)　**開示要件**　　勧誘者が潜在顧客に対して行うべき開示の程度は、勧誘者自身に関する情報および投資顧問が当該潜在顧客に提供を予定している助言サービスの種類による。

　　(a)　関係者である勧誘者　　投資顧問法規則206(4)-3(a)(2)(ii)は投資顧問またはその関係者のパートナー、役員、取締役、従業員である勧誘者が行うべき開示について定める。ここで「関係者」とは、投資顧問を支配し、支配され、もしくは投資顧問と共同支配下にある者を意味する。このような勧誘者は、勧誘者と投資顧問またはその関係者との間の状況、また、投資顧問とその関係者の間の関係を、勧誘や紹介の時点で顧客に対して開示しなければならない。関係性は必ずしも別の開示書類による必要はなく、代わりに客観的な状況から推測されることでも足りる。たとえば、関係者は投資顧問の名称や投資顧問のロゴが掲載された名刺を示すことによってであっても可能である。SECは、顧客が関係者の助言についてはバイアスがかかっていることをしばしばわきまえていることを前提としているため、追加的な開示を必要としていない。関係性が開示され、潜在顧客は一般に勧誘者が報酬を受領していることを理解しているため、SECは、勧誘契約の条項の開示を要求していない。

　　(b)　関係者以外の勧誘者　　(ア)　非個人的な投資顧問サービスの宣伝

関係者以外の勧誘者の活動が「非個人的な投資顧問サービス」の宣伝に限られている場合には、勧誘者は勧誘契約の条項を潜在顧客に開示することを要しない（投資顧問法規則206(4)-3(a)(2)(i)参照）。投資顧問による非個人的な投資顧問サービスとは、当該投資顧問が、もっぱら①書面による資料または口頭により、特定の顧客の目的や要求を満たすことを目的としないもの、②特定の有価証券に対する投資のメリットに関する意見の表現を含むことのない統計的情報、③前記①②の組み合わせにより、投資顧問サービスを提供する場合をいう（同規則206(4)-3(d)(3)参照）。

SECは、投資顧問の非個人的な投資顧問サービスの提供に関して勧誘を行う者が、対価の支払いを受けて勧誘を行っているものであることを、潜在顧客は一般的に理解していると考えているため、当該勧誘契約の開示を義務づけていない。しかしながら、当該勧誘行為は当該投資顧問の非個人的な投資顧問業務にのみ関連づけられるものでなければならない。投資顧問は、仮に当該顧客が最終的にはその非個人的な投資顧問サービスを購入することを選択した場合であっても、勧誘が当該投資顧問の他の投資顧問サービスについて行われた場合には、当該規定に基づく保護を失うこととなる。

　(イ)　個人的な投資顧問サービスの宣伝　　最も厳格な開示要件は、勧誘者が関係者でない第三者であり、個人的な投資顧問サービスの提供に関して潜在顧客を勧誘する場合に課される。このような場合にはSECが最も懸念する利益相反が生じることから、これは驚くべきことではない（前記I参照）。投資顧問法規則206(4)-3(a)(2)(iii)(A)に基づき、当該勧誘者は、各顧客に対して、同規則204-3により求められる投資顧問の「開示説明書（brochure）」の最新の写しおよび同規則204-3(b)の交付要件を充たす別途の開示書類（以下、「勧誘者の開示書類」）を提供する必要がある（後記第2節II2参照）。

勧誘者の開示書類には次の記載が必要となる。
・当該勧誘者および当該投資顧問の名称
・当該勧誘者と当該投資顧問の関係性
・当該勧誘者が勧誘サービスについて報酬を当該投資顧問から得ることとなる旨の表示

112 第7章　アドバイザリー関係

- ・当該勧誘者に対して当該投資顧問が支払っているまたは支払う予定の報酬の詳細を含む、勧誘者と投資顧問の間の報酬に関する条件の取決め内容
- ・別に定められた助言報酬またはより高額な助言報酬など、金銭による勧誘契約の結果として、当該顧客が負担することとなる追加的負担の開示

以上について、投資顧問法規則206(4)-3(b)を参照のこと。

　重要なことは、投資顧問法規則206(4)-3の(a)(2)(iii)(B)により、投資顧問は投資顧問契約が締結される前またはされた時に、投資顧問の開示説明書と勧誘者の開示書類の両方の受領に関する日付のある署名された確認書を顧客から得なければならないということである。投資顧問は当該確認書の写しを、同規則204-2(a)(15)に基づき保存義務を負う記録の一部として保存しなければならない（本書第11章第2節IV参照）。

　(5)　**監督に関する要件**　　SECは、勧誘者が関係者以外の第三者であり、個人的な投資顧問サービスの提供に関して潜在顧客を勧誘する場合には、投資顧問に監督要件を課している。投資顧問法規則206(4)-3(a)(2)(iii)(c)に基づき、投資顧問は、勧誘者が勧誘契約の条項を遵守したか否かを確認するため誠実（bona fide）な努力をし、かつ、勧誘者が実際に遵守したことを信じるに足りる合理的な根拠を有していなければならない。かかる監督要件は、金銭報酬が関係者以外の第三者である勧誘者に流れることに関するSECの懸念を明確に表しているものである。

III　非金銭報酬

　金銭勧誘ルールは、非金銭報酬の取決めには妥当しない。非金銭報酬も同様に利益相反となりうることから、一般に投資顧問法上の詐欺防止規定である206条に服する。少なくとも、このことにより、投資顧問は勧誘者との非金銭報酬の取決めに関してフォームADVで開示しなければならない。

　非金銭報酬の一形態は、ブローカーから顧客の紹介を受けることと引き換えに、投資顧問が当該ブローカーにブローカレッジ取引を指示する場合

に生じる。この場合においても、紹介された顧客は、当該ブローカレッジ取引を通じて当該ブローカーに報酬を支払う者を単に紹介されただけであって、顧客の要請に最も適した投資顧問を紹介されたものではなかった可能性がある。さらに、最も安い報酬体系を提供できるブローカーではなく、投資顧問にとって好ましいブローカーに対して、投資顧問が取引を指示することによって追加的な費用が生じうることに、既存の顧客は気付かないかもしれない。このような取決めは投資顧問法 206 条の規定に従い開示されなければならない（投資顧問により指示されたブローカレッジについては、本書第 8 章第 10 節参照）。

IV　勧誘者の登録状況

1　SEC に登録された投資顧問のための勧誘者

(1)　**投資顧問法上の登録**　　特定の勧誘者が、SEC 登録を行っている投資顧問のために勧誘活動をしたことのみをもって投資顧問法に基づき投資顧問として登録しなければならないか否かは、勧誘者自身に関する情報と投資顧問が勧誘先の顧客に提供を予定している助言サービスの種類による。

　関係者である勧誘者は、登録を行っている投資顧問との関係により通常投資顧問法に基づき別途登録することを避けることができる。実際、関係者である勧誘者は、投資顧問法 202 条(a)項(17)号に基づく「投資顧問と関係する者」に通常は該当する。したがって、他の投資顧問の従業員と同様に、当該者は、投資顧問法に基づき投資顧問として別途登録する必要はない。

　その活動が投資顧問の非個人的な助言サービスのみを勧誘する行為に限定される関係者でない第三者の勧誘者に関連する登録要件は、明確ではない。実際、SEC は、そのような勧誘者は、当該勧誘者とその活動にあてはまる具体的な事実関係および状況によって、登録する必要がある場合があると示している（投資顧問法通知 688 号、1979 WL 174269（1979 年 7 月 12 日）（以下、「688 号通知」）参照）。

　個人的な助言サービスの提供に関して潜在顧客を勧誘する関係者でない第三者の勧誘者は、金銭勧誘ルールを遵守する限り、投資顧問法に基づき

登録する必要はない（688 号通知および前記 II 参照）。SEC によれば、この理由は 2 つある。第 1 に、そのような勧誘者は、金銭勧誘ルールの要請を遵守する必要があるため、実質的には投資顧問の従業員と類似する。第 2 に、当該ルールに基づき、投資顧問は、勧誘者の行為を監督する義務を負う。

　最後に、非金銭対価を受領する勧誘者またはその他金銭勧誘ルールの範囲外で業務を行う勧誘者の登録状況は、より不明確である。勧誘者が助言を行う「業務に従事」していると判断される場合、投資顧問として登録を受ける必要がある。このような判断が行われる場面で若干複雑な場面として挙げられるのは、投資顧問の専門性に関してアドバイスを行っていることから勧誘者が間接的に証券に関する投資アドバイスを行ったものと見る場合である。そして、もちろん、勧誘者は当該アドバイスについて対価（金銭ではないものの）を受けている。

　(2)　**州法上の登録**　　NSMIA（National Securities Markets Improvement Act of 1996：全米証券市場改善法）は、投資顧問法 203 条(b)項に基づき登録を受けた投資顧問およびその助言業務にかかる職員に対する州レベルの規制の非常に多くを先占した。具体的には、州は、SEC に登録された投資顧問の「被監督者」に該当する者について、当該者が SEC に登録された投資顧問の「投資顧問代表者」にも該当しない限り、免許付与または登録を行ってはならない（投資顧問法 203A 条(b)項(1)号参照）。しかし、勧誘者がある州に事業所を有し、投資顧問代表者にも該当する場合、当該州は、当該者を免許付与、登録および資格付与の対象とすることができる（同法 203A 条(b)項(1)号(A)および本書第 3 章第 1 節 II 2 (1)参照）。

　投資顧問法規則 203A-3 (a)(1)に基づき、投資顧問代表者と認められる前に、2 つの要件が充たされる必要がある。第 1 に、当該者は、後述の 1 つの例外を除き、投資顧問の「被監督者」に該当する必要がある。「被監督者」とは、投資顧問のパートナー、役員、取締役（またはこれらの者と同様の地位にある者または同様の役割を遂行するその他の者）、従業員または、当該投資顧問を代表して投資アドバイスを提供し、当該投資顧問の監督および支配に服する者をいう（投資顧問法 202 条(a)項(25)号参照）。

　第 2 に、「被監督者」は、①自然人の顧客が 5 名を超えており、かつ、

②全体の顧客のうち自然人が10%を超えることが必要となる。「自然人」の範囲から、事業、慈善または教育的団体、投資会社、他の機関投資家および、投資顧問法規則205-3に基づき成功報酬契約を締結する場合には、個人富裕層（この文脈において「適格顧客（qualified clients）」という）が除外される。

　重要なのは、投資顧問の顧客に継続的に勧誘、面談または連絡を行わない「被監督者」または特定の個人もしくは口座の目的もしくは需要を満たすことを目的としないアドバイス（「非個人的な投資アドバイス」）のみを行う「被監督者」については、例外が設けられている。そのような者は、投資顧問代表者には該当しない（投資顧問法規則203A-3(a)(2)参照）。

　定義上、関係者である勧誘者のみが、「被監督者」に該当するため、関係者でない勧誘者は、常に、適用がある州の免許付与および登録要件の対象となる。

2　州当局に登録された投資顧問のための勧誘者

　州当局に登録された投資顧問のための勧誘者は、適用がある州の免許付与および登録要件を遵守する必要がある。これらは州によって異なるが、資格および審査要件に加え、登録要件も含まれうる。

第2節　顧客および潜在顧客に関する開示の要件

Ⅰ　はじめに

　投資顧問の選定および採用に関して一般公衆が情報に基づいて判断を行う一助となるよう、SEC は、いくつかの開示ルールを定めている。最も重要な2つは、投資顧問法規則204-3（「開示説明書規則」と一般に称される）および同206(4)-4である。開示説明書規則により、登録された投資顧問は、顧客および潜在顧客に対して、書面による開示資料（すなわち、開示説明書）を送付し、または送付を申し出る必要がある。投資顧問法規則206(4)-4は、投資顧問法206条の詐欺防止規定に基づく権限に基づき

SEC によって制定され、登録された投資顧問に対して、特定の重要な財務情報および処分事由を顧客に直ちに開示することを求めている。

重要なのは、投資顧問法規則 204-3 および同 206 (4)-4 は、最低限の開示義務を定めていることである。これらを遵守することによって、投資顧問は、連邦または州の法律に基づく顧客または潜在顧客に対する他の情報の開示義務を免れるものではない（同規則 204-3 (e)参照）。一般的に、投資顧問は、受託者として、投資顧問関係に関する重要事実をすべて顧客に開示する義務を負う。この義務は、投資顧問法 206 条に基づき強制執行可能である（本書第 8 章第 2 節 III 1 参照）。

II 「開示説明書規則」

1 一般的な規定

投資顧問法規則 204-3 (a)により、投資顧問法 203 条に基づき登録し、または登録する必要がある投資顧問は、一般に、各助言顧客および潜在顧客に対して、書面による開示資料を送付する必要がある。この開示説明書（以下、「開示説明書」）は、投資顧問のフォーム ADV 第 2 部の写しでも、当該フォーム第 2 部で求められる情報が最低限記載される書面でも足りる。第 2 部以外の書面による開示説明書を提供する投資顧問は、第 2 部で求められる情報が最低限記載される書面であれば、第 2 部と同じ様式に従う必要はない（Nathan and Lewis Securities, Inc./SEC ノー・アクション・レター、1990 WL 286885（1990 年 7 月 19 日公表）参照）。

当該規則の遵守を示すために、投資顧問は、通常、投資顧問と顧客との間の投資顧問契約書において開示説明書の受領を顧客に明示的に確認してもらう。投資顧問は、投資顧問法規則 204-2 (a)(14)に基づき保存義務を負う記録の一部として、顧客または後に顧客となる潜在顧客に提供し、または提供することを申し出た開示説明書およびその変更または改訂のそれぞれの写しを保存する必要がある（本書第 11 章第 2 節 III 参照）。

2 交付の時期

開示説明書の交付の時期は非常に重要である。一般に、投資顧問は、顧

客または潜在顧客との間で書面または口頭による投資顧問契約を「締結」する48時間前までに開示説明書を交付しなければならない。しかし、顧客が投資顧問契約の締結後5営業日以内にペナルティなく契約解除できる権利を有する場合は、投資顧問は、契約締結時までに開示説明書を交付すれば足りる（投資顧問法規則204-3(b)(1)参照）。投資顧問契約の「締結」には、重大な変更がない限り、既存の契約の延長または更新は含まれない（同規則204-3(g)(2)参照）。

　さらに、投資顧問は、年1回、費用の負担なく、各顧客に対して、開示説明書を交付し、または顧客の書面による請求により交付することを書面により申し出なければならない（投資顧問法規則204-3(c)(1)参照）。顧客が当該書面による請求を行った場合、投資顧問は、当該請求受領後7日以内に開示説明書を交付しなければならない。当該規則の少なくとも一部を遵守していることを示すために、投資顧問は、通常、四半期ごとの口座明細書において、顧客が開示説明書を書面により請求する権利を有することを知らせる文言を記載する。

　投資顧問法規則204-3(b)(2)および(c)(2)において、交付義務の例外が定められている。第1に、開示説明書は、投資顧問が登録された投資会社と投資顧問契約を締結する場合で、当該契約が投資会社法15条(c)項に定める要件を充たす場合には、交付する必要はない。第2に、非個人的な投資顧問サービスの契約に関しても、開示説明書を交付する必要はない（投資顧問法規則204-3(c)(3)参照）。「非個人的な投資顧問サービス」の契約は、実質的に、特定の個人や口座の目的や要求を満たすことを目的としない投資顧問サービスの提供に関する契約をいう（同規則204-3(g)(1)参照）。

3　開示説明書の内容

　開示説明書は、投資顧問のフォームADV第2部そのものか、あるいはフォームADV第2部で求められる情報を含むものでなければならない。本書第5章第2節IIIにより詳細に記載しているとおり、第2部には様々な情報が記載される。これには、投資顧問の概況や業務の方法、提供するサービスの種類、報酬、有価証券の分析手法、影響する利益相反、顧客の有価証券取引における役割が含まれる。重要なのは、投資顧問法の他の規

定、その規則、その他の連邦法または州法により開示が求められるのであれば、開示説明書規則により特に必要とされないとしても、その情報を顧客または潜在顧客に開示しなければならないことである（投資顧問法規則204-3(e)参照）。これは当然に、投資顧問法規則206(4)-4により求められる特定の重要な財務または処分に関する情報を含むことになる（後記III参照）。

投資顧問が異なる顧客に実質的に異なる種類の助言サービスを提供する場合は、特定の顧客または潜在顧客に交付する開示説明書から一定の情報を省略することができる。具体的には、投資顧問は、フォームADV第2部で求められる情報のうち、特定の顧客または潜在顧客に提供されまたは課されない助言サービスや報酬にのみあてはまる情報は、当該顧客または潜在顧客に交付する開示説明書において省略することができる（投資顧問法規則204-3(d)参照）。

4　ラップ・フィー・プログラムの開示

ラップ・フィーに関する開示説明書、その内容および交付要件については、本書第9章第3節を参照のこと。

5　ヘッジファンド・アドバイザー

ヘッジファンドの投資顧問は、典型的には投資顧問法の私的投資顧問登録免除規定を用いることができるため、SECには登録しない。各投資顧問はファンドの個別の投資家ではなくファンドが（リミテット・パートナーシップ、有限責任会社、ビジネス・トラストのいずれの形態をとるか否かにかかわらず）、「顧客」であると考える。この考え方はもちろん、ワシントンD.C.合衆国控訴裁判所により支持されている（Goldstein v. SEC, 451 F. 3d 873 (D.C. Cir. 2006)、本書第4章第1節V参照）。したがって、登録されていないヘッジファンド・アドバイザーは通常、開示説明書をファンドの各投資家には交付しない。むしろ、私募目論見書や目論見書をファンドの潜在投資家に交付する。これらの開示書類には、ファンドと投資顧問に関する情報が記載され、投資顧問は、証券法の開示義務を満たすために当該開示書類を交付する。

6　勧誘者

勧誘者に適用される開示義務については、前記第1節Ⅱ2⑷を参照のこと。

Ⅲ　悪化した財務状況と処分事由

1　概　　要

投資顧問法206条⑷項により、詐欺的、欺罔的または操作的な行為、慣行、業務に従事するために、投資顧問が州際的な商業方法を用いることは違法とされる。投資顧問法206条⑷項により付与された権限のもと、SECは、投資顧問法規則206⑷-4を定めて、投資顧問が顧客または潜在顧客に開示する財務および処分に関する情報を明らかにしている。

具体的には、あらゆる顧客または潜在顧客に投資顧問法規則206⑷-4に基づき2種類の情報を開示しなければならない。第1に、投資顧問は、顧客に対する契約上の義務を果たす能力に支障をきたす合理的なおそれがある財務状況に関する重要な事実はすべて開示しなければならない。しかし、投資顧問が、①顧客の口座に、明示的か黙示的かを問わず裁量的権限を有しているか、②顧客の金銭または有価証券を保管しているか、または③500米ドルを超える6か月以上の助言報酬前払いを顧客に求める場合に限り、それぞれの顧客または潜在顧客に対してかかる開示を行えば足りる（投資顧問法規則206⑷-4⒜⑴参照）。財務的に困窮する投資顧問の顧客は、前払いした報酬を失い、他の投資顧問の探索に関連して費用を被り、最悪の場合、資金に窮した投資顧問がその資産を流用する可能性があることから、これらの場面における開示は極めて合理性がある。

重要なのは、SECは、具体的にいかなる悪化した財務状況において顧客または潜在顧客に対する開示が必要となるかについて、規則においていかなる指針も示していないことである。破産および支払不能などの状況は、投資顧問の業務遂行能力に明らかに重大な悪影響を与えることから、これに該当すると考えるのが安全であると考えられる。しかし、管財人の選定など、他のより深刻でない状況も該当する可能性がある。

第2に、投資顧問は、投資顧問の信用または顧客に対する契約上の義務

120　第7章　アドバイザリー関係

を履行する能力の評価にとって重要となる法的事象または処分等制裁事由に関連する重要な事実は、すべて開示する必要がある（投資顧問法規則206(4)-4(a)(2)参照）。この開示は、投資顧問がフォームADVの第1部A（項目11）で定期的に開示する必要がある処分事項に加えて必要となる（本書第12章Ⅰ参照）。投資顧問の「経営者」に関連する事由も開示する必要がある（同規則206(4)-4(b)参照）。「経営者」とは、直接または間接に投資顧問会社の管理または方針に支配的な影響を及ぼすか、または顧客に対する一般的な投資アドバイスを決定する権限を有している者をいう（同規則206(4)-4(d)(1)参照）。

　過去10年間に生じた法的事象または処分に関する事由は規則206(4)-4でカバーされているが、投資顧問または経営者に有利なかたちで決着し、または事後的に破棄・停止され、または無効とされたものは除外される。さらに、後記2で説明しているとおり、SECは同規則の(b)において、特定の法的事象または処分に関する事由についての開示が求められるとの反証可能な推定規定を置いている。

　法的事象または処分に関する事由が、投資顧問の信用や顧客に対する契約上の義務を果たす能力の評価にとって「重要」か否かは、多くの要素に左右される。SECスタッフによれば、「投資アドバイスを提供する機能と当該処分事例に関与した法人または個人との距離、処分事例につながった違反の性質、制裁の重大性および処分事例から経過した時間」を考慮すべきであるとのことである（Douglas Capital Mgt., Inc.／SECノー・アクション・レター、1988 WL 233565（1988年1月11日公表）参照）。

　SECは、投資顧問の規則206(4)-4を遵守することによって、投資顧問が投資顧問法、同法に基づく規則もしくは規制その他の連邦法または州法に基づくその他の開示義務を免れるものではないことを明らかにしている（投資顧問法規則206(4)-4(f)参照）。

2　開示の必要性が推定される法的事象または処分事例

　SECは、投資顧問法規則206(4)-4(b)に従い、以下の法的事象または処分事例の開示が必要であるとの反証可能な推定規定を設けている。

　　・刑事または民事訴訟であって、その者が①訴訟が「投資に関連す

る」（後述を参照）事業もしくは詐欺・贈賄などの様々な特定の行為に関して、重罪もしくは軽微罪について有罪とされ、有罪答弁をし、または異議を述べなかったか、または係属中の刑事訴訟の対象とされたか、②投資関連の制定法または規則の違反に「関与していた」（後述を参照）ことが判明したか、③恒久的もしくは一時的に投資関連活動を禁止その他制限する命令、判決、決定に服するとされたもの。

・SEC その他の連邦規制当局または州機関による行政手続であって、その者が①投資関連事業についてそれを行う許可を失わせるような行為を行ったことが判明したか、②ⓐ投資関連の制定法もしくは規制の違反に関与していたことが判明しかつⓑその者が投資関連事業を行う許可の否定・停止・取消し、もしくはその者が投資関連事業に関与することを禁止・停止し、その他その者の投資関連活動を著しく制限する当該機関による命令の対象になったもの。

・自主規制機関（以下、「SRO」）の手続であって、①その者が投資関連事業についてそれを行う許可を失わせるような行為を行ったことが判明したか、②ⓐSRO の規則の違反に関与していたことが判明しかつⓑその者が会員としての地位もしくは他の会員と関与することを禁止・停止し、またはその者を会員から除名し、2,500 米ドル超の罰金を科し、その他その者の投資関連活動を著しく制限するSRO による命令の対象になったもの。

　以上において列挙した事由に関して、「投資に関連する」は広く定義され、有価証券、コモディティ、銀行、保険または不動産に関する活動を含む。さらに、「関与していた」との用語は、特定の行為について、実行し、または他の者に対して、助力し、実行させ、助言し、命令し、誘導し、共謀し、合理的な監視を怠ったことをいう（投資顧問法規則 206(4)-4(d)(3)・(4) 参照）。

3　開示の時期および交付

　既存の顧客との関係では、投資顧問は、投資顧問法規則 206(4)-4 に基づき「直ちに」情報を開示しなければならない。残念なことに SEC はこ

122 第7章 アドバイザリー関係

こでいうところの「直ちに」が何を意味するかについて指針を示していない。潜在顧客に関しては、投資顧問は、書面または口頭による投資顧問契約の締結の 48 時間以上前に情報を開示しなければならない。しかし、潜在顧客が締結後 5 営業日以内に違約金なしに投資顧問契約を解除できるのであれば、投資顧問は、契約を締結するまでに情報を提供しなければならない（同 206(4)-4(c)参照）。

　登録された投資顧問は、投資顧問法規則 206(4)-4 の情報を顧客および潜在顧客に開示説明書で開示することができる。しかし、開示説明書の交付は、前述のタイミングを満たさなければならない（同規則 206(4)-4 直後の注釈を参照のこと）。投資顧問が開示説明書によってこれらのタイミングを満たすことができない場合は、既存の顧客と潜在顧客に対して、同規則 206(4)-4 に定める開示とタイミングの要件をいずれも充たすレターなど別の開示書類を交付しなければならない。

　SEC の執行措置の開示に関しては、投資顧問法規則 206(4)-4 がそのような形態の開示を求めていないにもかかわらず、SEC は、時折投資顧問に対して、SEC の意見または命令の実際の写しを既存の顧客および潜在顧客に送付するよう要求する（たとえば、In the Matter of Boston Investment Counsel, Inc. and Robert E. Campanella／投資顧問法通知 1801 号、1999 WL 373782（1999 年 6 月 10 日）、In the Matter of Valicenti Advisory Services, Inc. and Vincent R. Valicenti／投資顧問法通知 1774 号、1998 WL 798699（1998 年 11 月 18 日）参照）。第 2 巡回区連邦控訴裁判所は、このような SEC の権限を認めている（Valicenti Advisory Services, Inc. v. SEC, 198 F.3d 62 (2d Cir. 1999) 参照）。

第 3 節　投資顧問契約

I　書面の必要性

　投資顧問法は、明確に投資顧問とその顧客との契約が書面によるべきであることを求めているわけではない。投資顧問法 205 条(a)項がそうである

べきことを示唆しているが、SEC はその規則の制定において反対の見解を示している（同規則 204-3・同 206 (4)-4 参照）。

　書面による投資顧問契約を締結することは、明らかに、ビジネス上も常識的にも合理的である。書面による投資顧問契約により、投資顧問は重要な法的保護を得られるかもしれない。投資顧問と顧客の責任を書面による契約に具体的に記載すれば、将来の誤解は避けることができる。さらに、書面による契約は、投資顧問による開示や、法律上開示される情報についての顧客の確認の証拠となりうる（前記第 2 節 II・III 参照）。

　投資顧問法において書面による契約の必要性は明示されていないが、他の法律により、一定の場合に投資顧問契約を書面により締結することが求められる。たとえば、投資会社法 15 条(a)項において、投資顧問とその顧客である登録された投資会社との間で書面による投資顧問契約を締結することが求められる。投資顧問は自らが年金プラン顧客について受託者であることを書面により確認すべきであるとの ERISA 法の要請があるため、年金プラン顧客との投資顧問契約は通常書面によりなされる（ERISA 法 3 条(38)項参照）。最後に、州レベルで登録された投資顧問は、投資顧問法ではなく州法に基づき書面による投資顧問契約が必要となる可能性がある。

II　一般的な契約条項

　後記 III で述べる 3 つの明示的な禁止を除き、投資顧問と顧客は、一般論として、投資顧問契約の条件について柔軟に決めることができる。実際、投資顧問が各顧客の種類（たとえば、法人顧客とリテール顧客）に応じて複数の契約雛形を用意しているのは珍しくない。とはいえ、投資顧問は、投資顧問契約書がその投資顧問のフォーム ADV や他の規制上の届出に即したものであることを確認しなければならない。

　書面による投資顧問契約の多くは、以下の事項のすべてまたは大部分を対象とする条項を含むものである。
- 金額、時期および支払方法を含む顧客が支払う助言報酬
- 投資顧問が顧客に提供するサービスの範囲
- 投資顧問が顧客に提供する投資に関する報告の範囲と頻度

124　第7章　アドバイザリー関係

　　・顧客の口座にある資産の保管者に関する情報
　　・過失、不当行為または不誠実の場合における投資顧問の顧客に対す
　　　る責任の範囲
　　・紛争解決手段
　　・契約の解除、譲渡または変更に関する各当事者の権利
　　・投資顧問から一定の必要的開示を受けたことの顧客による確認
　　・補償
　　・準拠法

III　契約に関する禁止事項

　多くの例外はあるが、投資顧問法205条(a)項により、投資顧問は、203
条(b)項に基づき登録を免除されない限り、次の内容の契約を締結、延長、
更新または履行することが禁止される。
　　①顧客資産のキャピタルゲインまたは投資元本の増加について投資顧
　　　問が分配を受けること（「成功報酬の禁止」）
　　②顧客の同意なく契約を譲渡すること（「譲渡の禁止」）
　　③投資顧問がパートナーシップの場合、投資顧問が顧客に対して、パー
　　　トナーシップの構成員の変更を変更後合理的な期間内に通知する
　　　義務を負わないこと
　投資顧問法205条(a)項の遵守の重要性は、215条(b)項において明確にさ
れている。同条は、投資顧問法のいずれかの条項に違反して締結された投
資顧問契約は、違反した当事者について無効となるものとしている。
　投資顧問法205条(a)項の禁止は、投資顧問法に基づく登録を免除される
投資顧問に適用されないことには留意が必要である（本書第2章第3節参
照）。そのため、たとえば、これらの規定は203条(b)項(3)号の「私的投資
顧問」の要件を充たすヘッジファンドの投資顧問には適用されない。さら
に、205条(a)項の成功報酬の禁止には205条(b)項に数多くの例外が列挙さ
れており、205条(e)項により、SECは、当該禁止による保護を必要としな
いと判断した他の者を除外する権限が付与されている。これらの例外につ
いては、投資顧問契約に規定のある他の事項と同様に、以下で詳述する。

1 成功報酬

投資顧問法205条(a)項(1)号は成功報酬の禁止を定めている。かかる禁止について説明する前に、顧客が投資顧問に報酬を支払う典型的な方法について概説する。

(1) **報酬の取決め一般**　　一般論として、投資顧問が課す報酬の種類と金額は、もっぱら市場原理によって定まる。したがって、顧客が支払うべき適切な報酬を決めるのは投資顧問とその顧客である。一般的には、運用資産残高の一定割合（「資産ベース報酬」）を毎月や毎四半期など定期的に支払う。かかる割合は、投資顧問による「規模の経済」の達成を反映して、運用資産残高が増加しあらかじめ決められた水準（すなわち「分岐点」）に達した場合には、減少することがある。

(2) **濫用的な可能性のある報酬の取決めに対する規制**　　合衆国連邦議会は2つの側面において、濫用的な可能性のある報酬の取決めを規制することとした。1つ目は、いわゆる「成功報酬」または「キャリード・インタレスト」に関するものである。成功報酬の取決めは、実質的に投資顧問が顧客の口座に生じた利益の分け前を得ることを可能とする。しかし、通常、口座が一定の運用成績または一定の増加率を達成するまで、成功報酬は発生しない。したがって、顧客の口座の運用成績が上がれば、投資顧問が受領できる可能性がある金額も増加することとなる。

成功報酬の多くは運用成績の増分に関連づけられるが、口座の価値の減少の防止または限定に関連づけられることもある。たとえば、成功報酬を、特定の顧客口座において、価値の減少が全く生じなかったことや、投資顧問と顧客があらかじめ合意した投資元本の減少額を回避できたことを条件とすることも考えられる（成功投資顧問報酬の取決め一般については、投資顧問法通知721号、1980 WL 19231（1980年5月16日）参照）。

合衆国連邦議会の成功報酬に対する懸念は、かかる報酬により動機づけに歪みが生じることである。実際、顧客の利益の分け前を受け取る投資顧問は、自らも経済的に参加できる満塁ホームランを目指して「大振りする」（すなわち、顧客資産でよりリスクの高い投資を行う）。他方、投資顧問は、三振した場合であっても、その悪い運用成績によって厳しく罰せられることはない。もちろん、他人の金で賭けをし、または、合衆国連邦議会

の言葉を借りれば、「コインの表が出たら私の勝ち、裏が出たらあなたの負け」というような戦略を用いている場合には、より大きなリスクをとることは容易である。そのため、投資顧問が成功報酬を課すことには、次で述べるように著しい制限が課されている。

合衆国連邦議会は同時に、登録された投資会社（たとえば、ミューチュアル・ファンド）と投資顧問との間の濫用的な報酬の取決めについても懸念を有していた。このような濫用を防止するために、投資会社法 36 条(b)項は、ミューチュアル・ファンドの投資顧問に、ミューチュアル・ファンドやその株主から受領する報酬に関連して受託者責任を課している。SEC およびファンドの株主のいずれもが、受託者責任に違反した投資顧問に対して訴訟を提起できる。「36 条(b)項の違反により有罪となるためには、投資顧問は、（ミューチュアル・ファンドに対して）あまりに過大で、提供されたサービスと合理的な関連性もなくかつ独立当事者間（アームズレングス）の交渉の成果ではありえないような報酬を課していなければならない」（Gartenberg v. Merrill Lynch Asset Mgt., Inc., 694 F.2d 923 (2d Cir. 1982)）。

Gartenberg の事案における裁判所は、「ファンドまたは株主に提供されたすべてのサービスと受領されたすべての報酬と支払いを含む、報酬の決定および受領に関連するすべての事実を勘案すべき」との法律上の要請を考慮している。そこで裁判所は、投資会社法 36 条(b)項に基づくその後の訴訟において永らく重要となった以下の要素——実質的なものと手続的なものもあるが——を示した。

- ・投資顧問がサービスをファンドに提供する際のコスト
- ・サービスの性格と性質
- ・ファンドの成長に伴い投資顧問が規模の経済を実現する程度
- ・類似のファンドの他の投資顧問が課している料率
- ・ファンドの独立取締役の専門性
- ・独立取締役が投資顧問のサービスおよび報酬に関する事実についてすべての情報を得ているか否か
- ・投資顧問の報酬に関して独立取締役がその職務を履行する際の注意と意識の程度

上記に掲げた要素については、投資顧問の報酬に関するあらゆる状況が

考慮される。よって、ファンドの取締役による投資顧問契約の検証と承認の手続の適切性も対象とされる。しかし、手続はここで決定的ではない。実際に、裁判所は、たとえファンドの取締役が「責任ある方法で行動しようと努めた」としても、投資顧問の報酬はなお「（かかる取締役による）受託者責任に違反することとなるほど過大」である可能性があると判示している。

(3) **成功報酬の禁止** (a) 原則的な規制 投資顧問法 205 条(a)項(1)号により、同法 203 条(b)項の登録を免れない投資顧問は、顧客の資産または資産のいずれかの一部のキャピタルゲインまたは投資元本の増加分に基づいて投資顧問に報酬を支払うことを定める投資顧問契約を締結することが禁止される。重要なのは、当該禁止は、利息や配当といった他の成績判定基準に基づく報酬には適用されないことである（James R. Waters／SEC ノー・アクション・レター、1995 WL 498690 (1995 年 6 月 1 日公表)）。さらに、当該禁止には以下において詳述する多くの重要な例外が設けられている。

(b) 成功報酬の禁止に対する例外 投資顧問法 205 条(b)項(1)号により、成功報酬は、(ア)資産残高を基準とした報酬、(イ)超過リターンをベースとした (fulcrum) 報酬、(ウ)事業育成会社 (business development company)、(エ) 3 条(c)項(7)号ファンド、(オ)米国非居住顧客、(カ)いわゆる「適格顧客」との関係では、適用されない。それぞれの例外については、以下で詳述する。

(ア) 資産残高を基準とした報酬 成功報酬の禁止は、特定の期間における資産残高の平均または一定の日における資産残高を基準とした報酬を定める投資顧問契約には適用されない（投資顧問法 205 条(b)項(1)号参照）。この類型の報酬は、伝統的な資産残高を基準とした報酬である。これにより、投資顧問は、特定の期間における顧客の運用資産残高の平均または一定の日における運用資産残高の一定割合に基づく報酬を受領する。

キャピタルゲインや投資元本の増加は、当然ながら顧客の運用資産残高を増加させるため、自ずと資産残高を基準とした報酬の対象となる。したがって、伝統的な資産残高を基準とする報酬を成功報酬の禁止の対象から除外する必要がある。また、成功報酬の禁止の趣旨は、資産残高を基準とする報酬には妥当しない。実際に、いかなる損失、値下がりその他の顧客

128   第7章　アドバイザリー関係

口座の減少によって投資顧問報酬の総額が減少するため、悪い運用成績により、投資顧問は罰せられることとなる。

　　(イ)　超過リターンをベースとした（fulcrum）報酬　(i)　概説　　成功報酬の禁止は、1つの条件が満たされる限り、登録された投資会社またはその他の100万米ドル超の投資資産を保有する者との間の投資顧問契約には適用されない。かかる条件とは、成功報酬がいわゆる「超過リターンをベースとした（fulcrum）報酬」（以下、「fulcrum 報酬」）に該当するものでなければならないことである（投資顧問法205条(b)項(2)号参照）。簡単にいえば、fulcrum 報酬の取決めにおける投資顧問の基礎報酬は、投資顧問の運用成績が、SEC が規則、規制または命令によって採用する有価証券にかかる価格指数の推移（たとえば、S & P 500、Russell 2000、Dow Jones Industrial Average）その他の投資成績の判定基準を上回るか下回るかによって増加または減少する。投資顧問は、顧客の金だけでなく自らの金も賭けていることになるため、成功報酬の禁止の趣旨は、fulcrum 報酬には妥当しない。実際、投資顧問は、その基礎報酬の一部の返金が必要となるため、指数を下回る運用成績によって罰せられることとなる。

　Fulcrum 報酬においては、オーバーパフォーマンスは上昇相場と下降相場のいずれでも生じうる。たとえば、特定の年にS & P 500 が5％上昇したが、fulcrum 報酬が適用される顧客の口座は6％上昇したとすれば、投資顧問は成功報酬を受領することになる。しかし、特定の年にS & P 500 が10％下降したが、顧客口座は8％しか減少しなかった場合は、顧客の口座の価値がその年に低下したとしても、投資顧問はやはり成功報酬を受領することになる。

　同じようにアンダーパフォーマンスは、上昇相場と下降相場のいずれにおいても生じうる。たとえば、S & P 500 が特定の年に5％上昇したが、fulcrum 報酬が適用される顧客口座は4％しか増加しなかったとすれば、投資顧問は基礎報酬の一部を返還しなければならない。しかし、特定の年にS & P 500 が10％下降したが、顧客口座は12％減少した場合、S & P 500 もその年に価値が減少していたとしても、投資顧問は基礎報酬の一部を返還しなければならない。

　　(ii)　適切なインデックスの選択　　投資顧問は、fulcrum 報酬の

取決めに用いる有価証券にかかる価格指数を柔軟に選択できる。投資顧問法 205 条(c)項は、有価証券にかかる価格指数は、「(SEC が）命令により不適切と判断しない限り、適切とみなされる」と規定する。指数を選択する場合、投資顧問は、投資の目的、保有資産の多様性、投資のボラティリティおよび投資会社その他の「100 万米ドル超の」顧客が保有する有価証券の種類を注意して見たうえで、検討対象である指数の性質と比較しなければならない（投資会社法通知 7113 号、1972 WL 121274（1972 年 4 月 18 日）参照）。

　SEC スタッフにより、特定の投資会社や顧客の口座に照らして不適切であると判断された場合に多くの指数が否定されてきた。たとえば、ある投資顧問は、成功報酬による投資運用サービスの運用成績を判定する際に対比すべき指数として（消費者物価指数（CPI）によって測られる）インフレーションを用いる承認を得ようとした。その投資顧問は、顧客は主に子どもの大学教育や定年退職といった長期の経済的目標を満たそうとしていると主張した。その投資顧問の顧客は投資からの利益を充てるべき財とサービスよりも早くその投資が成長することに最も関心があったので、その投資顧問は自然とその顧客が目標を達しているかを評価するに最も適した方法は、インフレーションと比較した場合の顧客の投資成績であると考えていた。しかし、SEC スタッフは、かかる主張には賛同しなかった。SEC スタッフは、CPI は「有価証券にかかる価格指数」ではなく、SEC によって投資成績の判定基準と認められていないため、投資顧問の主張は投資顧問法 205 条(b)項(2)号に反しているとした（James R. Waters／SEC ノー・アクション・レター、1995 WL 498690（1995 年 6 月 1 日公表）参照）。

　　　　(iii)　比較　　Fulcrum 報酬が採用された投資会社顧客に関して、SEC は、投資顧問が成功報酬を得たか否かの判断に役立つよう、2 つの規則を定めている。投資顧問法規則 205-1 において、一定の期間における投資会社の「投資成績」および適切な有価証券にかかる価格指数の「投資実績」をどのように計算するかについて定めている。Fulcrum 報酬の取決めにおいて成績判定にあたっては一貫性のある期間を用いることは必須であるため、投資顧問法規則 205-2 において、成績を判定する「一定の期間」が定義されている。

　SEC は、投資顧問がその成績を合理的に決定するのに十分に長い期間

を定める必要があるとしている。SEC の見解では、成績による支払いがランダムまたは短期間の変動に基づく可能性を最小化するためには、かかる期間は最低 1 年ごとであるとしているようである。中間的な成功報酬の支払いは、同様に禁止されるが、SEC は「一定の期間」が連続的な形態（ローリング・ベース）で計算されることを許容している（投資会社法通知7113 号、1972 WL 121274（1972 年 4 月 18 日）参照）。

　　　(ｳ)　事業育成会社（BDC）　　投資顧問法 205 条(b)項(3)号は、「事業育成会社」に関連するものである。「事業育成会社」は、投資顧問法 202条(a)項(22)号に定義されており、ベンチャー・キャピタル・ファンドを対象とすることを想定している。実際、1980 年中小企業投資奨励法において、事業育成会社の定義は、原則としてベンチャー・キャピタル・ファンドの資産形成活動をモデルとしている。事業育成会社は、有価証券に投資することを目的として運営されている点では投資会社に類似している。しかし、投資会社と異なり、事業育成会社は、しばしば有価証券の発行者に対する多量のエクイティを購入し、かかる発行者の経営に多大な助力を行う。

　投資顧問法 205 条(b)項(3)号に基づき、成功報酬の禁止は、投資顧問の報酬総額をコントロールすることを目的とした複数の条件が満たされる限り、事業育成会社との投資顧問契約には適用されない。その条件とは、投資顧問への報酬は、特定期間または特定の日付における、実現された資本損失と未実現の資本の価値の低下を差し引いて計算される事業育成会社の実現されたキャピタルゲインの 20% を超えてはならない。次に、投資顧問が受領するいかなる成功報酬も、投資顧問法 205 条(b)項(2)号を満たす fulcrum 報酬でなければならない（前記(ｲ)参照）。最後に、事業育成会社については、①その取締役、役員、従業員またはジェネラル・パートナーが会社の議決権のある有価証券を購入できる未行使のオプション、ワラント、権利を有しておらず、かつ、②その取締役、役員、従業員またはジェネラル・パートナーのための利益分配プランがないことが必要である。

　　　(ｴ)　3 条(c)項(7)号ファンド　　投資顧問法 205 条(b)項(4)号により、成功報酬の禁止は、投資会社法 3 条(c)項(7)号の登録から免除される会社（以下、「3 条(c)項(7)号ファンド」）との投資顧問契約には適用されない。3 条(c)項(7)号ファンドの証券は、「適格購入者」のみを対象とした私募により

販売される（本書第4章第1節II2(2)参照）。3条(c)項(7)号ファンドの投資家は、成功報酬の禁止による保護を必要としない専門性を有していることが前提とされている。

　　　(オ)　米国非居住者である顧客　　投資顧問法205条(b)項(5)号により、成功報酬の禁止は、投資顧問と米国の居住者ではない者との間の投資顧問契約には適用されない。

　　　(カ)　「適格顧客」　　投資顧問法205条(e)項により、SECは、特定の者が経済的な洗練性、純資産、経済的な事項に関する知識および経験、運用資産残高、登録された投資顧問との関係などの要素に基づいて、成功報酬の禁止による保護を必要としないと判断した場合には、規則またはレギュレーションにより、成功報酬の禁止から除外する権限を有している。その権限に基づいて、SECは、投資顧問といわゆる「適格顧客」との間の投資顧問契約を当該禁止から除外している（投資顧問法規則205-3(a)参照）。

　「適格顧客」の用語は、投資顧問法規則205-3(d)(1)に定義されている。かかる定義には、以下の者が含まれる。

- ・投資顧問契約締結直後に投資顧問における運用資産残高が75万米ドル以上である自然人または「会社」（以下を参照のこと）
- ・投資顧問契約の締結時点で純資産（自然人の場合、単独または配偶者と合計で）が150万米ドルを超えると投資顧問が合理的に判断する自然人または会社
- ・投資顧問契約の締結時点で投資会社法2条(a)項(51)号(A)に基づく「適格購入者」（そのため3条(c)項(7)号ファンドにも投資できる）であると投資顧問が合理的に判断する自然人または会社
- ・契約締結の直前に、投資顧問の執行役員、取締役、受託者、ジェネラル・パートナーもしくは同様の地位にある者、または投資顧問の投資活動に12か月以上従事している従業員である自然人

　前記で用いられる「会社」の用語は、投資顧問法規則205-3(d)(2)に定義されている。かかる定義は、投資顧問に特定の法人のエクイティ保有者が「適格顧客」の定義に該当するか否かを「ルックスルー」することを求める。具体的には、投資顧問は、登録された投資会社、3条(c)項(7)号ファン

ドまたは事業育成会社をルックスルーする必要がある。

(4) ヘッジファンド・アドバイザー　成功報酬の禁止は、投資顧問法203条(b)項に基づき同法の登録を免れる投資顧問には適用されない。ヘッジファンド・アドバイザーの多くは、203条(b)項(3)号の私的投資顧問登録免除規定により免除されるため、成功報酬を課すことを制限されない。そればかりでなく、成功報酬の種類についても制限を受けない。そのため、免除されるヘッジファンドの投資顧問は、fulcrum報酬ではない成功報酬を課すことができる（通常そのような報酬を課している）。成功報酬は、典型的には各判定期間に生じた利益の20%である。しかし、ヘッジファンドの投資家は異なるタイミングで出資するので、各投資家は、自らの拠出を上回る利益のみに関する成功報酬を支払うことが典型的である（いわゆる「ハイウォーターマーク」）。

(5) NASD行為規則2330(f)　投資顧問法に基づく投資顧問および取引所法に基づくブローカー・ディーラーとして二重に登録を受けている者は、全米証券業協会（NASD）行為規則2330(f)に留意する必要がある。かかる規則は、ブローカー・ディーラー（および関連者）が直接または間接的に顧客の口座の利益または損失の分配を受けることを禁止する。しかし、一定の条件が満たされる場合、かかる禁止は二重登録者には適用されない。かかる条件は、実質的に「適格顧客」に関する投資顧問法規則205-3の条件と同様である（前記(3)(b)(カ)参照）。

2007年7月30日、NASDとニューヨーク証券取引所（NYSE）の会員に対する規制、執行および仲裁部門が統合され、新たな自主規制機関である金融取引業規制機構（Financial Industry Regulatory Authority）（以下、「FINRA」）が設立された。これにより、NASD行為規則2330(f)は、同規則に相当するFINRAの規則にとって換わられることになる。

2　投資顧問契約の譲渡

投資顧問法205条(a)項(2)号により、同法203条(b)項に基づき登録を免除されない投資顧問は、投資顧問契約において顧客の同意なく契約を譲渡することを禁止していない限り、原則として投資顧問契約を締結、延長、更新または履行することができないものとされている。したがって、かかる

要件は SEC および州の登録を受けた投資顧問のいずれにも適用される。登録された投資会社との間の投資顧問契約の譲渡は、投資会社法によるより厳格な規制に服する。すなわち、投資会社法 15 条(a)項(4)号は、譲渡された場合に契約が自動的に終了することを求めている。

投資顧問契約の譲渡に関して生じるより困難な問題の 1 つは、投資顧問の出資持分の売却もしくは移転、合併、統合または組織再編が、投資顧問法 205 条(a)項(2)号における「譲渡」に該当するか否かである。「譲渡」の用語それ自体は同法 202 条(a)項(1)号に広く定義されている。かかる用語は、直接または間接の(a)投資顧問による投資顧問契約の移転、または(b)投資顧問の有価証券の保有者による、発行済みの議決権のある有価証券について支配権を有する規模の移転を含むものである。しかし、投資顧問法規則 202 (a)(1)-1 は、投資顧問について実際の支配または経営に変更をもたらさない取引は、投資顧問法 205 条(a)項(2)号における譲渡には該当しないことを明確にしている。

投資顧問が投資顧問契約の譲渡を行おうとする場合、かかる投資顧問は、必要な顧客の同意を得るために「消極的な同意」手続を用いることができるか。消極的な同意手続は、投資顧問が行おうとする譲渡について予め顧客に知らせるものである。かかる通知においては、投資顧問が顧客から予め定められた期間内に積極的な異議を受けない限り、顧客は同意したとみなされることが定められる。消極的な同意の利用は、一般的な業界取引慣行となっている（Templeton Inv. Counsel Ltd.／SEC ノー・アクション・レター、1986 WL 67662 (1986 年 1 月 2 日)、Jennison Associates Capital Corp.／SEC ノー・アクション・レター、1985 WL 55687 (1985 年 12 月 2 日公表) および Scudder, Stevens & Clark／SEC ノー・アクション・レター、1985 WL 54004 (1985 年 3 月 18 日公表) 参照)。

3　パートナーシップ変更通知

投資顧問法 205 条(a)項(3)号により、パートナーシップとして組織され同法 203 条(b)項に基づく登録を免除されない投資顧問は、顧客との間の投資顧問契約に追加的な要件が課されている。かかる契約において、投資顧問がパートナーシップの構成員のいかなる変更についても、変更後合理的な

期間内に顧客に通知することを定めなければならない。

IV　投資顧問契約における他の重要条項

1　責任免除および補償の条項

ほとんどすべての投資顧問契約では、投資顧問、その役員と従業員を保護する目的で、以下のような責任免除および補償の条項を定めている。

「この契約により免除または変更することのできない適用州法または連邦証券法で別途定める場合を除き、投資顧問は、誠実かつ顧客の最大の利益のためにまたはそれに反しないと合理的に考える方法で行動し、かつ、損失の原因となった不作為、行為または行動が詐欺、重過失（〔たとえばデラウェア州の〕法律において定義される）または意図的な誤りによるものでない限り、判断の誤りもしくは法の錯誤またはこの契約に基づく義務遂行過程での投資による損失、行為もしくは不作為について責任を負わないものとする（この項では、『投資顧問』とは、投資顧問の代理人、コンサルタント、役員、取締役、パートナー、株主および従業員、また〔有限責任〕会社自体を含む）。顧客は、当該行為または不作為が詐欺、重過失または意図的な誤りにより生じたとの終局的な司法判断がなされない限り、投資顧問に対して、投資顧問によるいかなる行為もしくは不作為から生じる弁護士報酬を含むあらゆる請求、責任、損失、損害、費用および支出について補償しまたは免責する。」

投資顧問は、このような保護条項のない投資顧問契約を締結すべきではない。

この引用された条項の第1文（「この契約により免除または変更することのできない」で始まるもの）によって、当該条項が投資顧問法215条(a)項を遵守していることが確保されることとなる。同条の規定は、投資顧問法の規定または同法に基づく規則、レギュレーションもしくは命令に対する遵守の放棄を強制する条件、約定または規定を無効とする。したがって、投資顧問が投資顧問法自体で求められる水準より低い水準での注意義務に準拠して責任から解放されて業務を行うことを認めることを企図する投資顧問契約は、無効である。

引用された条項の第1文の末尾（「損失の原因となった不作為、行為または行動」で始まる部分）にもかかわらず、SEC は、歴史的に、投資顧問が投資顧問契約において責任を「重過失」または「意図的な誤り」に限定することはできないとの見解に立っている。適用される法律が受託者に対してより高い水準での注意義務を課すことがあるため、これらの修飾語を用いる投資顧問契約は、投資顧問の通常の過失または誤りに基づく訴権を放棄したとの誤解を顧客に生じさせかねないからである（たとえば、Auchincloss & Lawrence Inc.／SEC ノー・アクション・レター、1974 WL 10979（1974年2月8日公表）参照）。いずれにせよ、投資顧問の責任をこのような方法で限定しようと試みることは標準的な業界慣行である。さらには、投資会社法17条(h)項は同様の観点から、登録された投資会社の組織文書（たとえば、通常定款または付属定款）によって「当該会社の取締役または役員を、当該規定がなければその職務の遂行に伴う義務にかかる意図的な不正行為、悪意、重過失または無思慮を理由として会社または証券保有者に対して負うことになる責任から保護すること」を禁止する。

2 仲裁条項

投資顧問契約には、通常、顧客と投資顧問が、裁判所による判決ではなく仲裁によって契約から生じる紛争を解決することを求める規定が設けられる。SEC は、仲裁条項は、連邦証券法に基づく訴権を行使できないとの誤解を顧客に生じさせかねないとの見解に立つ。したがって、SEC は、これらの規定を投資顧問法206条の詐欺防止規定に違反するものと解している（たとえば、McEldowney Fin. Services／SEC ノー・アクション・レター、1986 WL 67330（1986年10月17日公表）参照）。

しかし、2つの合衆国最高裁判所判決によって、仲裁条項に関する SEC の見解が正しいかどうかにつき、重大な疑問が呈されている。Shearson/American Express, Inc. v. McMahon（483 U.S. 1056（1987））において、合衆国最高裁判所は、ブローカーと顧客との間の仲裁合意が、取引所法に基づく訴えについて強制執行可能であると判示した。同様に、Rodriguez de Quijas v. Shearson/American Express, Inc.（490 U.S. 477（1989））において、合衆国最高裁判所は、取引所法に基づく訴えについて仲裁合意を有効と認

136　第7章　アドバイザリー関係

めた。

　特筆すべきは、合衆国最高裁判所は、前記判断のいずれにおいても、SEC の監督に服する自主規制団体が仲裁を実施することを強調している。二重登録者でない投資顧問は、いかなる自主規制団体の会員でもないため、これらの投資顧問に関する仲裁は、SEC の監督に服さない。合衆国最高裁判所にとってこれが有意な違いであるかは未だ明らかではない。

3　解約条項

　投資顧問法 206 条に基づく投資顧問の受託者責任に照らして、顧客はペナルティなく投資顧問関係を終了させる権利を有するとの見解が SEC スタッフによって示されている。したがって、投資顧問は、投資顧問によってこれまでに顧客に提供されたサービスに直接関連する限度での報酬を除き、顧客に対して解約手数料を課すことはできない。これに沿うかたちで、投資顧問は、一般に、前払い投資顧問報酬のうち、契約終了後の期間に対応する部分を返還する必要がある。

　投資顧問契約において、通常、契約を解除する前に顧客が投資顧問に対して書面による事前通知を行う必要があるか規定される。しかし、顧客が登録された投資会社である場合は、投資会社法 15 条(a)項(3)号により、取締役会または当該投資会社の発行済議決権証券の過半数の保有者は、投資顧問に対して 60 日前の書面通知を行うことによって、いつでもペナルティなく投資顧問契約を解約することができる。

第 4 節　顧客に提供される報告

　投資顧問法において、投資顧問が顧客に対して顧客口座における取引に関する定期的な報告を行うことを明示的に義務づける規定はない。しかし、一任ベースの資産運用サービスを提供する投資顧問が顧客に定期的な報告を送付する（または送付するよう他人に指示する）ことが期待される旨が SEC によって暗に示されている。伝統的に、投資顧問の大部分は、四半期ごとの取引明細書を顧客に提供する。これらの投資顧問は、一般に、四半期の取引明細書において、投資顧問法規則 204-3 (c)に従って開示説明書

を送付する年次の申出を記載する（前記第2節II2参照）。

　顧客資産を保管する投資顧問は、投資顧問法規則206(4)-2の要請も遵守する必要がある。当該規則により、投資顧問または適格資産管理人は、四半期に1度以上の頻度で、当該期間の末日における保管資産および、当該期間中の顧客口座におけるすべての取引を記載する明細書を各顧客に送付する必要がある（顧客の資金または証券の保管に関する詳細は、本書第8章第2節IV参照）。

第5節　消費者に関する財産の情報に関するプライバシー

I　概　　説

　1999年グラム・リーチ・ブライリー金融近代化法（以下、「グラム・リーチ・ブライリー法」）において、SECに登録された投資顧問、ブローカー、ディーラーおよび投資会社を含む、すべての金融機関にかかる連邦レベルでのプライバシー義務が初めて導入された。グラム・リーチ・ブライリー法第5章の要請を実施するため、レギュレーションS-PがSECによって制定された。レギュレーションS-Pにより、投資顧問は、消費者に関する未公表の個人情報の開示について通知義務および規制が課される。投資顧問は、一般に、口座開設手続の一環として詳細な顧客の財務情報を収集するため、当該規定は重要である。

　投資顧問は、自然人の顧客に対して、当初および年次で、プライバシーの方針および運用について通知を行う必要がある（レギュレーションS-P規則4・5参照）。これらの通知には、投資顧問が、顧客に関する未公表の個人情報を関係者でない第三者に開示することができる条件が記載される必要がある。また、これらの通知には、当該レギュレーションに定める様々な例外に従い、顧客が当該開示から「オプトアウト」することによって、投資顧問が特定の関係者でない第三者に当該情報を開示することを認めない方法も記載される必要がある。

　レギュレーションS-Pにより、SECに登録された投資顧問は、顧客情

138 第7章 アドバイザリー関係

報および記録を保護する方針や手続を定めることも必要となる（レギュレーション S-P 規則 30 (a)参照）。さらに、投資顧問は、廃棄された顧客情報および記録を無権限のアクセスまたは利用から保護するための合理的な措置をとる義務を負う（レギュレーション S-P 規則 30 (b)(2)(ii)参照）。

II　レギュレーション S-P の適用対象情報

レギュレーション S-P は、「未公表の個人情報」のみを保護する。レギュレーション S-P 規則 3 (t)(1)により、当該情報は「個人的に特定できる財務情報」および「一般に入手可能でない個人的に特定できる財務情報を利用することにより得られる消費者のリスト、記述またはその他の分類（およびこれらに関する一般に入手可能な情報）」と定義される。レギュレーション S-P 規則 3 (u)(1)により、「個人的に特定できる財務情報」は、以下のいずれかの情報をいうものと定義される。

・消費者が、投資顧問から金融商品またはサービスを得るために投資顧問に提供する情報
・投資顧問と消費者との間における金融商品またはサービスに伴う取引から生じる消費者に関する情報
・投資顧問が、消費者への金融商品またはサービスの提供に関連して、消費者に関して得る情報

消費者に関する一般に入手可能な情報は、レギュレーション S-P に規定されておらず、投資顧問は、当該レギュレーションの規定を遵守することなく、一般に入手可能であると合理的に判断する情報を開示することができる。一般に入手可能な情報は、以下の3つのいずれかの情報源から適法に一般に入手可能な情報をいう。①連邦、州または地方政府の記録（たとえば、不動産記録または証券にかかる届出）、②広く配布される媒体（たとえば、電話帳、テレビもしくはラジオ番組または新聞）、および③連邦、州または地方の法律により義務づけられる一般公衆に対する開示（レギュレーション S-P 規則 3 (v)(1)参照）。投資顧問は、前記3つの情報源のいずれかから一般に入手可能な情報であると確認し、または消費者が表明した場合には、一般に入手可能な情報であると「合理的に判断」したものとみなされる。

III　レギュレーション S-P の適用対象顧客

　レギュレーション S-P は、主として個人、親族または家庭のための金融商品およびサービスに関連して個人から取得した未公表の個人財務情報を保護する。当該規定は、会社に関する情報または主として事業、商業もしくは農業のために金融商品もしくはサービスを取得する個人に関する情報を対象としない（レギュレーション S-P 規則 1(b)参照）。

　また、レギュレーション S-P は、投資顧問の「消費者」と「顧客」を区別している。「消費者」は、主として個人、親族または家庭のために（または当該者の法的代理人が）利用する金融商品またはサービスを投資顧問から取得する者または取得した者をいう（レギュレーション S-P 規則 3(g)(1)参照）。これに対して、「顧客」は、投資顧問と継続的な関係を有する消費者をいう（レギュレーション S-P 規則 3(j)・同(k)(1)参照）。したがって、「顧客」は「消費者」の一部である。

　消費者と顧客の区別は、レギュレーションの通知義務において重要となる。投資顧問は、一般に、顧客に対して、顧客が投資顧問と投資顧問契約（書面か口頭かを問わない）を締結する時までに通知を行う必要がある（レギュレーション S-P 規則 4(a)(1)・同(c)(3)(iii)参照）。投資顧問は、後記 VII で述べる特定の例外に従って、関係者でない第三者に未公表の個人情報を開示しようとする場合に限り、消費者に対して、プライバシーの方針および運用を通知する必要がある（レギュレーション S-P 規則 4(a)(2)および後記 V・VII 参照）。

IV　レギュレーション S-P の適用対象となる投資顧問

　レギュレーション S-P は、SEC に登録された外国投資顧問を含む、SEC に登録された投資顧問のみを対象とする。したがって、レギュレーション S-P の規定は、SEC に登録する必要がない投資顧問に適用されない。これらの投資顧問には、投資顧問法 203 条(b)項(3)号に定める私的投資顧問登録免除規定に依拠するヘッジファンドおよびプライベート・エクイ

ティ・ファンドのアドバイザーが含まれる。ヘッジファンドおよびプライベート・エクイティ・ファンド自体は、投資会社法3条(c)項(1)号または同項(7)号に基づき投資会社登録から除外されるため、レギュレーションS-Pの適用を受けない。

V　通知要件

投資顧問は、顧客に対して、顧客が投資顧問と投資顧問契約（書面か口頭かを問わない）を締結する時までに、当初の通知を行う必要がある（レギュレーションS-P規則4(1)・(2)・同(c)(3)(iii)参照）。その後、投資顧問は、顧客に対して、プライバシーの方針および運用を正確に反映する年次の通知を行う必要がある。「年次」とは、投資顧問と顧客との間の関係が存在する、連続する12か月の期間において1回以上をいう（レギュレーションS-P規則5(a)(1)参照）。

これに対して、投資顧問は、後記VIIで述べる特定の例外に従って、関係者でない第三者に未公表の個人情報を開示しようとする場合に限り、消費者に対して、プライバシーの方針および運用を通知する必要がある。また、投資顧問は、消費者に対して、プライバシーの方針および運用の変更について明確かつ明白な変更通知を行い、関係者でない第三者に消費者に関する未公表の個人情報を開示する前にオプトアウトする合理的な機会を提供する必要がある（レギュレーションS-P規則8(a)参照）。

レギュレーションS-P規則6(a)に基づき、投資顧問は、当初の通知（規則4）、年次の通知（規則5）および変更通知（規則8）に以下の情報を記載する必要がある。

①投資顧問が収集する未公表の個人情報の種類

②投資顧問が開示する可能性がある未公表の個人情報の種類

③特定の例外に従い、投資顧問が未公表の個人情報を開示する関係者および関係者でない第三者の種類

④投資顧問が開示する過去の顧客に関する未公表の個人情報の種類ならびに、投資顧問が当該情報を開示する関係者および関係者でない第三者の種類

⑤投資顧問が第三者のサービス提供者および共同マーケティングを行う者との契約に基づき開示する可能性がある未公表の個人情報の種類ならびに、サービスを提供する第三者の種類

⑥関係者でない第三者への未公表の個人情報の開示からオプトアウトする消費者の権利に関する説明および、消費者がオプトアウトできる方法

⑦公正信用報告法に基づき投資顧問が行った、関係者間での情報開示からオプトアウトする消費者の権利に関する開示

⑧未公表の個人情報の秘密および安全性の保護に関する投資顧問の方針および運用に関する説明

⑨適用ある場合には、投資顧問が法律で認められるところに従って他の関係者でない第三者に開示を行う旨

　求められるプライバシーの通知は、「明確かつ明白」である必要があり、投資顧問のプライバシーの方針および運用を正確に反映する必要がある。「明確かつ明白」とは、通知に記載された情報の性質および重要性について注意を喚起する目的で用いられる表現をいう（レギュレーション S-P 規則 3(c)(1)参照）。投資顧問は、プライバシーの通知が明確かつ明白である限り、プライバシーの通知を、投資顧問の開示説明書等、他の義務づけられた開示とあわせて 1 つの書面によることができる（Investment Company Institute／SEC ノー・アクション・レター、2001 WL 345815（2001 年 4 月 10 日公表）参照）。

VI　オプトアウトの選択

　レギュレーション S-P 規則 10(a)(1)に基づき、規則 13 から 15 までに定められる特定の例外に従い、投資顧問は、次に掲げる条件をすべて満たす場合に限り、消費者に関する未公表の個人情報を、関係者でない第三者に開示することができる。

　　ⅰ投資顧問が、規則 4 に従い、消費者に対して、投資顧問のプライバシーの方針および運用の当初の通知を行ったこと

　　ⅱ投資顧問が、規則 7 に従い、消費者に対して、オプトアウトの通知

を行ったこと

　ⅲ投資顧問が、消費者に対して、関係者でない第三者に情報を開示する前に、開示からオプトアウトする合理的な機会を提供したこと

　ⅳ消費者が、オプトアウトしなかったこと

　レギュレーション S-P 規則 7 は、投資顧問が消費者に対して行う必要があるオプトアウトの通知の形式を定める。オプトアウトの通知には、同規則 3(c)(1)の「明確かつ明白の要件」が適用される。当該通知には、①投資顧問が関係者でない第三者に消費者に関する未公表の個人情報を開示し、または開示する権利を留保すること、②消費者が当該開示からオプトアウトする権利を有することおよび、③消費者がオプトアウトの権利を行使できる合理的な方法を記載する必要がある（レギュレーション S-P 規則 7(a)(1)参照）。

　オプトアウトの合理的な方法には、以下の方法が含まれる。ⓐオプトアウト通知と同封の該当フォームの目立つ場所にチェックボックスを指定する方法、ⓑオプトアウトの通知に返信フォームを同封する方法、ⓒ消費者が電子的手段による情報の送信に同意する場合には、電子メールにより送信することができるフォーム、投資顧問のウェブサイトにおける手続など、オプトアウトを電子的に行う手段を提供する方法、ⓓ消費者がオプトアウトするために電話できるフリーダイヤルの電話番号を提供する方法（レギュレーション S-P 規則 7(a)(2)(ⅱ)参照）。レギュレーション S-P では、投資顧問が消費者に自らのオプトアウトの通知を作成することを求めるなど、不合理なオプトアウトの方法の例も規定されている（レギュレーション S-P 規則 7(a)(2)(ⅲ)参照）。オプトアウトの権利を行使しない消費者は、当該権利を失わず、いつでも権利を行使できる（レギュレーション S-P 規則 7(f)参照）。

　投資顧問は、消費者のオプトアウトの指示を受領した後合理的に実務的に可能な限り速やかに、当該指示に従う必要がある（レギュレーションS-P 規則 7(e)参照）。消費者のオプトアウトの決定は、消費者が書面により（または、消費者が同意する場合は電子的に）撤回するまで効力を有し続ける（レギュレーション S-P 規則 7(g)参照）。

　顧客のオプトアウトの指示は、顧客関係が終了した後においても、顧客

関係の期間中またはこれに関連して投資顧問が収集した未公表の個人情報に適用され続ける。過去の顧客が後に投資顧問との間で新たな顧客関係を設定した場合には、過去の関係に適用されたオプトアウトの指示は、新しい関係には適用されない（レギュレーションS-P規則7⒢参照）。

VII　例　　外

1　概　　説

　レギュレーションS-P規則13から15までにおいて、開示通知およびオプトアウト要件について3つの例外が規定されている。以下で詳述するこれらの例外に従って、投資顧問は、消費者に当初の通知および（または）オプトアウトの権利を与えることなく、未公表の個人情報を特定の関係者でない第三者と共有できる。

　レギュレーションS-P規則13から15までの規定に基づき投資顧問から未公表の財務情報を受領する関係者でない第三者は、投資顧問が直接開示した場合に適法となる場合でない限り、直接または関係者を通じて、投資顧問の関係者でない者に当該情報を開示することが禁止される（レギュレーションS-P規則11参照）。当該レギュレーションは、情報を共有した第三者による規制の遵守について投資顧問に監督の責任を負わせていない。しかし、SECは、当該レギュレーションによって認められていない方法により第三者が情報を利用した場合、これに対して執行措置をとることができる。

2　サービス提供者および共同マーケティング

　レギュレーションS-P規則13⒜⑴により、投資顧問が関係者でない第三者に対して、当該第三者が投資顧問のためにサービスを提供しまたは投資顧問の代理として業務を行うことができるために、消費者に関する未公表の個人情報を提供する場合には、オプトアウト要件（規則7・10）は適用されない。しかし、2つの条件を満たす必要がある。①投資顧問は、規則4に従って、消費者に対して当初の通知を行う必要がある。②投資顧問は、投資顧問による情報開示の目的を遂行するため以外に、第三者が情報

を開示しまたは利用することを禁止する契約を第三者との間で締結する必要がある。これには、規則14または15の例外に基づいて認められる通常業務の過程における利用が含まれる。

規則13(a)(1)に基づく例外は、投資顧問と1以上の金融機関との間の「共同契約」に基づいて、関係者でない第三者が投資顧問の商品またはサービスのマーケティングを行う場合に最もよく活用される。「共同契約」とは、書面による契約であって、当該契約に基づいて投資顧問および1以上の金融機関が共同で金融商品またはサービスを勧誘もしくは推奨し、またはこれらのスポンサーとなるものを意味する（レギュレーションS-P規則13(b)・(c)参照）。

3　取引に関するプロセシングとサービシング

当初の通知要件（規則4に規定され、規則13にも含まれる）およびオプトアウト要件（規則7・10）は、投資顧問が、以下のいずれかに関連して、消費者に関する非個人的な公開情報を開示する場合には、適用されない。①消費者が要請し、または許諾する取引の実行、管理または執行、②消費者が要請し、または許諾する金融商品またはサービスのプロセシングまたはサービシング、③投資顧問における消費者の口座の維持またはサービシング（レギュレーションS-P規則14(a)参照）。この例外に関連して契約要件は設けられていない。

4　通知要件およびオプトアウト要件に関するその他の例外

当初の通知要件（規則4に規定され、規則13にも含まれる）およびオプトアウト要件（規則7・10）は、投資顧問が、以下を含む特定の他の場合において、消費者に関する非個人的な公開情報を開示する場合にも、適用されない。

①消費者の同意または指示による場合
②消費者、サービス、商品または取引に関する投資顧問の記録の秘密または安全性の保護のため
③詐欺または無権限の取引を防止するため
④消費者のために受託者または代表として行為を行う者に開示する場

合

⑤連邦、州または地方の法律、規則または他の適用ある法的義務を遵
守するため

⑥適切に権限が付与された民事、刑事もしくは行政の調査または、連
邦、州もしくは地方当局による召喚状もしくは呼出状に従うため

⑦司法手続または政府の規制当局に回答するため

レギュレーション S-P 規則 15(a)を参照のこと。

VIII　手続上の安全措置の確立

レギュレーション S-P 規則 30(a)により、投資顧問は、顧客の記録およ
び情報を保護するための事務的、技術的および物理的安全措置を規定する
書面による方針および手続を定める必要がある。当該方針および手続は、
以下の点について合理的に設計されているものである必要がある。

①顧客の記録および情報の安全性および秘密を確保すること

②顧客の記録および情報の安全性または信頼性に対する予想される脅
威または危険から保護すること

③顧客に実質的な危害または不便が生じうる顧客の記録または情報の
無権限のアクセスまたは利用から保護すること

レギュレーション S-P 規則 30(b)により、業務目的で消費者報告情報を
維持または保有する投資顧問は、情報の処分に関連して情報の無権限のア
クセスまたは利用から保護する合理的な措置を講じることにより、適切に
情報を処分する必要がある。合理的な措置には、記録文書を消却し、粉砕
しまたはシュレッダーにかけること、情報を読込みまたは復元することが
できないよう電子的記録を破壊しまたは消却することおよび、第三者にデ
ューディリジェンスを実施したうえで当該第三者に対して規則に適合する
方法による記録の破壊を委託することが含まれる。

IX　州法との関係

レギュレーション S-P は、法律が当該レギュレーションの規定と整合

146　第7章　アドバイザリー関係

しない場合、当該不整合の限度でのみ、いかなる州法にも先占する（レギュレーション S-P 規則 17⒜参照）。しかし、レギュレーション S-P は、州法が消費者に与える保護が当該レギュレーションで与えられる保護を上回る場合には、当該レギュレーションの規定と不整合ではない州法に先占するものではない（レギュレーション S-P 規則 17⒝参照）。

第8章 義務の履行

第1節 概　説

　投資顧問ビジネスの核心は、アドバイスを提供して口座を管理することにあるが、その義務と禁止事項は極めて少ない。

①投資顧問法規則206(3)では、顧客の口座のためのプリンシパル取引およびエージェンシー・クロス取引に一定の要件が設けられている。

②投資顧問法規則206(4)-2では、顧客の証券または資金を保管または保有する投資顧問の義務について規定されている。

③取引所法28条(e)項では、ソフトダラー・プロダクトとサービス使用に関する基準が設けられている。

④退職給付制度の管理と口座資産は、ERISA法および（または）内国歳入法の定めによる。

　投資顧問法上の義務や禁止事項は、ブローカー・ディーラーまたは登録投資会社に課されている義務や禁止事項と比べると少ない。そのかわり、投資顧問が行う業務の大部分は、投資顧問法規則206(1)・(2)の一般的な詐欺禁止規定に服し、同禁止規定に基づいて黙示的に課されている一般的な受託者責任にも服する。

第2節　投資顧問の一般的な受託者責任

I　受託者責任の概念

　受託者責任は、顧客口座の管理または投資上のアドバイスをする際に投資顧問が負う義務を定義づける一般的な原理である。この原理は、コモンローとしての代理法に加えて信託法から発展したもので、代理法と信託法

148 第8章 義務の履行

は、顧客との間で信用と信頼の関係にある者に特別の義務を課してきた。さらに、投資顧問法では明記されていないが、合衆国最高裁判所は Capital Gains 事件（SEC v. Capital Gains Research Bureau, Inc., 375 U.S. 180 (1963)）において、「投資顧問法 206 条が投資顧問に対して、法それ自体によって当然に（by operation of law）受託者責任を課している」と判示した。

　Capital Gains 事件では、SEC は、「Capital Gains Report」を発行した登録投資顧問に対して、「スカルピング行為（scalping activities）」を顧客に開示することを命じる処分を請求した。「スカルピング」（「フロント・ランニング」とも呼ばれる）は、特定の証券を顧客に推奨する前に当該証券を購入する行為をいう。顧客がその証券を購入すれば、証券の価格は一般的に上昇する。その後、投資顧問は自らの計算で当該証券を多少有利な形で売却するのである。

　SEC は、投資顧問法 206 条がスカルピング行為の開示を義務づけていると主張した。しかしながら、連邦地裁と第 2 巡回区連邦控訴裁判所はこれに同意しなかった。これは両裁判所が共に、同条が「技術的な意味において」詐欺を防止するために設計されている、という解釈を採用したからである。「技術的な意味」というのは、投資顧問が顧客に実際の損害を被らせる「詐害の意思」をもっている場合でなければ同条の適用対象にならない、ということである。両裁判所は、「Capital Gains Report」に含まれている投資上のアドバイスが不健全であったか、または、喧伝された株式について支払われる賄賂に基づいていた、という証明がなかったことを特に重要視していた。

　合衆国最高裁判所は、下級審の判決に反対し、合衆国連邦議会は、投資家保護という目的を実効的なものとするために、投資顧問法 206 条の適用対象の中に技術的な詐欺だけでなく重要な事実の不開示を含むように意図していた、と判示した。合衆国最高裁判所によれば、投資顧問が投資上のアドバイスから個人的な利益を得ているかどうかにかかわらず、利益相反が発生しているという。このような状況で、特に投資顧問が自らの経済的利益と顧客の利益のために行動している場合、顧客または潜在顧客に自らの利益を守らせるには、投資顧問が「顧客」と「顧客以外」の二主に仕えているのか、それとも「顧客」だけに仕えているのかを判断できるように

する必要がある。

　重要なことだが、Capital Gains 事件では、投資顧問法 206 条が利益相反の存在を禁じているとは判示されなかった。むしろ、同事件では、利益相反が投資顧問の顧客または潜在顧客に適切に開示されなければならない、ということのみが義務づけられたのである。

　投資顧問法に話を戻すと、投資顧問法 206 条(1)項は伝統的な詐欺、たとえば、故意による詐欺的行為および欺罔行為を禁止している。同法 206 条(2)項は、顧客または潜在顧客にとって詐欺または欺罔になる行為をより広く禁止している。Capital Gains 事件合衆国最高裁判所判決によれば、同法 206 条(2)項の違反が成立するために、故意の不誠実、伝統的な意味での詐欺の意思、または顧客を害する意思は要件ではない。投資顧問は、顧客との関係で最高の誠実さで行動しない場合、または、すべての重要な事実と利益相反を顧客に開示する積極的な義務を果たさない場合、同条に違反するおそれがある。

II　一般的な適用

　投資顧問法 206 条は SEC への登録の有無にかかわらず適用されるため、受託者責任は、SEC に登録しているかどうかにかかわらず、すべてのアドバイザーに適用される。ゆえに、受託者責任は、同法 203 条(b)項(3)号に基づく私的投資顧問登録免除規定に依拠しているヘッジファンドやプライベート・エクイティのアドバイザーにも適用されるのである。さらに、受託者責任は、個人に対して提供される投資一任業務に加えて、特定の個人に対して向けたものではない出版物やその他の方法で投資上のアドバイスを提供するのみの業者に対しても適用される。

III　具体的な受託者責任

　投資顧問法 206 条に基づいて一般的に違反を問われうるアドバイザーの信認義務には、次のようなものが含まれる。

1 開　　示

投資顧問は、利益相反だけでなく、潜在顧客へのサービスの申込みに関係するすべての重要な事実を開示する義務を負っている。ここでは、投資顧問による広告と、顧客を投資顧問に紹介する勧誘者の使用の2つが特に懸念される。投資顧問法規則206(4)-3は、顧客勧誘のための金銭報酬について言及しており（本書第7章第1節Ⅱ参照）、同規則206(4)-1は、投資顧問の広告について言及している（本書第6章参照）。

投資顧問は、既存の顧客に、利益相反だけでなくアドバイザリー関係についてすべての重要な事実を開示する義務を負っている。これは、単に顧客からの情報の求めに応じるというのではなく積極的な開示義務である。当然ながら、アドバイザーが顧客からの情報の求めに応じた場合であっても、アドバイザー側の情報開示に回避的な態度は投資顧問法206条の違反となりうる（SEC v. Washington Investment Network, 475 F.3d 392 (D.C. Cir. 2007) 参照）。合理的な顧客が情報を重要だと考える可能性が相当程度ある場合、その情報は「重要」といえる。

2　忠実性および公正性

投資顧問は、顧客の最善の利益のためだけに行動し、顧客を公正に扱う義務を負っている。とりわけ、このことは、利益相反が生じている場合、アドバイザーが自分の利益よりも顧客の利益を優先しなければならないことを意味している。投資顧問は、いかなる利益相反の存在についても顧客に開示し、関連する取引について顧客から同意を得なければならない。開示は、顧客が十分な情報を得たうえで意思決定をするために必要となる。また、投資顧問は、それぞれの顧客を公正に扱わなければならず、いかなる優先的な行為についてもフォームADVまたはその他の方法で、顧客に対して十分に開示しなければならない。

3　注　　意

(1) **黙示の義務**　　SECは、投資顧問が証券を顧客に推奨するときにはいつでも投資顧問法206条に基づいて黙示の注意義務が存在する、という立場をとってきた。Capital Gains事件の合衆国最高裁判所判決以前に

は、この黙示の義務は看板理論（shingle theory）に根拠づけられていた。看板理論とは、アドバイザーがビジネスをすると看板を掲げたら、投資上のアドバイスを提供する際に合理的な注意を払うほか、衡平かつ専門家らしくビジネスを行うと黙示に表示したものとする理論である。

(2) **前提となる事実認識**　投資顧問は、自分の推奨が根拠とする事実についてよく理解しておくべきと期待されている。他方、自分の推奨証券を調査する受託者責任の範囲については明確ではない。それにもかかわらず、投資顧問は、特に情報の正確性が問題になっている場合、第三者の分析に基づいている旨を開示しないと責任を問われうる。

4 会社役員等賠償責任保険・Ｅ＆Ｏ保険

多くの投資顧問は、ERISA 保証をもつことに加えて（本書第3章第3節III 参照）、投資顧問法や投資会社法で義務づけられていないにもかかわらず自主的に、会社役員等賠償責任保険・Ｅ＆Ｏ保険に加入する。一般的に、登録および未登録アドバイザーが会社役員等賠償責任保険・Ｅ＆Ｏ保険に加入するのは、特に有能な者を当該投資顧問の役員等として勧誘するためである。

補償額は、主に受託資産残高と投資顧問のリスク特性によって決まる。そして、このような保険は一般的に免責条項を含んでおり、アドバイザーのファンドが登録投資会社である場合には、一定の要件のもとでアドバイザーのファンドとの共同保険となることもある（投資会社法規則 17d-1 参照）。

盗難損失と不誠実な行動による損失を補償対象とする ERISA 保証と異なり、会社役員等賠償責任保険・Ｅ＆Ｏ保険は役員の過失による損失を補償しない。

IV　顧客資産の管理（custody）および保有（possession）

1 カストディ・ルール

SEC は、顧客の証券またはファンドを保管しているアドバイザーの不法な行為から顧客の資産を保護するために、投資顧問法規則 206(4)-2（以

下、「カストディ・ルール」）を制定した。このような不法な行為は、投資顧問が債務超過を含む厳しい経営不振に陥った場合によく生じる。この規則の目的に照らせば、「資産の保管（custody）」（以下、「カストディ」）とは、顧客のファンドや証券を直接または間接に保有すること、または、顧客のファンドや証券を保有する権限をもつことを意味する（投資顧問法規則206(4)-2(c)(1)参照）。SECがカストディ・ルール(c)(1)で「カストディ」の例として挙げているものには、以下が含まれている。

　①顧客のファンドまたは証券を保有する場合。ただし、ⓐ投資顧問がファンドまたは証券を自らの能動的な意思によらずして受領してしまったものの、遅くとも3営業日以内に送り主に返還した場合、および、ⓑ顧客が振り出した手形を保有している場合であって、その手形によって第三者に支払いがなされることになっている場合を除く。

　②投資顧問が保管銀行（カストディアン）によって管理されている顧客のファンドまたは証券について、投資顧問がカストディアンに指示してファンドまたは証券を引き出せる状況における、一般的な代理権の付与を含むあらゆるアレンジメント。

　③信託の受託者となること、リミテッド・パートナーシップの無限責任パートナーに就任すること、有限責任会社の役員に就任すること、他の集団投資ビークルにおいて同様の役職に就任することなど、投資顧問または投資顧問が監督する者が顧客のファンドまたは証券に法的所有権を行使できるあらゆる権能をもつ場合。

　カストディ・ルールのもとでは、次の3つの要件を充たさずに顧客のファンドまたは証券にカストディをもつと、投資顧問法206条(4)項の意味で詐欺的、欺罔的、または相場操縦的な行為にあたるものと考えられている。第1に、適格カストディアンは、各顧客の名前ごとに分別管理された口座、または、投資顧問が顧客の代理人または受託者として、投資顧問の顧客のファンドおよび証券だけで構成されている口座で、顧客のファンドおよび証券を管理しなければならない（同規則206(4)-2(a)(1)参照）。一般的にいえば、適格カストディアンには銀行、登録ブローカー・ディーラー、登録先物取次業者、そして外国金融機関が含まれる。もっとも、顧客の金融資産

第2節　投資顧問の一般的な受託者責任　　153

を保有し、顧客の資産を自らが所有する固有の資産から隔離している場合に限られるのが通例である（同規則 206(4)-2(c)(3)参照）。

　第2に、投資顧問は、カストディに関するアレンジメントについて顧客に通知をしなければならない。これは、投資顧問が書面で、各顧客に対して適格カストディアンの氏名、住所、顧客のファンドまたは証券の管理方法について知らせなければならないことを意味している。投資顧問は、顧客が口座を開設した場合、および、適格カストディアンの氏名、住所、資産の管理方法に関する情報に変更があった場合には直ちにこの通知を発送しなければならない（投資顧問法規則 206(4)-2(a)(2)参照）。なお顧客は、カストディに関するアレンジメントの通知の代理受領者として、投資顧問とは重大な関係性をもたない独立した代理人を指名することができる（同規則 206(4)-2(a)(4)・同(c)(2)参照）。加えて、投資顧問は、フォーム ADV に顧客のファンドまたは証券についてカストディを提供している旨を開示しなければならない。

　第3に、投資顧問または適格カストディアンは、少なくとも四半期に1度、期末の顧客のファンド残高と証券および期間中のすべての取引履歴を記載した取引明細書を送付しなければならない（投資顧問法規則 206(4)-2(a)(3)参照）。なお顧客は、取引明細書の通知の代理受領者として、投資顧問とは重大な関係性をもたない独立した代理人を指名することができる（同規則 206(4)-2(a)(4)・同(c)(2)参照）。

　適格カストディアンが取引明細書を送った場合、投資顧問はこの点について、適格カストディアンが義務を果たしているものと合理的に信じる理由がある、と考えられている（投資顧問法規則 206(4)-2(a)(3)(i)参照）。しかしながら、投資顧問が当該取引明細書を送付した場合、独立の公認会計士が毎年1度（毎年不定期に）、投資顧問に事前通知または予告なく指定した日時に現地調査（すなわち抜き打ちの臨店検査）をして、証券とファンドを確認しなければならない。公認会計士は、検査を終えてから 30 日以内に、SEC にフォーム ADV-E 上の検査済み証明書を届け出なければならない。公認会計士は、明細書に重大な食い違いを見つけた場合、発見した営業日中に SEC に報告しなければならない（同規則 206(4)-2(a)(3)(ii)(A)～(C)参照）。

　重要なこととして、投資顧問が顧客のファンドまたは証券のカストディ

154　第8章　義務の履行

を引き受ける際の要件にはなっていないものの、カストディを引き受けている投資顧問は、投資顧問法規則204-2(b)に基づいて一定の追加的な記録の保存義務を負っている。この記録の保存義務には、顧客の口座およびその他すべての貸付と信用取引について、すべての購入、売却、受領、証券の受渡しを示す仕訳帳その他の記録が含まれる（本書第11章第2節VIII参照）。

2　カストディ・ルールの例外

　カストディ・ルール（またはその一部）には、ふまえておくべき例外が4つある。第1に、投資顧問は、オープンエンド・ミューチュアル・ファンドに持分をもつことが認められており、適格カストディアンの代わりにミューチュアル・ファンド名義書換事務受託者（transfer agent）を通じて顧客のために当該持分をもつ場合がある（投資顧問法規則206(4)-2(b)(1)参照）。

　第2に、投資顧問は私募の証券（privately offered securities）についてカストディ・ルールを遵守する必要がない。私募の証券とは、①証券が発行者との直接または間接の取引から得られたものであって、公募が行われておらず、②所有権が発行者または証券名義書換事務受託者の帳簿に記載されているだけであって、さらに③事前に発行者または現に発行され残存している証券の保有者から許可を得た場合のみ譲渡できるような証券をいう。ただし、私募ファンド（たとえば、ヘッジファンド）の口座において私募証券を保有する場合、ファンド自体が監査を受けていて、その結果が後記においてするような方法で公表されている場合のみ、例外となる（投資顧問法規則206(4)-2(b)(2)参照）。

　第3に、投資顧問は、米国において一般に公正妥当と認められている会計原則（US-GAAP）に基づいて少なくとも年1回の監査を義務づけられており、かつ、会計年度終了時から120日以内に（ファンド・オブ・ファンズの場合には会計年度終了時から180日以内）すべての受益者に監査済み財務諸表を送付している私募ファンドの口座については、取引明細書の送付義務を負わない（投資顧問法規則206(4)-2(b)(3)参照）。この例外は、年次監査による例外（annual audit exception）と呼ばれている。この例外の適用

を受けられるファンド・オブ・ファンズとは、総資産の 10% またはそれ以上を他の集団投資ビークルに投資している私募ファンドであって、当該私募ファンドの関係者のものではなく、かつ、こうした関係者から運用の指図を受けていないものを意味している（同規則 206(4)-2(c)(4)参照）。そして、ファンド・オブ・ファンズにおいては、投資している複数のファンドの監査が終わらない限りファンドの監査を完了できないため、ファンド・オブ・ファンズの投資顧問には、120 日ではなく 180 日の猶予期間が設けられているのである（Subcommittee on Private Investment Entities of the Amer. Bar Assoc.／SEC ノー・アクション・レター、2005 WL 3334980（2005 年 12 月 8 日公表）参照）。

　最後に、投資顧問は、登録投資会社の口座についてカストディ・ルールを遵守する必要がない。その代わりに、登録投資会社と投資顧問は、投資会社法 17 条(f)項および同項の 1 号から 7 号までのカストディに関する規定を遵守しなければならない（投資顧問法規則 206(4)-2(b)(4)、投資会社法 17 条(f)項および同法規則 17f-1〜7 参照）。

V　議決権行使

　投資顧問法は、投資顧問に顧客のための議決権行使を行うように義務づけていないだけでなく、投資顧問が議決権行使を行う場合の基準も設けていない。同様に、投資会社法も、登録投資会社に対する投資顧問の議決権行使について言及していない。しかしながら、投資顧問は、顧客の証券の議決権行使その他の所有者としての地位に基づく権利行使について受託者責任を負っており、投資顧問は、議決権行使することを選択した場合には、顧客の最善の利益のために行動しなければならない。さらに、SEC は、投資顧問法および投資会社法に基づいて、議決権行使の手続、開示および記録保存に関する規則を制定している。

　全米証券業者協会（NASD）の行為規則 2260（委任状およびその他の書類の送付）によれば、同協会加入者に登録された実質株主は、委任状の受領、議決権行使その他の関連書類の受領について登録投資顧問に代理させることができる。しかしながら、投資顧問は、投資顧問契約に従って口座に投

資権限を有しなければならず、実質株主の方は、投資顧問に対して書面で、議決権行使と株主宛書類の受領を指示しなければならない。

2007 年 7 月 30 日、全米証券業者協会（NASD）およびニューヨーク証券取引所（NYSE）の規制、執行および仲裁部門の統合によって金融取引業規制機構（FINRA）が設立された。したがって、近い将来に FINRA の規則が NASD 行為規則 2260 にとって代わる。

1　投資顧問法に基づく議決権の代理行使

顧客の証券について議決権を行使する投資顧問は、投資顧問法規則 206(4)-6（議決権行使ルール）を遵守しなければならない。これは、顧客が明示的に（たとえば、投資顧問契約によって）または黙示的に（たとえば、全般にわたる裁量的権限の付与によって）議決権行使の権限を投資顧問に与えたか否かには影響されない。さらに、議決権を行使する投資顧問は、投資顧問法規則 204-2(c)(2)に従って、詳細な帳簿と議決権行使に関する記録も備え置かなければならない（本書第 11 章第 2 節 IX 参照）。

議決権行使ルールのもとでは、投資顧問が次の 3 つの要件を充たさずに顧客の証券について議決権を行使することは、投資顧問法 206 条(4)項上の意味で詐欺的、欺罔的、または相場操縦的な行為にあたるものと考えられている。第 1 に、投資顧問は、顧客の証券について、顧客の最善の利益のための議決権行使を保障するように方針と手続を合理的に設計し、書面のかたちで用意し、それらを導入しなければならない。これらの手続には、投資顧問の利益と投資顧問の顧客の利益との間で重大な利益相反が生じた場合、投資顧問がどのように対応するのかをカバーする必要がある（投資顧問法規則 206(4)-6(a)）。

第 2 に、投資顧問は、顧客の証券に関して行われた議決権行使の情報をどのように顧客に提供するのかについて、顧客に開示しなければならない（投資顧問法規則 206(4)-6(b)参照）。しかしながら、顧客が情報提供を受ける権利を有するのは、自らの証券に関して投資顧問が行った議決権行使のみであって、投資顧問のすべての顧客の証券に関するものではない。さらに、登録運用投資会社の投資顧問を除けば、投資顧問は、自分の議決権行使の記録を一般に公開する義務を負っていない。

第3に、投資顧問は、議決権行使に関するポリシーと手続について顧客に説明しなければならず、顧客の求めに応じて方針と手続のコピーを提供しなければならない（投資顧問法規則 206(4)-6(c)参照）。この説明書は、投資顧問の開示説明書に掲載するのが望ましい。

2　投資会社法に基づく議決権の代理行使

投資会社法規則 30b1-4 は、登録運用投資会社（たとえば、大多数のミューチュアル・ファンド）に適用されるが、各ファンドに毎年 8 月 31 日までに、フォーム N-PX で年次報告を届け出るように義務づけている。その年次報告には、6 月 30 日を終期とする直近 12 か月間のファンドによる議決権行使の記録が含まれていなければならない。加えて、これらのファンドは、議決権行使で採用している方針と手続について、SEC に登録されていて、ファンドに持分のある者が請求のうえで閲覧できる「追加的情報に関する書類（Statements of Additional Information）」で開示しなければならない。ファンドの取締役会が議決権の行使をファンドの投資顧問に委任する場合、ファンドは投資顧問の議決権行使に関する方針と手続を開示しなければならない。当然ながら、そのような委任はファンドの取締役会による継続的な監視に服する必要がある。

VI　第三者に対する請求

顧客が不実記載またはその他の違法な事象を理由として、証券法に基づいて証券の発行者または第三者に対して請求をする事態は時々起こる。投資顧問法は、顧客に代わってそのような請求を行う、または、請求をすると決めた顧客に対して特定の支援を行う明示的な義務を投資顧問に課しているわけではない。SEC は、これまでこれと異なる態度を採用したことがない。しかしながら、この点について投資顧問契約の文言によって、投資顧問に一般的な義務が生じる可能性はもちろんある。

158 第8章 義務の履行

第3節 適合性

I 概　説

　受託者として、投資顧問は何よりもまず、投資顧問法 206 条に基づいて顧客に投資上のアドバイスとして適切なもののみを提供する黙示的な義務を負っている。この義務は、SEC の法執行によって明確にされてきた。この義務を履行するために、投資顧問は顧客の経済状況、投資経験、リスク許容度、そして各顧客の一般的な投資目的について合理的に調査しなければならない。そのような情報を得てから、投資顧問は当該情報に基づいて顧客に適切な投資上のアドバイスを提供しなければならない。

II　最終的に採択されなかった投資顧問法適合性規則案

　SEC は、1994 年に投資顧問法に基づいて適合性規則を提案した（投資顧問法通知 1406 号、1994 WL 84902（1994 年 3 月 16 日）参照）。SEC の提案によれば、投資顧問は顧客の経済状況、投資経験および投資目的について記録を保存しなければならないこととなるはずであった。SEC は、1996 年の規制上の課題からこの提案を取り下げて、この提案についてさらに検討を加えるつもりはない、と非公式に述べた。それにもかかわらず、提案された適合性規則は、投資顧問法に基づく適合性の問題に関する SEC の見解に重大な影響を及ぼしている。

　提案された適合性規則によれば、投資顧問には調査義務が課せられていた。それゆえ、投資上の推奨を行う前にはいつでも、投資顧問は顧客の経済状況、投資経験および投資目的について調査しなければならなかった。また、投資顧問には各顧客から得た適切な情報について、状況の変化に応じてアドバイスを変更するのに十分な頻度で更新する義務が課せられていた。SEC によれば、適合性調査の義務の射程は、何が状況に応じて合理的なのかによって変わりうる。こうしたことをもって投資顧問は、顧客の情報に基づいて顧客にとって適切なアドバイスを合理的に判断できない限

りは、顧客に投資上のアドバイスを提供できなかったのである。

III　二重登録者

　投資顧問法に基づく適合性に関する義務に加えて、ブローカー・ディーラーとして登録している投資顧問（たとえば、二重登録者）は、その他の適合性に関する義務を課されている。そのような投資顧問にとって最も重要な適合性に関する規則は、全米証券業者協会（NASD）の行為規則2310（顧客に対する推奨（適合性））である。その他の適合性に関する義務には、取引所法（取引所法規則15g-9参照）、州の証券法や取引所法に基づくものがある。

　なお、NASDおよびNYSEの規則、執行および仲裁部門の統合によってFINRAが設立されたことについては、前記のとおりである。

第4節　最良執行

I　概　　説

　投資顧問は、ブローカーを通じて顧客の証券取引を執行する際、合理的にとりうる最も有利な条件を追求する義務を負っている。この義務は、最良執行義務と呼ばれている。この義務は、投資顧問法によって明示的に課されているわけではなく、投資顧問が顧客に対して負う一般的な受託者責任に由来している。

　最良執行の義務は、顧客自身ではなく投資顧問が異なるブローカーの中から顧客の証券取引を執行する者を選ぶ場合にのみ適用される。特に大きな機関投資家のような顧客の中には、自分の証券取引の執行に特定のブローカーを使うように投資顧問にあらかじめ指示する者もいる（この手続は、「ディレクテッド・ブローカレッジ（directed brokerage）」と呼ばれている）（後記第9節参照）。

II　何が最良執行を構成するのか

　端的にいうと、最良執行は投資顧問がブローカーを通じた取引に可能な限り最も低額の手数料を課さなければならないことを意味しているわけではない。実のところSECは、最良執行が「最も低額の手数料」で判断されるわけではなく、むしろ「最も質の高い執行」で判断されると強調してきた（取引所法通知23170号、1986 WL 630442（1986年4月23日）参照）。この通知23170号によれば、投資顧問は最良執行の義務を履行するために、各取引において、顧客の総費用または総利益について、ある状況下で最も有利な方法で証券取引を執行しなければならない。

　投資顧問は、最良執行が実現されているか判断する際にブローカーのサービス全般およびその質について考慮しなければならない。その考慮には手数料に加えて、執行能力、債務支払能力、投資顧問への対応が含まれる。SECの判断を拘束するものではないが、米国投資信託協会（Investment Company Institute）は投資顧問に対して、ブローカーの取引上の経験、評判、高潔性、設備、提供される金融サービス、約束履行の意欲と能力、引受募集と流通市場へのアクセス、取引執行と記録保存の点での信頼性、係争を解決する際や特別な取引の際の誠実さ、発注のタイミングと規模、利用可能な流動性資産、そして現在の市場の状況を考慮するように助言してきた（米国投資信託協会によるブローカレッジ・アロケーション・プラクティスに関するレポート（1998年3月））。投資顧問は、フォームADVの第2部で最良執行を判断する際には考慮要素を開示しなければならない。

III　利益相反

　最良執行の場面では2つ顕著な利益相反が生じる。第1に、投資顧問が提携ブローカーに取引を執行させる場合である。ブローカーが投資顧問の顧客に最良執行を提供するかどうかにかかわらず、投資顧問には取引注文を提携ブローカーに送る経済的インセンティブがある。

　第2に、ブローカーが顧客の証券取引を自分に執行させる見返りに、投

資顧問に対して商品またはサービス（証券の執行を除く）を提供するようなブローカレッジ・アレンジメント（以下、「ソフトダラー・アレンジメント」）の場合である。ほとんどのソフトダラー・アレンジメントには、投資顧問にリサーチ・レポートを提供する内容が含まれており、結局のところ理論的かつ間接的に投資顧問の顧客に利益をもたらす。ソフトダラー・アレンジメント自体に固有の利益相反が存在することをふまえ、SEC はこれまでソフトダラー・アレンジメントを厳しく審査してきた。ソフトダラー・アレンジメントと SEC の規則については、後記第 8 節で詳しく検討される。

IV 継続的な義務

投資顧問は、継続的な最良執行の義務を負っている。SEC は、最良執行義務の継続的な履行を確保するため、取引を執行するブローカー・ディーラーの業績を定期的かつ体系的に評価するよう、投資顧問に求めている（取引所法通知 23170 号、1986 WL 630442（1986 年 4 月 23 日）参照）。したがって、投資顧問は取引コストと取引の質を評価するための取引監督委員会の設置を検討すべきである。また、投資顧問は、ブローカーの選択と監視のための手続、利益相反防止のための統制、そして取引監督委員会による検討のための資料に関する証拠を記録するべきである。

第5節　プリンシパル取引およびエージェンシー・クロス取引

I　概　説

2 種類の取引、すなわち、プリンシパル取引とエージェンシー・クロス取引が、利益相反を生じさせる。この利益相反は、投資顧問が顧客の利益よりも自分の利益を優先させること（プリンシパル取引の場合）、または、顧客の中である 1 人の顧客の利益を優先することを可能にする（エージェンシー・クロス取引の場合）。そのため、投資顧問法 206 条(3)項は、投資顧

162　第8章　義務の履行

問が執行の前に自分の立場を顧客に開示し、顧客から承認を得ない限り、これらの種類の取引を禁止している。投資顧問法206条(3)項は、文言上投資顧問にのみ適用されるものの、SECスタッフは投資顧問の関係法人（たとえば、投資顧問を支配し、支配され、または共通の支配下にある者）によって執行されるプリンシパル取引およびエージェンシー・クロス取引にも、同規定が適用されるという立場を採用している（投資顧問法通知1732号、1998 WL 400409（1998年7月17日）参照）。

II　取引の種類と対応する規制

　投資顧問法206条(3)項は、プリンシパル取引およびエージェンシー・クロス取引に関連する証券の売買を対象としている。同条の目的に照らして、SECスタッフは「売買（purchase and sales）」を文字どおりの意味（plain meaning）として解釈している。すなわち、顧客が信用口座開設の際に二重登録者のためにある証券に担保権を設定した場合や、追加証拠金の必要性のために顧客の証券で決済される場合には、投資顧問法206条(3)項でいう「売買」にあたるとは想定されていない。さらに、顧客に代わって空売りを促すために証券が譲渡されたり、貸し出されたりしても、証券の売買は生じたことにならない（Goldman, Sachs & Co./SECノー・アクション・レター、1999 WL 123998（1999年2月22日公表）参照）。

1　プリンシパル取引

　投資会社法206条(3)項は、プリンシパル取引（principal transactions）を対象としている。プリンシパル取引には、認識しながら自らの口座または関係法人の口座と顧客の口座との間で証券を売買する投資顧問が対象となる。このような取引は、投資顧問が顧客の投資顧問としてだけでなく個人投資家としても行動しているため、利益相反を生じさせる。最悪のシナリオは、投資顧問が自分で所有している魅力的でない証券を顧客に売り払う、という事態である。

　加えて、SECは投資顧問法206条(3)項の対象となる様々なプリンシパル取引の中に、無リスクのプリンシパル取引（riskless principal transactions）を含めている（In the Matter of ABN AMRO-NSM Int'l Funds Mgt., B.V. ／投資顧問法通知 1767 号、1998 WL 668122（1998 年 9 月 30 日））。無リスクの プリンシパル取引は、二重登録者が本人として取引している証券を顧客の ために売買する場合に生じ、それゆえ、ほとんどの相対取引（OTC）証券 と債務証券が含まれる。投資顧問がある証券の売り手または買い手を見つ け、それと同時に自分の口座で反対売買を実施することを通じて、顧客の ために当該証券の売買を行うのである（したがって、投資顧問から見ると当 該取引については無リスクとなる）。証券が投資顧問の口座を通じて顧客に 対してまたは顧客から移動することから、SEC は無リスクのプリンシパ ル取引についても通常のプリンシパル取引と同様に扱っている。重要なこ とだが、第三者と投資顧問の間および投資顧問と顧客間の取引が同じ価格 で執行され、全米証券業者協会（NASD）の取引報告規則に基づいて報告 されているものについて、無リスクのプリンシパル取引で支払われる費用 (fee) は、取引所法 28 条(e)項に規定されている「ソフトダラー」取引に 関するセーフハーバーの適用にあたり、「手数料」に該当するものと考え られている（後記第 8 節 II 参照）。

　投資顧問法 206 条(3)項は、各取引の完了前に@自分がどの権能で行動し ているかについて顧客に書面で開示し、かつ⑥当該取引について顧客から 承認を得ない限り、アドバイザーとして行動している投資顧問があらゆる プリンシパル取引を行うことを禁止している。顧客がプリンシパル取引に ついて事前に包括的な承認を与えていたとしても、取引ごとの開示および 承認要件を充たしたことにはならない。さらに、プリンシパル取引を行う 投資顧問は、顧客に対する受託者責任を履行しなければならない。これは、 投資顧問が何よりもまず、プリンシパル取引がこの取引に含まれる顧客の 最善の利益に適うかどうかを判断しなければならないことを意味している。

2　エージェンシー・クロス取引

　投資顧問法 206 条(3)項は、エージェンシー・クロス取引（agency cross transactions）も対象としている。エージェンシー・クロス取引は、投資顧 問が二重登録者の場合、または、ブローカー・ディーラーと提携している 場合にのみ関係する。エージェンシー・クロス取引は、一方を投資顧問に

164　第8章　義務の履行

より投資運用の助言の提供を受ける顧客、他方をブローカレッジの提供を受ける顧客とする取引である。投資顧問またはブローカー・ディーラーの関係法人は、アドバイスの提供を受ける顧客と他方の顧客との取引のブローカーとして行動する（投資顧問法規則206(3)-2(b)参照）。取引の結果として、投資顧問（二重登録者の場合）またはブローカー・ディーラーの関係法人には、手数料が支払われる。エージェンシー・クロス取引は、投資顧問がアドバイスの提供を受ける顧客、または、ブローカレッジの提供を受ける顧客のどちらかの利益を優先させることから、利益相反を生じさせる。

　投資顧問法206条(3)項による取引ごとの開示・承認要件は、エージェンシー・クロス取引に適用される。しかしながら、投資顧問法規則206(3)-2は、これらの要件に重大な例外を提供している。この規則は、投資顧問が顧客に必須の情報を開示し、顧客が将来にわたってエージェンシー・クロス取引を書面で許可している場合、エージェンシー・クロス取引について投資顧問法206条(3)項による事前の開示および承認要件を緩和している（プリンシパル取引については緩和していない）。具体的には、投資顧問法規則206(3)-2(a)によれば、以下5つの要件が充たされなければならない。

①アドバイスの提供を受ける顧客は、投資顧問がブローカーとして行動すること、顧客から手数料が支払われること、取引上両当事者にとって忠実性と責任が相反するおそれがあることについて、投資顧問から書面で完全に開示された後、投資顧問が顧客に代わって将来、エージェンシー・クロス取引を行うことを許可すると書面で承認しなければならない。

②投資顧問は、各取引時または取引前に、各顧客に対して書面で確認書を送付しなければならない。確認書には、取引条件、および、投資顧問または提携しているブローカー・ディーラーが得た支払総額が記載されている必要がある。

③投資顧問は、少なくとも毎年、直近の開示から発生したエージェンシー・クロス取引の総数、および、直近の開示から発生した取引に関連するすべての手数料の総額または投資顧問が獲得したか獲得しうる支払いについて、各顧客に書面で開示しなければならない。

④各開示された報告書と確認書には、顧客による事前の承認は、投資

顧問に対して書面で通知をすることにより、いつでも撤回できる旨を明記した文章が含まれていなければならない。

⑤同じ投資顧問が取引を売主と買主の両方に推奨した場合、エージェンシー・クロス取引を行うことはできない。

セーフハーバーを設けているにもかかわらず、投資顧問法規則206(3)-2は、最良執行の義務を含む投資顧問の受託者責任を免除しているわけではない。それゆえ、投資顧問は、エージェンシー・クロス取引を行う際にアドバイスを提供される顧客の最善の利益のために行動し続けなければならない。また、同規則は、投資顧問法206条(1)項および(2)項に基づいて課されうる、または、連邦証券法のその他の規定に基づく開示義務を免除するわけではない（投資顧問法規則206(3)-2(c)参照）。

3　内部クロス取引

投資顧問法206条(3)項の対象になっていないものの、「顧客ファンド間の内部クロス取引（internal cross transactions）」と呼ばれる別のクロス取引について理解することは有用である。顧客ファンド間の内部クロス取引とは、同一の投資顧問からアドバイスを受ける2人の顧客間の取引であって、投資顧問が裁量的権限をもっているものをいう。取引を執行するのにブローカーは使われず、それゆえ、手数料は支払われない（通常のアドバイザリー料を除く）。もし、かかる状況がなければ投資顧問はブローカーとして行動しているものと考えられうるため、それゆえ、投資顧問法206条(3)項の適用を受けるエージェンシー・クロス取引に該当することになる。

顧客ファンド間の内部クロス取引は、投資顧問法206条(3)項に基づく取引ごとの開示および承認要件を充たす必要はないものの、投資顧問は、顧客ファンド間の内部クロス取引に関してフォームADVに基づく完全な開示を行わなければならない。さらに、投資顧問は、顧客ファンド間の内部クロス取引が両方の顧客にとって公正かつ最善の利益となるようにすべきである。

投資顧問は、投資会社法規則17a-7の規定と類似の価格に関する手続を採用することで公正さを確保することができる。その規則は、以下の要件を充たした場合に、関係投資会社に対し売買取引に従事することを許可す

166 第8章 義務の履行

る免除規定である。

  ①取引がそれぞれの参加投資会社の投資方針と整合していること
  ②取引が規則に定められている価格に関する手続を遵守していること
  ③通常の（口座間での）譲渡にかかる手数料を除き、取引に関連して
   ブローカレッジ手数料またはその他の費用が支払われないこと
  ④投資会社法2条(a)項(19)号でいう「利害関係者」に該当しない取締役
   の過半数を含む各投資会社の取締役会が規則で定められた行為を承
   認すること

第6節　投資会社に対する投資

 投資顧問が投資会社（たとえば、ミューチュアル・ファンド）またはその他の集団投資スキームにある顧客の資産に投資する場合、顧客は実際のところ次の2つの投資顧問料を支払うことになる。ⓐ顧客の投資顧問に口座から支払われる料金、ⓑミューチュアル・ファンドまたは集団投資スキームからミューチュアル・ファンドまたは集団投資スキームの投資顧問に支払われる料金。費用が積み重ねられることは、顧客にとって不利に働く可能性がある。

 顧客の投資顧問は、投資顧問法206条に基づいて、潜在顧客に対する受託者責任として、顧客から直接投資顧問に支払われる料金に加えて、投資された顧客の資産内にあるミューチュアル・ファンドその他のスキームにも投資顧問料とその他の費用が発生することを開示しなければならない。この義務は、投資顧問が既存のファンドまたはスキームを運用しているかどうかにかかわらず適用される。

 問題が生じるのは、ある投資会社が別の投資会社に投資する場合である。前述した報酬や費用が積み重ねられる問題に加えて、ファンドを保有する会社または関係会社であるファンドを保有する複数の会社により投資会社の支配が行使されることは、支配されている投資会社のその他の投資家にとって不利になりうる。たとえば、ファンドを保有する会社は、被支配投資会社の大きな持分を解約すると脅迫することにより、当該被支配投資会社の合理的な運営に不当に影響を及ぼしうる。ある投資会社の証券を別の

投資会社が完全に所有することは禁止されていないものの、重大な制約が存在する（投資会社法12条(d)項(1)号参照）。

第7節　配分(allocation)および集約(aggregation)の問題

Ⅰ　顧客間の証券の配分

1　概　説

ほとんどの場合、投資機会は限定的なものである。そのため、1人以上の顧客の口座を代理して、ある特定の証券を購入または売却しようとする場合、投資顧問は当該複数の口座の中で売買機会を配分する必要がある。投資顧問は、適格性をもつ複数の口座について公正に投資機会を配分する受託者責任を負っており、1つの口座を優先するために他の口座を犠牲にすることはできない。SECスタッフは、他の方法でも義務を履行することができるものの、持分に比例して取引機会を配分している投資顧問ならば公正な分配義務を履行している、と指摘してきた（Pretzel & Stouffer／SECノー・アクション・レター、1995 WL 737153（1995年12月1日公表）および SMC Capital, Inc.／SECノー・アクション・レター、1995 WL 529274（1995年9月5日公表）参照）。

配分上の利益相反は、投資顧問が他の顧客よりも特別に優遇する顧客に配分することにより、1990年代に特に横行した。一例を挙げると、2つのミューチュアル・ファンドを運用する投資顧問について、一方のファンドの一部は当該投資顧問の関係会社の従業員利益配分プランの資産の一部を運用していたところ、どの顧客が当該証券の所有者になるか特定せずに証券購入の発注をするような場合である。そして、いったん取引が利益を生むと分かった場合、この取引に関係する証券については、不適切なかたちで、当該投資顧問の関係会社の従業員利益配分プランの資産が含まれるファンドに配分される。SECは、とりわけこのような行為に従事したポートフォリオ・マネジャーを、投資顧問法206条(2)項違反を理由に訴追した。同項は、投資顧問が顧客または潜在顧客への詐欺または欺罔となるあらゆ

168 第8章 義務の履行

る取引、実務、通常の業務に従事することを違法としている（In the Matter of Kemper Financial Services, Inc.／投資顧問法通知 1387 号、1993 WL 431535（1993 年 10 月 20 日）参照）。

SEC は、「〔投資家の需要が過熱状態となった〕ホット」な株式の新規公開（IPO）の際に不適切に株式を配分した投資顧問に対して、法執行のための訴訟を提起している。一例として、投資顧問は特別に優遇された限定的な一部の顧客にのみ株式を配分し、すべての顧客には当該取扱いを適切に開示しなかった（In the Matter of Account Mgt. Corp.／投資顧問法通知 1529 号、1995 WL 579449（1995 年 9 月 29 日）参照）。同様に、別の投資顧問は、資産残高を基準として報酬を受領する口座よりも、自らのパフォーマンスに応じて成功報酬口座を受け取る口座に不公平なかたちで株式を配分した。「ホット」な IPO の株式価値は高騰しがちであることから、投資顧問は株式を自らのパフォーマンスに応じて成功報酬を受領する口座に振り向ける配分戦略を追求することで、より大きな利益を得ることができた。当然なことに、投資顧問は、そのような配分をする際にすべての顧客に対して適切に開示を行っていなかった（In the Matter of McKenzie Walker Investment Mgt., Inc.／投資顧問法通知 1571 号、1996 WL 396091（1996 年 7 月 16 日）参照）。

2 「ホット」な IPO と全米証券業者協会（NASD）規則 2790

「ホット」な IPO という話題について重要なのは、全米証券業者協会が二重登録者とその役職員に対して、エクイティ証券の新規発行に参加することを制限している、ということである。NASD 規則 2790（エクイティ証券の IPO における売買に関する制限）によれば、同協会加入者は、制限の対象者が実質的所有権をもつ口座に対して新規公開株（かつての NASD 規則 2110 ではホット・イッシュー銘柄に限られていたが、現 NASD 規則 2790 ではそれに限られない）への売却を一般的に禁止している。

制限対象者（restricted person）には、NASD 加入者の関係法人、ほとんどのブローカー・ディーラーのオーナーおよび関係法人、その他の一定の者が含まれる。この規則によれば、NASD 加入者は新規公開株を口座に販売する前に、一定の販売前提条件を満たさなければならない。これらの

第7節　配分 (allocation) および集約 (aggregation) の問題　　*169*

販売前提条件では、一般的に NASD 加入者は、口座の実質的所有者から当該規則に従って新規公開株の購入適格を有する旨の表明を受けなければならない。また、この規則には様々な一般的免除条項が含まれている。

　NASD 規則 2790 は、投資家の信頼を維持している株式公開手続の高潔性を守るために設計されている。それは、以下を確保することによって実現されている。

　　①NASD の加入者は、引受人として行動している場合、発行価格をもって証券の真正な公募によりこれを行わなければならない。

　　②NASD の加入者は、自己利益のために公開された株式を保有、または、加入者と将来ビジネス関係を構築することとなる者の利益を図るために利用してはならない。

　　③NASD の加入者およびその関係者を含む業界関係者は、他の一般投資家の利益を犠牲にして自分の利益を図るために新規公開株を購入する等、関係者としての地位を不当に利用してはならない。

　なお、NASD および NYSE の規則、執行および仲裁部門の統合によって FINRA が設立されたことについては、前記第2節 V のとおりである。

II　顧客口座に関する注文の集約

　取引の集約 (バンチング・トレードとして知られる) は、投資顧問が複数の顧客の口座を代理して、ある証券について1度に大口発注 (一括発注) をする場合に生じる。投資顧問は顧客全部の口座を代理して、ある証券について個別に小口発注をすることができるものの、そのような発注は著しく非効率的である。実際のところ、取引の集約は、投資顧問がより有利な執行とより低額のブローカレッジ手数料を追求するための方策となりうる。

　しかしながら、取引の集約は利益相反を生じさせる。投資顧問は、取引の集約によってある顧客を別の顧客よりも優遇することができるようになる。これは、投資顧問が取引に参加させる口座と数量を選択することができるという、投資顧問の能力に由来するものである。しかしながら、投資顧問は、あらゆる一括発注の前に、当該発注で参加している各顧客をどのように公正に扱うかを決定して、顧客の最善の利益のために行動する受託

170　第 8 章　義務の履行

者責任を履行しなければならない。さらに、投資顧問は、一括発注につい
て最良執行を追求し続けなければならず、一括発注の方針について顧客に
開示しなければならない。加えて、一括発注が 1 営業日中に複数の取引で
行われる場合、投資顧問は取引に参加している顧客が複数の取引で平均的
な株式価格で購入できるようにしなければならない。

　取引の一括に関する他のガイダンスは、投資会社である顧客に代わって
取引を一括させる投資顧問について存在する。投資顧問は、投資会社法
17 条(d)項および投資会社法規則 17d-1 に違反するのを回避するために、
投資会社である顧客を含む取引を一括させた場合には当該実務を開示しな
ければならず、より安いブローカレッジ手数料となるような取引に一括さ
せなければならない（Oen T. Willkinson & Assoc., Inc.／SEC ノー・アクショ
ン・レター、1987 WL 108842 (1987 年 12 月 30 日公表)）。さらに、投資顧問
が顧客である投資会社に代わって、または、自分の口座（投資顧問とその
従業員が投資しうる別の集団投資スキーム）で一括発注を行おうとする場合、
SEC スタッフは、以下を含む多くの厳しい条件を満たすように要求して
いる。

　　①投資顧問は、各顧客の口座を列挙し、これらの口座で一括発注がど
　　　のように配分されるのかを特定している書面（配分明細と呼ばれる）
　　　を用意しなければならない。配分明細は、投資顧問が一括発注をす
　　　る前に用意されなければならない。
　　②一括発注は、当該発注が一部のみ成立した場合、比例原則で配分さ
　　　れなければならない。
　　③投資顧問による実際の配分が配分明細から逸脱している場合、投資
　　　顧問は、当該逸脱がすべての参加している顧客の口座にとって公正
　　　かつ衡平であることを確保しなければならない。さらに、投資顧問
　　　は、次の市場取引日開始後 1 時間以内に逸脱およびその理由をコン
　　　プライアンス・オフィサーに説明しなければならない。コンプライ
　　　アンス・オフィサーは、かかる逸脱を前記の理由に基づき承認しな
　　　ければならない（Pretzel & Stouffer／SEC ノー・アクション・レター、
　　　1995 WL 737153 (1995 年 12 月 1 日公表) および SMC Capital Inc.／SEC
　　　ノー・アクション・レター、1995 WL 529274 (1995 年 9 月 5 日公表) 参

照）。

第8節　ソフトダラー

Ⅰ　歴史的背景

　合衆国の取引所における手数料体系は、約200年前のニューヨーク証券取引所の設立以来、慣行と規則によって固定されてきた。この固定レートの時代の間、ブローカー・ディーラーは、執行注文に対して課す手数料の根拠について他の参加者と競争することができなかった。それゆえ、ブローカー・ディーラーは、同業者に対して優位に立つ別の方法を見つけ出した。たとえば、ブローカー・ディーラーは、ブローカレッジ機能とリサーチ・レポートを顧客に提供することにより、執行ビジネスを機関投資家である運用機関から獲得したのである。これらの付随的なサービスは、ある特定のブローカー・ディーラーと取引する顧客に支払われる非金銭的なリベートにほぼ等しかった。ミューチュアル・ファンドと投資顧問の世界では、これらの非金銭的リベートは「ソフトダラー」と呼ばれている。

　1975年6月、議会は、「1975年証券法改正法」の一部で、手数料体系に関する規制を緩和する法案を可決した。とりわけ重要なことは、この改正によって証券法6条(e)項(1)号が追加されたことである。同条は、国法証券取引所が、当該取引所の会員会社によって請求されるあらゆる取引手数料、手当、割引きその他の費用について手数料体系を課したり、または手数料を固定することを禁じている。

　取引所法6条(e)項(1)号のもとでの手数料率に関する競争環境は、投資顧問を含むブローカレッジ顧客に対して、リサーチやその他のサービス（すなわち、ソフトダラー）を提供してきたブローカレッジの実務にどのような影響を及ぼすのか、という疑問が生じる。特に、投資顧問は、最も低い執行費用であることのみを根拠としてブローカレッジを定めなければならないのかどうかを懸念していた。もしそのような事態になれば、投資顧問は、最良執行という受託者責任を履行しているかどうかを判断する際に、

ブローカー・ディーラーから得られるソフトダラーの価値を考慮することができなくなってしまう。さらに、多くの投資顧問は、有用なリサーチが手に入りにくくなるのではないか、と危惧していた。実際に投資顧問は、ブローカー・ディーラーのワーク・プロダクトから手数料を通じた報酬が得られなくなれば、その多くが独自のセルサイド・リサーチを縮小させ、場合によっては彼らのリサーチ部門をなくすかもしれないと信じていた。議会は、このような業界の懸念に応えるため、1975 年証券法改正法においてセーフハーバー規定、いわゆる取引所法 28 条(e)項を加えたのである。

II 取引所法 28 条(e)項のセーフハーバー

　ここでの取引所法 28 条(e)項に関する議論は投資顧問に焦点をあてているものの、同条はいわゆるマネー・マネジャー (money manager) として知られる様々な類型の人々に適用される。マネー・マネジャーという言葉には、顧客口座について投資に関する裁量を行使することとなるすべての人が含まれている。これらに含まれるのは投資顧問、ミューチュアル・ファンド・ポートフォリオ・マネジャー、銀行の信託口座の受託者、そして年金プランやヘッジファンドのマネジャーである（取引所法通知 54165 号 2005 WL 4843294（2006 年 7 月 18 日）参照）（以下、「通知 54165 号」）。

　投資顧問は、受託者として、顧客の最善の利益のために行動する義務を負っている。投資顧問は、顧客の承認なしに手数料を含む顧客の資産を自分の利益のために使うことができない。また、顧客からの手数料によりブローカレッジとリサーチ・サービスを得ることとなる投資顧問は、自らの資金によりこれらのサービスを購入する必要がなくなり、明白な利益相反を生み出してしまうこととなる。取引所法 28 条(e)項の目的に照らせば、「手数料」の文言には、通常のブローカレッジ手数料だけでなく、ブローカー・ディーラーを介して行われる両サイドの取引が同じ価格で執行され、NASD の取引報告規則に基づいて報告される無リスクのプリンシパル取引において支払われる費用も含まれる（無リスクのプリンシパル取引の詳細については、前記第 5 節 II 1 参照）。

　取引所法 28 条(e)項は、その時点における最低手数料よりも高いブロー

カレッジ手数料を支払う代わりに、投資顧問がソフトダラー上の利益を享受する場合に生じる利益相反に対応することを企図している。同項(1)号によれば、ある1つの要件が充たされている限り、ブローカレッジとリサーチ・サービス（たとえば、ソフトダラー）を得るために顧客を代理して最低額よりも高い手数料を支払ったとしても、投資顧問は違法に行動したりまたは州法もしくは連邦法上の受託者責任に違反したとは推定されない。その1つの要件とは、次のようなものである。

> 投資顧問は、ブローカーから提供されるブローカレッジとリサーチ・サービスの価値との関係において支払われる手数料の額が合理的であるかについて、投資上の裁量を行使する口座にかかる特定の取引または当該投資顧問の総合的な責任に照らして、誠実に判断しなければならない。

取引所法28条(e)項によって保護されない行為は、連邦証券法、とりわけERISA法、投資顧問法、投資会社法に違反するだけでなく、受託者責任違反となりうる（たとえば、最良執行を追求しないこと）。加えて、投資顧問が取引所法28条(e)項のセーフハーバー規定を遵守しているとしても、連邦証券法上の詐欺的な行為を禁ずる規定が適用除外されるわけではない。

III　取引所法28条(e)項の遵守

ある特定のプロダクトまたはサービスが取引所法28条(e)項のセーフハーバーに該当するかどうかは、次の3つのプロセスで判断できる。

①投資顧問は、取引所法28条(e)項(3)号(A)または(B)に基づいて適格な「リサーチ」であるか、または、同号(C)に基づく適格な「ブローカレッジ」であるかを判断しなければならない。

②投資顧問は、適格なプロダクトまたはサービスが投資判断を履行する際に実際に適法かつ適切な支援となっているか（したがって、顧客に利益をもたらす）について、判断しなければならない。あるプロダクトまたはサービスが投資判断上の機能とそうでない機能をもつ場合（混合利用のプロダクトまたはサービス）、投資顧問は、プロダクトまたはサービスの費用を自分と顧客との間で合理的に配分し

なければならない。

　③投資顧問は、ブローカー・ディーラーから提供される適格なプロダクトまたはサービスの価値に照らして、顧客の手数料の額が合理的であるかについて誠実に判断しなければならない。

　この3段階のプロセスは、多くの重要な問題を提起する。SECは、通知54165号の中でこれらの数多くの問題について、以下を含む解釈上のガイダンスを提供した。

　・何が適格なリサーチにあたるのか。

　・第三者のリサーチは、取引所法28条(e)項に基づいてどのように扱われるべきか。

　・何が適格なブローカレッジにあたるのか。

　・混合利用のプロダクトまたはサービスは、取引所法28条(e)項に基づいてどのように扱われるべきか。

　・投資顧問は、享受した適格なブローカレッジおよびリサーチの価値に照らして、支払う手数料が合理的であるかをどのように誠実に判断するのか。

　・取引所法28条において「提供された（provided by）」および「執行する（effecting）」という言葉がどの程度の重要性を有するのか、そして2つの文言の関連はどのようなものか。

　それぞれの問題については、以下で検討する。

1　28条(e)項におけるリサーチ・サービス

　ブローカーは、以下の要件を充たす場合、取引所法28条(e)項(3)号(A)または(B)に基づく「リサーチ・サービス」を提供しているものとされる。

　　(A)　ブローカーが、証券の価値、証券売買する際の投資の妥当性、売主または買主にとっての証券の入手可能性について、直接または出版物もしくは文書を通じてアドバイスを提供する場合

　　(B)　発行者、業界、証券、経済の要因、経済トレンド、ポートフォリオ戦略、および顧客の口座のパフォーマンスに関する分析およびレポートを提供する場合

　ある特定のリサーチ・サービスが取引所法28条(e)項のセーフハーバー

規定に基づいて適格性を有するかどうかは対象次第であり、それがアドバイス、分析またはリポートにあたるかどうかによる。そのリサーチ・サービスの形態（たとえば、電子媒体、紙媒体、または口頭での議論）は、当該セーフハーバー規定の適格性に関する分析にとって重要ではない。

　取引所法28条(e)項(3)号の(A)と(B)に見られるように、「リサーチ」を構成するアドバイス、分析、そしてリポートの対象は、一般的に証券、発行者、業界、そして金融市場である。しかしながら、先に見たように、対象は必ずしもそれらのトピックに限定される必要はない。実際のところ、経済的な要素に関係ない政治的な要素に関するリポートは、潜在的には取引所法28条(e)項のセーフハーバーに該当しうる。

　SECによれば、潜在的に「リサーチ」に該当しうるアドバイス、分析、そしてリポートに共通する重要な要素は、すべてが実質的な内容（たとえば、理由づけまたは知識を表現するもの（expression of reasoning or know-ledge））を含んでいることである。それゆえ、投資顧問は、プロダクトまたはサービスが取引所法28条(e)項に基づいて「リサーチ」にあたるかを判断する際に、プロダクトまたはサービスがかかる「理由づけまたは知識を表現するもの」を反映しているか、および、取引所法28条(e)項(3)号(A)または(B)で特定されている対象に関係しているかについて結論を下さなければならない。SECによって取引所法28条(e)項の「リサーチ」として認められうるプロダクトまたはサービスとして例示されたものには、以下のものが含まれている。

- ある特定の会社または株式を分析した従来のリサーチ・レポート
- 証券投資の妥当性に関するリサーチ・アナリストとの議論
- 会社の業績に関する口頭での報告を得るための会社役員との会談
- 発行者、業界、証券、またはその他の適格性を有する対象に関係した実質的な内容を提供している場合のセミナーまたはカンファレンス
- 証券ポートフォリオの分析を提供するソフトウエア
- コーポレート・ガバナンスに関する調査（コーポレート・ガバナンス分析を含む）およびコーポレート・ガバナンスに関する格付サービスであって、発行者またはその他の適格性を有する対象に関して、

176 第8章 義務の履行

理由づけまたは知識を表現するものである場合

(1) **特定のプロダクトおよびサービスに関するガイダンス** (a) 一般公衆を対象とした出版物　SEC は、通知 54165 号において、取引所法 28 条(e)項は、一般公衆を対象とした出版物の投資顧問による購入を保護するべきではない、という見解を示していた。一般公衆を対象とした出版物は、投資顧問の間接経費として考えることがより適切であるとされている。一般公衆を対象とした出版物は、小規模の特別な読者ではなくより広く一般の読者を対象として販売される出版物である。そして、一般公衆を対象とした出版物の購読は、一般的に高額ではない。

対照的に、一般公衆を対象としていない出版物は、取引所法 28 条(e)項に基づく「リサーチ」として認められる場合、同条のセーフハーバー規定に該当する。一般公衆を対象としておらず、セーフハーバー規定で「リサーチ」に該当しうる出版物は、通常、特定の業界、プロダクトまたは発行者について特別の利害関係をもつ限定的な読者に向けて販売されており、購読費用が高額になる。特定の業界またはプロダクトラインに関する商事雑誌および技術雑誌については、一般的な読者ではなく限定的な読者の利益のために販売され、当該読者を対象としている場合、リサーチに該当しうる。

SEC は、出版物の頒布方法により、一般公衆を対象としているかどうかに左右されない、と指摘してきた。また、セーフハーバー規定の適用を判断するための重要な基準は、出版物の入手可能性である。出版物が投資専門家のような限定的な読者に販売されていて、当該読者の特別な興味を満たすことを企図している場合、たとえその出版物がインターネットを通じて一般公衆からアクセスされるとしても、取引所法 28 条(e)項に基づくリサーチとして認められうる。

(b) 固有の有形プロダクトおよびサービス　理由づけまたは知識を表現するものではないようなプロダクト、サービスは、セーフハーバー規定に基づくリサーチとは認められない。固有の有形または物理的な性質をもつプロダクト、サービスは、理由づけや知識を欠いているため、取引所法 28 条(e)項に基づくリサーチとは認められない。SEC によれば、不適格なプロダクト、サービスとされる例には、以下のものが含まれる。

- 事務所の備品および家具
- コンピュータ端末を含むコンピュータ・ハードウエア
- コンピュータ・アクセサリ
- 電話回線、大西洋横断ケーブル、コンピュータ・ケーブル（もっとも、これらを通じて提供されるプロダクト、サービスは、適格なリサーチになりうる）
- ビジネス用品
- 給与（リサーチスタッフを含む）
- 賃貸オフィス
- 会計関連の費用および会計ソフトウエア
- ウェブサイト・デザイン
- オペレーティングシステム、事務関連の機能、e-mail にかかるソフトウエア
- インターネット・サービス
- 弁護士費用
- 人事マネジメント
- マーケティング
- 公共料金
- 会費（団体組織、代理店、ロビーグループまたはロビー会社への投資顧問またはその他の従業員の入会および会員維持費を含む）
- 専門職資格の維持費
- 備品メンテナンスおよび修繕サービス

　セミナー出席に関連する旅費、交際費、食費および会社役員との面会のための出張手配に関連する費用は、セーフハーバー規定でリサーチとしての適格性を認められない。たとえ当該セミナーを通じて会社役員、アナリスト、またはその他の個人がセーフハーバー規定に基づく適格なリサーチを提供したとしても、上述のようなセミナーへの出席のための出張手配に関連する費用は、セーフハーバー規定でリサーチとしての適格性を認められない。

　(c)　マーケット・リサーチ　　適格性を有するリサーチは、一般的に発行者、証券、そして業界に関係しているものの、マーケット・リサーチ

を含む場合がある。マーケット・リサーチは、証券市場に関するアドバイス、分析、そしてリポートから構成され、市場の性質と執行戦略に関するアドバイスを含んでいる。SEC によれば、取引所法 28 条(e)項に基づくリサーチに該当しうるマーケット・リサーチには、次のものが含まれるとされる。

- ・マーケット情報に依拠し、最適な執行場所（市場）および取引戦略に関するリサーチを含むマーケット・リサーチを作成する取引前および取引後分析ツール、ソフトウエアおよびその他のプロダクト
- ・執行戦略、市場動向（マーケット・カラー）、買い手と売り手の存在を含む注文執行に関するブローカー・ディーラーからのアドバイスおよびこれらの種類のマーケット・リサーチを提供するソフトウエア

これらのプロダクト、サービスの中には、セーフハーバー規定に基づくリサーチやブローカレッジに該当しない機能を含んでいるものがある。また、セーフハーバー規定に基づくリサーチやブローカレッジにあたる他のプロダクト、サービスは、適法かつ適切な投資判断の支援以外でも投資顧問によって利用される場合がある。したがって、これらのプロダクトおよびサービスを評価する際には、混合利用の品目（mixed use items）にあたりうるので、注意を払うべきである（混合利用の品目の詳細については、後記 3 参照）。

　　(d)　第三者のリサーチ　　　SEC は、第三者によって作成された独立したリサーチ・プロダクトが取引を執行するブローカー・ディーラーによって作成されたリサーチ・プロダクトと等しい扱いを受けるべきだ、と指摘してきた。この点について SEC は、第三者によるリサーチ・アレンジメントが、より広く深度あるリサーチを提供することで、アドバイスを受けている口座に利益をもたらしうる、と信じていた。とりわけ投資顧問は、特にアドバイスを提供している口座にとって有益な特別のリサーチを得るために、第三者によるリサーチ・アレンジメントを利用する可能性がある。取引所法 28 条(e)項の取引を執行するブローカー・ディーラーによる「提供される」という要件と第三者によるリサーチの議論については、後記 5 (2)を参照されたい。

(e) データ　　SEC によれば、市場データまたは経済データを提供するサービスを含むデータサービスは、対象の基準を満たし、かつ、投資判断プロセスの適法かつ適切な支援を提供する場合、セーフハーバー規定に基づくレポートとして認められうる。たとえば、市場のデータ（引合いに関する情報、最終価格、取引高等）は、取引所法 28 条(e)項で記載されている対象に関係する直近の情報を一体として含むものであるため、実質的な内容が含まれており、したがって同項(3)号(B)における「証券……に関するレポート」を構成し、証券に関するレポートと認められる。その他のデータは、同項において特定される対象に関して実質的な内容を示している場合、すなわち理由づけまたは知識を表現するものについては、セーフハーバー規定のもとで適格なものと認められる。この点について SEC は、会社の財務データと経済データ（失業率、インフレ率、GDP の数値等）が同項に基づくリサーチとして認められうる、という立場をとっている。

　(f) 議決権行使サービス　　議決権行使サービスは、様々なサービスを投資顧問に提供している。それらのサービスの中にはセーフハーバー規定に基づくリサーチの適格基準を満たしうるものと、満たさないものがある。それゆえ、議決権行使サービスは、一般的には混合利用の品目として扱われなければならない（後記 3 参照）。たとえば、議決権行使サービスを通じて作成されるレポートおよび分析であって、発行者、証券、および証券への投資機会に関するものは、セーフハーバー規定に該当しうる。他方、投票の割当て、集計、記録、報告を含む書面投票の技術的な側面を取扱うものについては、セーフハーバーに該当しない。これらの適格性ではないサービスは、投資顧問の諸経費に該当するもので、取引所法 28 条(e)項に基づくリサーチとは認められない。

　(2)　「適法かつ適切な支援」　　プロダクト、サービスは、取引所法 28 条(e)項(3)号(A)または(B)に基づくリサーチとして認められるだけでは十分でない。加えて、プロダクト、サービスは、投資顧問に適法かつ適切な投資判断上の支援を提供しなければならない。そのため、焦点は、投資顧問がどのようにリサーチを利用するのか、ということになる。投資顧問が自らの投資判断に関する責任を果たす際の支援としてリサーチを利用する場合、適法かつ適切な支援という要件は充たされる。しかしながら、投資顧問が

180 第8章 義務の履行

自らのサービスの販促等の別の目的でリサーチを利用した場合、当該要件
は充たさず、その結果として、適格性を有するリサーチはセーフハーバー
規定には該当しないことになる。

2　28条(e)項における「ブローカレッジ」の適格要件

　ブローカーは、以下の取引所法 28 条(e)項(3)号(C)に基く限りにおいて
「ブローカレッジ・サービス」を提供する。

　ブローカーは、証券取引を執行し、かつそれに付随する業務（清算、決
済、保管等）、または SEC もしくは加入者ないし参加者となっている自主
規制機関によって定められた規則に関連する業務を行う。

　このように取引所法 28 条(e)項(3)号(C)は、セーフハーバー規定に基づく
適格性を有するブローカレッジ・プロダクト、サービスだけでなく適格性
を有する付随業務についても言及している。また、SEC または自主規制
機関によって義務づけられている業務は、適格性を有する。たとえば、あ
る状況下では機関投資家による取引の電子的な確認・承認が決済に関して
義務づけられている（たとえば、NASD 規則 11860 (a)(5)、NYSE 規則 387 (a)
(5)（または将来、FINRA によって制定される同様の規則）を参照）。

　ブローカーによって執行された取引に関連する清算、決済、および保管
サービスは、適格性を有する付随的なブローカレッジ・サービスとして明
示的に特定されている。SEC によれば、以下の取引後のサービスは取引
を執行する際の付随業務であり、「ブローカレッジ・サービス」としてセ
ーフハーバー規定のもとで適格性を認められる。

- ・取引後の取引情報の照合
- ・ブローカー・ディーラー、カストディアン（保管銀行）および取引
  に関係する機関の間での取引情報以外のコミュニケーション
- ・関係機関とブローカー・ディーラーとの間での口座間の配分に関す
  る指図についての電子的なコミュニケーション
- ・カストディアンとブローカー・ディーラーのクリアリング・エージ
  ェント（清算代理人）との間での決済指示
- ・取引清算と決済に際して、特定の取引執行に関連する短期の保管
- ・SEC または自主規制機関による規則によって義務づけられている

取引比較に関するサービス

(1) 「**一時性基準**」　　SEC によれば、セーフハーバー規定に基づく「ブローカレッジ」サービスは、証券取引の執行に関係していなければならない。SEC は、取引執行を 1 つのプロセスとして捉えている。証券取引の執行に関連するサービスは、投資顧問が取引注文の執行を伝達する目的でコミュニケーションを行った時から始まる。サービスは、投資顧問が運用している口座または口座保有者の代理人に資金または証券の引渡し（デリバリー）が行われ、決済が完了した時に終了する。したがって、SEC は、取引所法 28 条(e)項に基づく適格性を有するブローカレッジ・サービスおよびそのプロダクト、サービスと、間接経費のように適格性をもたないものを区別するために一時性基準を導入している。

SEC の一時性基準のもとでは、執行に関連するコミュニケーションサービス、証券取引の清算と決済、およびその他証券取引を執行する際に生じる付随的な業務（たとえば、投資顧問とブローカー・ディーラーおよびカストディアン等のその他の関係する当事者との間のシステムを接続するサービス）は、取引所法 28 条(e)項(3)号(C)に基づく適格性を有するとされる。さらに、取引の中心となっているマーケットにオーダーを回送（routing）するための取引ソフトウエア、アルゴリズム取引戦略を提供するソフトウエア、仲介者を介さずに取引所に直接発注するシステム（direct market access system、いわゆる「DMA」）に注文を送信するソフトウエアは、一時性基準を満たしており、それゆえにセーフハーバー規定に基づいて適格性を有する「ブローカレッジ」となる。

リサーチ・サービスとは異なり（前記 1(2)を参照）、ブローカレッジ・サービスは、ブローカーに注文を送信するために利用される際の接続サービスと取引ソフトウエアを含めることができる。これは、発注の送信が伝統的にブローカレッジ・サービスの核心をなす部分であると考えられてきたことによる。SEC は、対照的に、リサーチ提供のメカニズムについてはリサーチおよび投資判断プロセスから分離されていて、それゆえ、リサーチ提供のメカニズムが取引所法 28 条(e)項におけるリサーチとはなりえない、との立場をとっている。

セーフハーバー規定に基づくブローカレッジにとって適格性を有する接

182　第8章　義務の履行

続サービスには、以下のものが含まれる。

- ・ブローカー・ディーラーと投資顧問の発注マネジメントシステムとの間の専用回線
- ・ブローカー・ディーラーと第三者であるベンダーによって運用されている発注マネジメントシステムとの間の回線
- ・投資顧問とブローカー・ディーラーの取引デスクとの間の直通電話サービス用の専用回線
- ・執行のためにブローカー注文を伝達するためのメッセージ・サービス

(2) **不適格な間接経費**　SEC は、多くのプロダクト、サービスがセーフハーバーに基づくブローカレッジにあたらない、と指摘してきた。これは、注文執行に十分に関係しておらず、セーフハーバーに基づくブローカレッジに該当するための一時性基準を満たさないことによるものである。したがって、そのようなプロダクト、サービスは、本来は間接経費（たとえば、投資顧問の業務遂行費用）として分類される。間接経費には、以下のものが含まれる。

- ・電話またはコンピュータ端末のようなハードウエア
- ・記録保存または事務目的（ポートフォリオ管理など）のために使用されるソフトウエア機能
- ・ポートフォリオ、資産配分、ポートフォリオ・モデリングにあたり、これらの調整に関するシナリオ検証で利用する数量的分析ソフトウエア（注文管理システム（OMS）を経由するものかどうかを問わない）

さらに、SEC は、投資顧問がコンプライアンス上の責任を果たすために、顧客から得た手数料をセーフハーバー規定に基づいて利用してはならない、と指摘してきた。これらの責任には、以下のものが含まれる。

- ・たとえば、投資顧問による最良執行義務の履行状況を評価するための取引執行分析を含め、通常と異なる取引パターンを特定するための長期間にわたる情報分析用のコンプライアンス・テストの実施
- ・法令上の義務、目論見書の開示、または投資目的を遵守するための取引パラメータの作成
- ・様々な市場条件に基づくポートフォリオに関するストレステスト、

または、スタイル・ドリフト（採用されているポートフォリオ戦略と実際の投資との乖離）の監視

　最後に、投資顧問のエラーを是正するための取引およびエラーにかかる関連サービスは、セーフハーバー規定で適格性を認められていない。実際のところ、エラーは取引所法 28 条(e)項(3)号(C)に照らして顧客にとっての最初の取引とは関係していない。さらに、それらの取引および関連サービスは、投資顧問のエラーを是正するための別の取引であって、運用されている顧客の口座に利益をもたらすものではない。なお、トレーディング・エラーについての詳細は、後記第 12 節を参照されたい。

　（3）　**カストディ（保管）**　　取引所法 28 条(e)項(3)号(C)は、明示的に「カストディ」をセーフハーバー規定の射程に含めているものの、SEC は、長期間ではなく短期間のカストディのみが対象になる、という見解をとっている。SEC によれば、ある特定の取引の清算および決済だけでなく、当該取引の執行に関係する短期間の保管は、発注がなされた時点と取引が終了した時点の間で取引の処理に関係していることから、セーフハーバー規定の対象となっている（一時性基準を満たす）。対照的に、長期間の保管は決済後提供されることから、セーフハーバー規定の対象には含まれず（一時性基準を満たさない）、長期にわたる証券のポジション管理に関係している。さらに、投資顧問の顧客の多くは、カストディアンとの間で直接締結される契約を通じて長期間のカストディについて対価を支払っている。

3　「混合利用（mixed-use）」される項目

　顧客からの手数料により入手されたプロダクトまたはサービスの中には、混合利用されるものがある。混合利用とは、運用されている顧客だけでなく投資顧問にも利益をもたらすようなものである。混合利用されるプロダクトには、取引分析ソフトウエア（事務目的にも利用されうる）、議決権行使助言サービス、運用管理システムが含まれる。投資顧問は、顧客からの手数料で混合利用されるプロダクトまたはサービスを利用する場合には利益相反に直面する。投資顧問は、実際に顧客に利益をもたらす部分だけでなく、すべてのプロダクト、サービスの支払いに顧客から得た手数料を利用したいという衝動にかられるだろう。

184 第8章 義務の履行

　プロダクト、サービスが混合利用される場合、投資顧問は、プロダクトまたはサービスの費用を誠実に、その利用に照らして合理的に分配しなければならない。顧客からの手数料は、投資顧問が顧客にかかるものとして合理的に分配した、混合利用されるプロダクトの費用の一部の支払いについてのみ利用できる。投資顧問は、残り（投資顧問に配分された額）の支払いのためには自らの資金を利用しなければならない。配分額の決定自体が、投資顧問にとって利益相反を生じさせることから、当該利益相反は顧客に開示されなければならない。さらに、投資顧問は、自らの誠実さの証明をするために配分に関する十分な記録保存を行わなければならない。

　ある特定の混合使用されるプロダクト、サービスについて費用をどのように配分するかを決める場合、投資顧問は、自社と自社の従業員がどのようにプロダクト、サービスを利用するのかについて、事実に基づく分析を誠実に行うべきである。考慮すべき関連性のある要素としては、何よりもまず、プロダクト、サービスの適格な目的と適格ではない目的のための利用時間、そして適格な目的と適格ではない目的のための利用による投資顧問にとっての比較有用性（客観的な指標に基づいて計算される有用性の比較）、さらに当該プロダクトまたはサービスがすでに投資顧問によって利用されている他のプロダクトまたはサービスと重複する範囲、が含まれる（取引所法通知54165号、2005 WL 4843294（2006年7月18日）および取引所法通知23170号、1986 WL 630442（1986年4月23日）参照）。

4　28条(e)項適用の合理性に関する投資顧問による誠実な決定

　取引所法28条(e)項に基づくセーフハーバー規定を利用するために、投資顧問は、受け取った適格性を有するリサーチとブローカレッジ・サービスの価値に照らして支払うべき手数料が合理的であるかについて、誠実に判断しなければならない。投資顧問は、この点について挙証責任を負っている。リサーチの場面では、ブローカー・ディーラーが自社のリサーチに個別の価格を設定している場合、投資顧問はその価格によりリサーチの市場価値を知るべきであり、当該個別価格が投資顧問の誠実な判断を助けることになる。

　投資顧問は、自らの商品の取扱ってもらうことを目的としたり、顧客の

紹介といった適格性のないサービスを目的としたブローカー・ディーラーへのより高い手数料の支払いを隠蔽するため適格性を有するプロダクト、サービスを手に入れることはできない。このような状況では、投資顧問は、取引所法 28 条(e)項に基づく適格性を有するプロダクトの価値に照らして手数料が合理的であるかについて、かかる手数料が非適格なものを含むため誠実に判断することができない。登録投資会社を顧客とする投資顧問の場合、投資会社法規則 12b-1(h)に留意すべきである。当該規則によれば、ファンドは自らのファンドを販売するためにブローカレッジ手数料を利用することができないとされている。

5 28 条(e)項における「提供される（provided by）」という文言と「取引を執行する（effecting）」という文言の関連性

取引所法 28 条(e)項によれば、ブローカー・ディーラーは、投資顧問に適格性を有するリサーチを提供することに加えて、投資顧問に代わって取引の執行に関与しなければならない。この連邦制定法において、リサーチの提供者と取引の執行者との間に関連性が設けられているのは、主に「ギブアップ取引」に関する支払いに関する慣行を排除するためであった。

典型的な「ギブアップ取引」は、ミューチュアル・ファンド（またはミューチュアル・ファンドの投資顧問や引受人）が同じ取引所の参加者である別のブローカー・ディーラーに対して手数料の一部を支払うように執行ブローカー・ディーラーに指示した場合に生じる。「ギブアップ取引」は、「ギブアップ取引」の受け手がファンド（またはミューチュアル・ファンドの投資顧問や引受人）に提供されるその他のサービス（当該取引と関係のないものも含まれうる）へ支払いのためにしばしばなされた。これは、より低い額の手数料を支払おうとするファンドの保有者の利益と、手数料を分け与えることによってファンドの追加的な販売促進をしようとする投資顧問および引受人との利益の間で、利益相反を生じさせた。このファンドの追加的な販売は、投資顧問にとって追加的な手数料を生み出すものの、必ずしもファンドの既存の保有者にとって利益をもたらさなかった。

(1) **取引執行とリサーチの分離** 1970 年代半ば以来、金融業界における専門化とイノベーションが注文執行とリサーチとの間での機能的分離

186　第8章　義務の履行

を進めることとなった。リサーチの提供者は、有益なリサーチを運用口座に対して提供するのに対し、効率的な執行の現場では、良好かつ安い費用の執行が提供される。こうした点をふまえ、投資顧問の中にはあるブローカー・ディーラーを通じて取引を執行し、そして、別のブローカー・ディーラーからリサーチと他のサービスを得るためのアレンジメント（いわゆる「取引所法 28 条(e)項のアレンジメント」）を締結している者もいる。SEC は、執行とリサーチを分離することがアドバイスを受ける顧客にとって有益であり、これらのサービスの機能的配分を促進する取引所法 28 条(e)項のアレジメントがいわゆる「ギブアップ取引」とは同じではない、という見解を示してきた（「通知 54165 号」参照）。

　それでも SEC は、連邦制定法上の「取引を行う（effecting）」という言葉によって、取引を執行するブローカー・ディーラーが、ⓐ 4 つの最低限の機能のうち 1 つを履行しなければならないこと、かつ、ⓑ SEC および自主規制機関のルールに基づく義務と完全に整合的なかたちで、他の機能がアレンジメントに関与している別のブローカー・ディーラーに合理的に配分されなければならない、という見解を採用している。

　4 つの機能は、以下のとおりである。

　①清算ブローカー・ディーラーが取引代金の支払い（または証券の受渡し）を結了するまで、すべての顧客の取引に対する財務上の責任を負うこと（これは、ブローカー・ディーラーの 1 つはあらゆるアレンジメントにおいて顧客による支払いがなされないことについてリスクを負うことを意味する）

　② SEC および自主規制機関によって義務づけられている注文記録およびメモ（blotter and memoranda）を含めた顧客の取引に関する記録保存および（または）管理

　③取引の結了にかかるモニタリングおよび顧客からのコメントに対するその対応

　④一般的な取引と決済のモニタリング

　(2)　**第三者とのリサーチ提供に関するアレンジメントの文脈における「提供される（provided by）」**　取引所法 28 条(e)項によれば、取引の執行について手数料を受け取るブローカー・ディーラーは、ブローカレッジま

たはリサーチ・サービスを投資顧問に提供しなければならない。SEC は、これを投資顧問が顧客から受け取る手数料をブローカー・ディーラー以外の第三者によって作成されたリサーチ（third-party research）の対価の支払いのために利用できる、と解釈してきた。第三者によるリサーチアレンジメントは、投資顧問がブローカー・ディーラーによって提供されるリサーチ・サービスまたはプロダクトの選択に参加している場合、セーフハーバー規定に基づく適格性を失うわけではない。また、第三者はリサーチを直接投資顧問に送ることができる（前出の「通知 54165 号」および Goldman, Sachs & Co.／SEC ノー・アクション・レター、2007 WL 516135（2007 年 1 月 17 日公表）参照）。

　SEC によれば、以下の点は、アドバイスを受けている口座に取引を執行するブローカー・ディーラーが「提供される（provided by）」という要件を充たすことにより、投資顧問が取引所法 28 条(e)項のセーフハーバー規定を利用できるかについて判断する際の助けとなるとしている。

　①ブローカー・ディーラーは、リサーチを行った者に直接支払いを行っている。

　②ブローカー・ディーラーは、セーフハーバー規定に基づいて顧客の手数料で支払われるサービスの項目を検証し、取引所法 28 条(e)項で適格性を認められないようなサービスが含まれていないかを確認しており、投資顧問との間で合理的にセーフハーバー規定に該当する項目についてのみ顧客からの手数料を利用することに合意している。

　③ブローカー・ディーラーは、リサーチへの支払いが文書化され、迅速に支払われるような手続を構築し、それを維持している。リサーチと支払いの関連性を保証することから迅速な支払いは重要であり、それゆえアドバイスを受けて運用されている口座のために「取引を執行する」ブローカー・ディーラーがリサーチを「提供する」ように義務づけている連邦制定法上の文言をそのまま維持していることとなる。

188　第8章　義務の履行

第9節　顧客の指定によるブローカレッジ
(client directed brokerage)

　特に大規模な機関投資家または年金プラン等を代理する適格プラン・スポンサーといった顧客については、証券取引を執行するのに特定のブローカーを使うように自らの投資顧問に対して明示的に指示する場合がある（一連のプロセスは、「ディレクテッド・ブローカレッジ（directed brokerage）」と呼ばれる）。ディレクテッド・ブローカレッジのアレンジメントには、一般にもっぱら顧客のためだけに直接利益をもたらすサービスを得るために当該顧客の手数料を利用することが含まれている。たとえば、顧客はリベートの形で手数料の一部を取り戻すことができるか、または、手数料の一部をサブ・トランスファー・エージェント費用、コンサルタント費用、事務サービス費用など当該顧客に関連する費用に充当することができる。

　ディレクテッド・ブローカレッジにおいては、投資顧問はもはや最良執行の義務を負っていない。それは、顧客が投資顧問に自分の取引を1つまたはそれ以上の特定のブローカーを通じて行うように指示したからである。しかしながら、投資顧問は、ディレクテッド・ブローカレッジのアレンジメントにより生じうるあらゆる潜在的な悪影響について、顧客に開示するように義務づけられている。顧客のために最良執行を行う投資顧問の能力への悪影響や、顧客が投資顧問の取引の集中に関して得られる手数料割引きの利益を得られなくなることは、悪影響の中に含まれる（In the Matter of Bailey & Co.／投資顧問法通知 1105 号、1988 WL 901756（1988 年 2 月 24 日）参照）。また、投資顧問がディレクテッド・ブローカレッジによる取引よりもディレクテッド・ブローカレッジによらない取引執行を優先する方針を採用している場合には、投資顧問は顧客にこの方針を開示する必要がある。

　しかしながら、ディレクテッド・ブローカレッジのアレンジメントは、取引所法 28 条(e)項のソフトダラー・セーフハーバー規定との問題は関係がない。これは、このアレンジメントにおいてブローカーの選択に投資顧問が裁量を行使せず、投資顧問に対してプロダクトまたはサービスが最終的に提供されないからである（ソフトダラー・セーフハーバーの詳細につい

ては、前記第 8 節参照)。

第 10 節　投資顧問によるブローカレッジからの利益の享受

I　概　　説

　利益相反は、(顧客というよりも) 投資顧問がある特定のブローカー・ディーラーから顧客の紹介を受ける見返りとして、当該ブローカー・ディーラーにブローカレッジを指定する場合に生じる。実際のところ、紹介された顧客は、顧客のニーズにとって最適の投資顧問ではなく、むしろ投資顧問によるディレクテッド・ブローカレッジを通じてブローカーに見返りをもたらすだけの投資顧問である可能性がある。さらに、投資顧問の既存顧客は、最も競争力のある手数料レートを提示するブローカーと異なり、そのような優遇を受けているブローカーのための指定された取引の結果、追加的な費用を負担していることについて、気づいていないこともある。

　金銭による顧客勧誘ルール (cash solicitation rule：投資顧問法規則 206(4)-3) によれば、ブローカーおよびその他の「勧誘員」に対する紹介料の支払いは、特定の要件が充たされた場合にのみ認められている (本書第 7 章第 1 節参照)。SEC は、投資顧問法 206 条に基づく非金銭的な支払いの妥当性について質問を行うことができることから、投資顧問は、顧客の紹介について誰かに直接または間接の支払いがなされるあらゆるアレンジメントについて、フォーム ADV で完全に開示しなければならない (フォームADV の第 1 部 A 項目 8 F 参照)。

II　投資会社の顧客

1　投資顧問の責任

　1990 年代から 2000 年代初めにかけて、登録投資会社の投資顧問は、ブローカー・ディーラーとの間で「優遇的な自社商品取扱いを目的としたアレンジメント (preferred shelf space arrangement)」を結ぶようになった。

190　第8章　義務の履行

このようなアレンジメントに従って、投資顧問は、ブローカー・ディーラーの販売システムの中で自分がアドバイスを提供するファンドの注目度が増えることを理由に支払いを行うこととなる。この支払いは、投資会社法規則 12b-1(h)に違反する投資顧問によるディレクテッド・ブローカレッジの形態をとることが多い。投資顧問は、運用資産残高（AUM）の割合に応じて運用報酬が計算されることから、運用サービスを提供するファンドについて販売シェアが増えることで利益を受けることになる。特に、投資顧問は運用サービスを提供しているファンドの保有者にこのアレンジメントについて開示せず、ブローカー・ディーラーが顧客にこのアレンジメントについて開示することもない。

たとえば、SEC は、Putnam Investment Management, LLC（以下、「Putnam」）が 80 以上のブローカー・ディーラーとの間でこのような販売優遇アレンジメントを締結し、当該ブローカー・ディーラーは Putnam により運用されているミューチュアル・ファンドの販売促進サービスを提供している、との主張を行った。60 を超えるブローカー・ディーラーは、かかる取引によってディレクテッド・ブローカレッジに基づく手数料を得ていた。これらすべてのアレンジメントは、ファンドのグロスまたはネットの販売額またはファンドの資産額の維持（その双方の場合もある）に関連した計算式に基づいて行われていた。

SEC の命令によれば、Putnam は意図的に投資顧問法 206 条(2)号違反を行ったものとされた。なぜならば、Putnam は、受託者（fiduciary）として、ファンドのブローカレッジ手数料をブローカー・ディーラーとの間の販売優遇アレンジメントのために利用することで生じるあらゆる潜在的な利益相反について、Putnam のファンドの取締役会に開示する義務を負っていたからである。さらに、SEC は、Putnam が投資会社法 34 条(b)項に違反しているとした。同条は、投資会社の届出書において何人も重大で誤解を与える説明または省略をしてはならない、と規定している。この点、Putnam のファンドの目論見書とその追加情報書類（請求目論見書）は、どちらも販売優遇アレンジメントのためにファンドがブローカレッジ手数料を支払っていることを十分に開示していなかった。Putnam は、SEC の命令における認定を認めることも否認することもせず、起訴について和解

するために 4,000 万米ドルの課徴金の支払いに応じた（In the Matter of Putnam Investment Mgt., LLC／投資顧問法通知 2370 号、2005 WL 673295（2005 年 3 月 23 日）参照）。

2　ブローカー・ディーラーの責任

　投資顧問の顧客である投資顧問会社について、NASD 規則は、ファンドまたは投資顧問がブローカレッジを配分する際、ファンドの持分を販売する際のブローカー・ディーラーの行動を考慮してもよい、としている。反互恵ルール（anti-reciprocity rule）として知られる NASD 行為規則 2830 (k)によれば、加盟会社は、ブローカー・ディーラーを選ぶ際の 1 要素として過去の販売実績を考慮する旨の方針を採用する投資会社のために、ポートフォリオ取引を執行することができる。しかしながら、同規則は、加盟会社がファンドにおける受注を獲得することをファンド持分の販売条件にすることは禁止している。同規則の文言に従えば、ファンドの販売実績を考慮できることは、ファンドのポートフォリオ取引にとって最良執行を追求するという投資顧問の義務との間で整合的でなければならない。

　多くのブローカー・ディーラーは、投資顧問によるディレクテッド・ブローカレッジを含む優遇的シェルフ・スペース・アレンジメントに関連する行動について問題にされてきた。たとえば、2004 年に SEC は、取引所法に基づく登録ブローカー・ディーラーであった Edward D. Jones & Co., L.P.（以下、「Edward Jones」）が、7 つのミューチュアル・ファンドファミリーとの間で利益分配アレンジメントを締結していた、と主張した。この 7 つのミューチュアル・ファンドファミリーは、Edward Jones から「優遇ミューチュアル・ファンドファミリー」として呼ばれていた。SEC の命令によれば、Edward Jones は、当該ファンドの長期的な投資目的と業績を理由として、「優遇ミューチュアル・ファンドファミリー」の販売を促進すると一般公衆および顧客に述べていた。他方、Edward Jones は毎年、ミューチュアル・ファンドの販売の対価として「優遇ミューチュアル・ファンドファミリー」から数百万米ドルという最も高い手数料とその他の費用を受け取っていることについて開示していなかった。しかも、Edward Jones は、そのような支払いが自分の「優遇ミューチュアル・フ

ァンド」となり、その地位を維持するために重要な要素であることを開示
していなかった。

　SEC は、顧客がミューチュアル・ファンドを購入した際、取引に影響
を及ぼすあらゆる利益相反の性質と範囲について完全に説明されなければ
ならない、と指摘した。Edward Jones は、販促を行っているミューチュ
アル・ファンドから開示していない支払いを受けていることについて、投
資家に知らせていなかった。Edward Jones は、SEC の命令における認定
を認めることも否認することもせずに、起訴について和解するために、
7,500 万米ドルの課徴金の支払いに応じた（In the Matter of Edward D.
Jones & Co., L.P.／取引所法通知 50910 号、2004 WL 317719（2004 年 12 月 22
日）参照）。

　NASD および NYSE は、ともに SEC が Edward Jones 事案で指摘した
以上の主張を展開している。NASD は、Edward Jones が投資顧問による
ディレクテッド・ブローカレッジにより何百万米ドルもの金額を得る見返
りに、「優遇ミューチュアル・ファンドファミリー」の中で３つのファン
ドに特別の取扱いをした、と認定した。NASD は、これが反互恵ルール
に違反すると主張している。反互恵ルールによれば、規制対象会社がファ
ンドから支払われるブローカレッジ手数料に基づいて特定のミューチュア
ル・ファンドの販売を優遇することは禁止されているからである。ニュー
ヨーク証券取引所は、Edward Jones の行動が公正かつ衡平な取引の原則
と整合せず、NYSE 規則 476 および 401 に違反して公正な商慣習から逸
脱した、と認定した。

　NASD の FINRA への改組については、第 7 章第 3 節 III 1(5)を参照。

第 11 節　関係法人によるブローカレッジ （affiliated brokerage）

　投資顧問が（二重登録者として）顧客の取引を自分で執行する場合、ま
たは、提携するブローカー・ディーラーを通じて執行する場合、利益相反
が生じる。投資顧問は、「関係法人によるブローカレッジ」と呼ばれるこ
の取引から生じる手数料収入を受領できるため、この取引を行う強い金銭

上のインセンティブがある。また、投資顧問は、ブローカー・ディーラーと同じように追加的な手数料収入を生み出すため、顧客の口座を代理して過度な取引（回転売買（churning）と呼ばれる行動）を行う金銭上のインセンティブがある。

投資顧問は、この場面でも投資顧問法206条に基づいて、自己または関係法人が執行するあらゆる取引について、最良執行の義務を含む受託者責任を負っている。また、投資顧問は、フォームADVの第2部において、自己または関係法人が顧客の取引を行うために手数料を受け取っている旨を顧客に開示しなければならない。さらに、関係法人のブローカレッジ取引にプリンシパル取引が含まれる場合（無リスクのプリンシパル取引を含む）、投資顧問は投資顧問法206条(3)項を遵守しなければならない（前記第5節II1参照）。同様に、関係法人のブローカレッジ取引にエージェンシー・クロス取引が含まれる場合、投資顧問は投資顧問法規則206(3)-2を遵守しなければならない（前記第5節II2参照）。

投資会社法17条(e)項(2)号は、投資顧問または関係法人が登録投資会社である顧客を代理して執行する関係法人のブローカレッジ取引を対象としている。同号は、取引が証券取引所で執行される場合、関係法人のブローカレッジ取引による手数料については「通常かつ一般的なブローカー手数料」に制限している。投資会社法規則17e-1では、何が「通常かつ一般的なブローカー手数料」にあたるのかについてガイドラインが示されている。何よりもまずこの規則では、ある証券取引所の比較可能な時間帯に行われた類似証券の売買を含む比較可能な取引に関連して、他のブローカーが受け取る手数料と比べて合理的かつ公正な手数料であることが要求されている。利害関係者でない過半数の取締役を含むミューチュアル・ファンドの取締役会は、関係法人のブローカレッジ取引手数料がこの合理的かつ公正な基準を満たすよう合理的にデザインされた手続を採用しなければならない。

第12節　トレーディング・エラー

トレーディング・エラーという言葉は、顧客の口座のための取引執行上

生じる様々なエラーを表すものとして広く使われている。事例としては、売却の代わりに購入した場合、誤った口座での取引、投資顧問が意図した条件とは異なる条件での取引の執行が含まれる。投資顧問がもつ顧客の数が増え、投資顧問が顧客を代理して執行する取引の数が増えれば増えるほど、回避できないトレーディング・エラーがより多く生じることになる。

投資顧問法は「エラー」または「トレーディング・エラー」という言葉を使っておらず、トレーディング・エラーに関する投資顧問の責任について言及する特定の条項を含んでいない。しかしながら、SEC は、投資顧問が受託者として顧客の取引を正確に執行しなければならない（投資顧問がコモンロー上負う注意義務によっても一定の行動が義務づけられる）、と指摘してきた。また、SEC スタッフによれば、投資顧問がトレーディング・エラーを是正する際に生じる費用を自ら負わなければならない。投資顧問は、その他の顧客の口座との間で証券を売買することでエラーを是正すべきではない（In the Matter of M & I Investment Mgt. Corp. ／投資顧問法通知1318 号、1992 WL 160038（1992 年 6 月 30 日）参照）。前記の第 8 節 III 2 (2)で議論したとおり、投資顧問は、ソフトダラーを使ってトレーディング・エラーを是正することができない。

第 13 節　キーマンに対する生命保険

投資パフォーマンスに関して、多くの投資顧問はその大部分を中心的な複数のポートフォリオ・マネジャー（キーマン）に依存している。そのような中心的な人員が重要であることから、投資顧問は自分の利益のためにキーマンに対する生命保険を契約する。これは、登録および未登録両方の投資顧問にとって標準となる業界実務である。プライベート・エクイティの分野やヘッジファンドへの大口投資家は、彼らの投資の前提条件としてキーマンに対する生命保険を契約することをしばしば主張する。

第9章 ラップ・フィー・プログラム

第1節 概　説

　ラップ・フィー・プログラムは一任でのポートフォリオ・マネジメント
（discretionary portfolio management）、約定執行、資産配分および事務管理
サービス（administrative services）といったサービスが「包括され（wrap-
ped）」単一の手数料で顧客に提供されていることからそのように名づけら
れている。かかる手数料は顧客のラップ・フィー口座の資産残高に基づく
ものとなっている。SEC はラップ・フィー・プログラム自体を若干精緻
に「具体的な手数料または顧客口座における取引に直接基づくことのない
単一または複数の手数料が、投資顧問サービス（他の投資顧問の選定に関す
るポートフォリオ・マネジメントまたは助言を含む場合がある）および顧客取
引の執行のために課されるもの」として定義している（投資顧問法規則
204-3(g)(4)およびフォーム ADV：Glossary of Terms, definition 35 参照）。
　ラップ・フィー・プログラムは 1990 年代初めに最初に紹介され、それ
以来普及してきた。普及の理由は、ミューチュアル・ファンドと同様に、
ラップ・フィー・プログラムが複数の顧客の資産をプール（pool）したか
らである。これらの顧客はそれぞれ、典型的には個別運用口座に必要とさ
れるだけの最低投資金額未満であるが、ほとんどのミューチュアル・ファ
ンド口座における最低口座規模を大きく上回るものである。プーリングを
通じて、これらの顧客は、高額の口座を有する投資家のみに対応しており、
通常は最低金額が高額に設定されているより成功した投資顧問にアクセス
を得ることになるのである。しかしながら、ミューチュアル・ファンドと
は異なり、ラップ・フィー・プログラムは個別の投資アドバイスをファン
ドを間接的に経由するのではなく、投資顧問から顧客に直接提供する。
　ラップ・フィー・スポンサー（wrap fee sponsors）は投資顧問法に従う
こととなり、「ブローカー・ディーラー」の除外規定に該当しない。ラッ

プ・フィー・プログラムが投資コミュニティー（investment community）において普及してきたことにより、SEC は追加的なディスクロージャーが必要となることを決定している。フォーム ADV の準備とファイリングに追加して、ラップ・フィー・プログラム・スポンサーは同フォームの別紙 H において追加的な情報を開示しなければならない（投資顧問法規則 204-3（f）(1)参照）。この点における「スポンサー」とは、プログラムを提供し（sponsor）、組織し（organize）もしくは監理する者、またはプログラムにおける他の投資顧問業者を選定しもしくはその選定に関する助言を顧客に提供する者を含むものとして定義されている（フォーム ADV：Glossary of Terms, definition 33 参照）。

I ラップ・フィーは交渉可能である

ラップ・フィーは一般に顧客の運用資産残高のパーセンテージに基づく。これは投資家とブローカーの間のフィー（手数料）において、投資家がどれだけ頻繁に取引を行ったかによって課される通常の関係とは異なっている。投資家は、その投資家が十分な資産を投資する意向であれば、投資顧問により課されるパーセンテージを交渉することが通常可能である。ラップ・フィーは、証券売買においてその結果とは無関係に本来あるべき運用成果（パフォーマンス）に基づくことなくブローカーに報酬を支払うような、ブローカーと投資家の関係において存在する固有の利益相反に対処しようとする新しい方法である。年間で個別の投資家からできる限り多くの取引を発生させるインセンティブは「回転売買（チャーニング（churning））」と言われる。

しかしながら、ラップ・フィーは投資家の利益に反するような別のインセンティブを生起する。回転売買のインセンティブをもつ代わりに、投資顧問は、どれだけ多くの取引が執行されたかに関係なく獲得される一体となったフィーを最小限の仕事により行うため、できる限り少ない取引を行おうとするインセンティブをもつこととなる。このプロセスは「リバース・チャーニング（reverse churning）」と呼ばれる。

II ラップ・フィー・プログラムの構成

ラップ・フィーは通常大手の証券会社により提供されている。スポンサーは、典型的には一般公衆にプログラムをマーケティングし、ラップ・フィー口座において資金を投資する者についてプログラムの事務管理を行う。

証券会社がラップ・フィー・プログラムを提供する際は、証券会社の営業担当者（representative）が初回面談を実施し、関係を維持することとなる。初回面談は投資家の投資目的およびリスク許容度の決定、さらにポートフォリオ・マネジャーの選定により構成される。1つの会社が何千もの顧客をもつため、コスト効率の良い運営は難しくなるかもしれない。したがってそうした会社は典型的に、同様の投資目的を有する顧客を一緒にプールすることを行う。こうした会社はそのグループにおける個別顧客のためにモデルポートフォリオを作成し、個別顧客のために一任ベースによる新規取引を適宜行うのである。これらの新規取引は、ラップ・フィー口座が性質上一任となっていることから、顧客の事前許可なく執行が可能となる。

第2節　登録要件

I　概　説

SECおよびほとんどの州では、他者に対して投資顧問を選定しまたは投資顧問に対して顧客を紹介することにより報酬を受領する者を投資顧問そのものとして分類している。したがって、ラップ・フィー・プログラムをスポンサーする証券会社は投資顧問法に従って、投資顧問としての登録を行わなければならない。

II　「ブローカー・ディーラー」の除外規定は利用できない

ラップ・フィー・プログラムにおいては、証券会社は、プログラムのス

ポンサーとして行われるサービスの手数料を通常受領する。これは、投資顧問法 202 条(a)項(11)号(C)に規定される投資顧問の定義に対するブローカー・ディーラーの除外規定の利用について不適格となる（本書第 2 章第 2 節 II 3 参照）。また、当該除外規定は、ラップ・フィー・プログラムのまさにその性質が、一体となったラップ・フィーに含まれる助言を提供することにあるという理由からも利用することができない。

III　投資会社法および証券法上の懸念

　ラップ・フィー・プログラムが同様の顧客口座をグループとして取り扱い、これらの口座に対して同じ投資運用に関する助言を提供しかつこれらの口座の中で同じ証券を取引するため、ラップ・フィー・プログラムは一般に投資会社法および証券法上の問題を生起する。実際に、ラップ・フィー・プログラムにおけるオペレーションは投資会社法において登録されなければならない投資会社（investment company）に該当するのであろうか。また、このプログラムは一般公衆に募集されるようになる前に証券法上登録されなければならないことが必要とされる新たな証券となるのであろうか。

　両方の懸念に対応するため、SEC は投資会社法規則 3a-4 を採択した。この規則はラップ・フィー・プログラムを含む一定の投資顧問プログラムのために、「投資会社」の定義からの非排他的なセーフハーバーを規定するものである。加えて、本規定の予備記載は、「規則 3a-4 に記載される方法に従い組織かつ業務が遂行されるプログラムに関して、1933 年証券法 5 条の規定に基づく登録要件は課されない」ことを規定している。したがって、この規則の遵守は前述した両方の懸念を排除することになる。

　投資会社法規則 3a-4 の鍵は、個別のラップ・フィー顧客が、自身の口座の運用に関する投資制限を行う機会や自身の口座において保有される有価証券に関する開示書類を受け取る権利を含む、個別化された取扱いを受けることである。具体的には当該規則は以下のような規定を設けている。

　　　・個別化された運用——個別の顧客口座は当該顧客の財務状況および
　　　　投資目的に基づき運用されなければならず、当該口座の運用に関し

て顧客から課されたいかなる合理的な制限にも従わなければならない。

・顧客情報の収集——当該プログラムのスポンサーは、個別の顧客から当該顧客に対する個別化された投資アドバイスを提供することができるようにするための十分な情報を取得しなければならない。

・スポンサーおよびポートフォリオ・マネジャーの利用可能性——スポンサーおよびポートフォリオ・マネジャーは、個別の顧客と協議できるよう合理的に利用可能でなければならない。

・年次ベースの顧客連絡——スポンサーは少なくとも年次で個別の顧客に連絡し、当該顧客の財務状況または投資目的に関する変更が発生しているかどうか、および当該口座の運用に関して変更または新たな投資制限を課すことを望んでいるかどうかを確認しなければならない。

・投資制約の賦課——個別の顧客は、当該顧客の口座の運用に関して合理的な制約を課すことができるようにされていなければならない。

・四半期ごとの通知——スポンサーは少なくとも四半期ごとに個別の顧客に対して、当該顧客の財務状況または投資目的にかかる変更が発生している場合、または当該顧客が口座の運用に関して変更または新たな投資制限を課すことを望んでいる場合に、当該顧客がスポンサーへの連絡をし、指示し、かつ当該スポンサーに連絡するための手段を提供する書面通知を送付しなければならない。

・四半期ごとの口座明細——個別の顧客は当該顧客の口座における全活動を記載した四半期ごとの口座明細を提供されなければならない。

・証券保有に関する何らかの証憑（indicia）——個別の顧客について当該口座にかかるすべての証券およびファンドの保有に関する何らかの証憑を保有しなければならない。

　当該規則は書面化されたコンプライアンス・ポリシーおよび手続の採択を要求する規定を含むものではないが、SEC は、スポンサーが当該規則を遵守するため、「監視および証明（monitor and demonstrate）」しなければならないことを示唆している。したがって、SEC はスポンサーが、かかる書面化されたポリシーおよび手続を採択することを強く働きかけてい

200　第9章　ラップ・フィー・プログラム

る（Status of Investment Advisory Programs under the Investment Company Act of 1940／投資顧問法通知 1634 号、1997 WL 134316（1997 年 3 月 24 日）参照）。

第3節　開示要件

I　ラップ・フィーに関する開示説明書

　ラップ・フィー・プログラムが業界において顕著なものとなると、SEC はフォーム ADV および投資顧問法規則 204-3 を改正し、個別の顧客および潜在顧客に対して、ラップ・フィー・プログラムに関し、別途ラップ・フィーに関する開示説明書（wrap fee brochure）を提供することを求めることとした。ラップ・フィーに関する開示説明書は、フォーム ADV の別紙 H において要求される情報を少なくとも含んでいなければならないものとされている。投資顧問は、同法規則 204-3(a)が定めるところにより、開示説明書（通常はフォーム ADV 第 2 部）に代わり、当該ラップ・フィーに関する開示説明書を提供しなければならない（同規則 204-3(f)(1)についても参照）。投資顧問は別紙 H において必要とされる情報以上の追加的な情報をラップ・フィーに関する開示説明書に挿入することができるが、追加情報は、投資顧問がスポンサーとなる当該ラップ・フィー・プログラムにもっぱら関連するものでなければならない。ラップ・フィー・スポンサーは、標準的な開示説明書を交付することは必要とされないが、顧客の資産を実際に運用するポートフォリオ・マネジャーは自身の標準的な開示説明書を当該顧客に対して交付しなければならない。

　投資信託の資産配分プログラムに関するスポンサーはラップ・フィーに関する開示説明書を交付することは必要とされない。その代わりに、これらのスポンサーは自身の標準的な開示説明書（通常はフォーム ADV の第 2 部）を交付しなければならない。さらに、個別の顧客は当該顧客の資産が投資される個別の投資信託の目論見書を受領することとなる。

　仮に投資顧問が複数のラップ・フィー・プログラムを提供する場合、当

該投資顧問は、当該顧客または潜在顧客に適用のない別紙Hにより必要とされる情報について、当該顧客または潜在顧客に対して作成するラップ・フィーに関する開示説明書から省略することができる（同規則204-3(f)(2)参照）。さらに、当該プログラムに関して、別の投資顧問がすべての顧客および潜在顧客に対して、ラップ・フィーに関する開示説明書を作成することが求められかつ実際に作成する場合には、提供されるプログラムに関するラップ・フィーに関する開示説明書を当該顧客および潜在顧客に対して作成する必要はない（同規則204-3(f)(3)参照）。

II 内 容

フォームADVの中において、あらかじめ提供された項目について該当部分をチェックする形式となっている他の部分とは異なり、投資顧問は別紙Hを文章として記述する方式で完成しなければならない。以下は、別紙Hにおいて含まれなければならないとされる情報のリストであり、したがってラップ・フィーに関する開示説明書においても含まれなければならないものである。

①手数料——手数料体系を規定する表とともに個別のプログラムにおいて徴収される手数料の額

②追加手数料——当該ラップ・フィーに加えて、当該顧客が支払うこととなる手数料およびかかる手数料の支払いが発生する状況

③比較可能性——別に提供されたとした場合のサービスにかかるコストおよび当該プログラムにおける従量コストとなるような要因（例として、口座内において行われる取引高）

④推奨に関する報酬——該当する場合における、当該顧客に対してプログラムを紹介する者が当該プログラムに参加する事により受領することとなる報酬を開示する書面

⑤ポートフォリオ・マネジャーの選定・検証——特定の顧客のためにどのポートフォリオ・マネジャーが推奨または選択されるか、およびポートフォリオ・マネジャーを入れ替えることとなる状況についての根拠を含む、ポートフォリオ・マネジャーの選定方法

⑥ポートフォリオ・マネジャーのパフォーマンス――当該マネジャーのパフォーマンスについて正確性を確認するため、検証を行う者の氏名およびパフォーマンスが計算される場合に用いられる業界基準
⑦顧客情報――当該スポンサーがポートフォリオ・マネジャーに連絡する顧客情報の記載
⑧利益相反――スポンサーおよび顧客の利益が相反する関係が存在する場合、当該スポンサーは当該利益相反の状況を説明しなければならない

III 開示説明書の交付

SEC は、SEC による開示書類の交付に関する SEC のガイドラインの要件を充たす場合においては、電子版のラップ・フィーに関する開示説明書が顧客に対して交付されることを認めている。しかしながら、多くの顧客がコンピュータの画面上で書類を読むよりも実際の書類を手にすることでより安心感を覚えるため、追加的な費用負担となるにもかかわらず、多くの投資顧問は紙ベースの書類を交付している。

IV 更 新

ラップ・フィーに関する開示説明書の情報において重要な部分が不正確なものとなった場合、スポンサーは可及的速やかに開示説明書の改訂を届け出なければならない。多くのスポンサーはこの要件について、単純に既存のラップ・フィーに関する開示説明書上にシールを貼付することにより対応する。当該シールは、既存のラップ・フィーに関する開示説明書に対して、何の情報が追加され、何の情報が改訂されようとしているのかを示す追加情報となる。ラップ・フィーに関する開示説明書が最終的に改訂された場合、貼付されたシールに記載された内容は開示説明書自体に取り込まれ、一体となる。

第10章　自己取引およびインサイダー取引

第1節　概　　説

Capital Gains 事件（SEC v. Capital Gains Research Bureau, Inc., 375 U.S. 180 (1963)）で、合衆国連邦最高裁判所は、投資顧問法 206 条が、法の運用において投資顧問に対して受託者責任を負わせるものであると判示した。投資顧問の金融サービス業界における地位に基づき、多くの投資顧問およびこれらのサービスを行う者は、彼ら自身に利益をもたらし、彼らの顧客に対して不利益となるような情報にかかる優位性を利己的に利用しうる立場にある。こうした利己的な利用行為は彼らの受託者責任違反を構成し、潜在的に連邦法上のインサイダー取引禁止規定（最も有名なものは、取引所法 10 条(b)項および同規則 10 (b)-5）違反も構成することとなる。実際に、Capital Gains 事件において問題とされた利益相反は、投資顧問およびこれらのサービスを行う者が、「スカルピング」または「フロント・ランニング」を行うことができるような潜在的な可能性についてであり、すなわちこれは、これから顧客に対して行う推奨に関する投資顧問の知識を利己的に利用し、彼らの顧客に不利益をもたらすようなものである（本書第8章第2節Ⅰ参照）。

　投資顧問法 204A 条は同法の記録保存義務（すなわち同法 204 条および同条により定められる規則）の対象となる投資顧問によるインサイダー取引の防止を具体的に規定している。かかる規定は、投資顧問の業務の性質を考慮に入れたうえで、当該投資顧問または「当該投資顧問に関係するもの」による重要な未公表の事実の不正使用を防止するために、合理的に設計された書面化された社内規則および手続を定めることを個別の投資顧問にかかる積極的な義務として定めている。「投資顧問に関係するもの」という文言は、当該投資顧問のパートナー（組合員）、執行役または役員（同様の職務を執行するあらゆる者を含む）、当該投資顧問の従業員を含む当該

204　第10章　自己取引およびインサイダー取引

投資顧問により直接または間接的に支配しまたは支配されるあらゆる者とされている（同法202条(a)項(17)号参照）。同法204A条はまた、SECがインサイダー取引を防止するために合理的に企図された具体的な規則または手続を求める規則およびレギュレーションを制定する権限を与えている。この点に基づき、SECは同規則204A-1を制定し、とりわけ投資顧問に対して倫理規程を策定することを義務づけている。

第2節　倫理規程

Ⅰ　概　説

　投資顧問およびその従業員は、投資顧問法規則204A-1（以下、「倫理規程規則」）により、自らの個人的な取引を通じて受託者責任に違反し、またはインサイダー取引を行うことを抑止している。倫理規程規則は、投資顧問法203条に基づき登録されまたは登録が義務づけられている投資顧問に書面化された倫理規程の策定、維持および実行を義務づけている。倫理規程規則(a)項は書面による倫理規程において最低限以下の5つの事項を含めなければならないと定めている。

①業務執行基準——投資顧問の「被監督者（supervised persons）」に対して義務づける業務執行基準。かかる基準は当該投資顧問および投資顧問の被監督者の受託者責任を反映したものでなければならない。

②適用ある連邦証券法の遵守——被監督者がすべての適用ある連邦証券法制を遵守すること義務づける規定。これらには取引所法、サーベンス・オクスリー法、投資会社法、投資顧問法、グラム・リーチ・ブライリー法第5章（プライバシー保護に関する規定）、合衆国銀行秘密法（投資会社および投資顧問に対して適用があるため）およびSECおよび財務省がこれらの法律に基づき制定した規則をすべて含む。

③証券取引報告書——投資顧問の「アクセス者」が、個人証券取引お

第2節　倫理規程　　*205*

　　よび残高を定期的に報告し、また投資顧問による検証を義務づける
　　規定。
　④義務違反の自己報告──被監督者が投資顧問のチーフ・コンプライ
　　アンス・オフィサーに対して、または倫理規程において指定する他
　　の者（投資顧問のチーフ・コンプライアンス・オフィサーがすべての違
　　反行為の報告を受領することを条件とする）に対して、倫理規程のあ
　　らゆる違反行為を速やかに報告することを義務づける規定。投資顧
　　問はすべての違反行為と当該違反行為の結果としてとった行為を記
　　録することを義務づけている（投資顧問法規則 204-2(a)(12)(i)・(ii)およ
　　び本書第 11 章第 2 節 VI 参照）。
　⑤規程の提供および受領の証書──投資顧問に対して、被監督者が倫
　　理規程およびその改定に関する書面を提供し、および被監督者が当
　　該規程および改定に関する受領に関する書面による受領を証明する
　　書面を当該投資顧問に対して提供することを義務づける規定。
　投資顧問の「被監督者」とその「アクセス者」に関する差異については
以下の II において、また個人に関する証券取引に関する報告は、後記 III
において解説する。

II　「被監督者」とその「アクセス者」に関する差異

　倫理規程規則は、投資顧問の倫理規程について最低限の義務を定めてい
る。これらの義務のほとんどについては投資顧問の「被監督者」に対して
適用されるが、当該投資顧問の「アクセス者」に対しても適用される規則
がある。したがって、「被監督者」とその「アクセス者」に関する差異を
理解することが重要となる。
　投資顧問法規則 204-1(a)(1)・(2)・(4)・(5)は、投資顧問の「被監督者」に
対して適用となる基準または規定を含む倫理規程の策定を義務づけている。
「被監督者」の文言は、パートナー（組合員）、執行役、取締役（同様の地
位を有しまたは同様の機能を行う他の者）もしくは投資顧問の従業員、また
は当該投資顧問のために投資アドバイスを提供し当該投資顧問の監督およ
び支配に服する他の者を意味する（投資顧問法 202 条(a)項(25)号参照）。

206 第10章　自己取引およびインサイダー取引

　これに対して、個人証券取引および残高の報告に関する投資顧問法規則204A-1 (a)(3)のみが「アクセス者」に対して適用される。「アクセス者」は「被監督者」の部分集合をなすものであり、「アクセス」は、本質的には顧客の取引活動または顧客に対する推奨内容についての非公開情報へのアクセスを意味するものである。具体的には、同規則204A-1 (e)(1)においては「アクセス者」は投資顧問の「被監督者」であって、以下のいずれかのものを指すものとされている。

　　①すべての顧客にかかる「証券の購入または売却」に関する非公開情
　　　報またはすべての「報告対象となるファンド」にかかるポートフォ
　　　リオの銘柄に関する非公開情報を有するもの

　　②証券にかかる推奨を行うことに従事しまたは非公開のかかる推奨内
　　　容に関してアクセスを有するもの

　投資顧問の主たる事業が投資に関する助言を提供することである場合、かかる投資顧問の取締役、執行役およびパートナー（組合員）はアクセス者と推定される（投資顧問法規則204A-1 (e)(1)(ii)参照）。投資顧問は、現在または過去5年以内において当該投資顧問のアクセス者であった者の名前を記録しなければならない（同規則204A-2 (a)(13)(ii)および本書第11章第2節Ⅵ参照）。

　「アクセス者」の定義において、「報告対象となるファンド（reportable fund)」の文言は、投資顧問が投資会社法2条(a)項(20)号において定義される「投資顧問」として従事するすべての登録投資会社を指す。かかる文言は、投資顧問または主たる引受証券会社がここで問題とされている投資顧問の関係会社であるすべての登録投資会社（すなわち、当該投資顧問を支配し、当該投資顧問により支配されまたは当該投資顧問と共通の支配下に置かれるもの）も指している（投資顧問法規則204A-1 (e)(5)・(9)参照）。「証券の購入または売却」の文言は、伝統的な意味における特定の証券の購入または売却を含むだけでなく、当該証券のオプションに関する購入または売却の取引も同様に含まれる（同規則204A-1 (e)(8)参照）。

III 倫理規程規則における報告要件

アクセス者が、個人証券取引活動またはインサイダー取引を行うことを通じてこれらの者に対する受託者責任に違反することを思いとどまらせる1つの方法は、詳細な記録保持要件を彼らに対して課すことである。具体的には、倫理規程規則は、アクセス者が当該投資顧問のチーフ・コンプライアンス・オフィサーまたは当該投資顧問の倫理規程において指定された他の者に対して2種類の報告、すなわち残高報告および取引報告、を行うことを求めている。それぞれの種類の報告書について、以下において解説する。

1 残高報告書

投資顧問の倫理規程は、個々のアクセス者がチーフ・コンプライアンス・オフィサーまたは当該投資顧問の倫理規程において指定された他の者に対して、当該アクセス者の直近における証券残高を提出するよう求めている（投資顧問法規則204A-1(b)(1)参照）。個別の残高報告の内容は投資顧問法規則204A-1(b)(1)(i)(A)～(C)において規定されている重要な3種類の情報を最低限含んでいなければならない。

最初に、残高報告は（適用がある場合において）アクセス者が直接または間接的に「実質的な所有者となっている」個別の「報告対象となる証券」について、以下の点を記載しなければならない。すなわち、証券の権原および種類、証券の取引所ティッカーシンボルまたはCUSIP（識別番号）、数量および総額である。「報告対象となる証券」の文言は、合衆国財務省証券、コマーシャル・ペーパーおよびマネー・マーケット・ファンドを含む操作不可能な一定の証券を除いて、投資顧問法202条(a)項(18)号に定義される「証券」と同じ意味を有する（同規則204A-1(e)(10)参照）。「実質的な所有者となっている」の文言は、取引所法規則16a-1(a)(2)において定義されている文言と同じ意味を有する。アクセス者はその残高報告において、当該報告が当該報告に含まれる1以上の証券について、直接または間接的に実質的な所有者となっていることを本人が認めていることと解釈されるべ

208　第10章　自己取引およびインサイダー取引

きではない旨の言及ができる（投資顧問法規則 204A-1 (e)(3)参照）。

第2に、残高報告には、アクセス者が直接または間接的に所有する証券口座のブローカー・ディーラーまたは銀行の名称を含めなければならない。

最後に、残高報告は、アクセス者が当該報告を提出した日付が含まれていなければならない。

アクセス者は以下に記載される2つの例外を除き、当初および年次の両方の報告を行わなければならない。アクセス者は、アクセス者となった日から10日以内に当初残高報告書の提出を行わなければならず、当該当初残高報告書自体の日付はその者がアクセス者となった日から45日以内の日付のものでなければならない。その後アクセス者は、当該者が選択する12か月の期間のうちの任意の1日を指定した日付での年次報告を行わなければならない（投資顧問法規則 204A-1 (b)(1)(ii)参照）。投資顧問はアクセス者が提出した各残高報告書を保管しなければならない（同規則 204-2 (a)(13)(i)および本書第11章第2節 VI 参照）。

重要なこととして、残高報告は、以下の2つの具体的な状況においては行わなくてもよいこととされている。第1に、残高報告は当該アクセス者が直接または間接的に影響力を有さず、または支配を及ぼさない口座における証券を報告する必要はない。また第2に、アクセス者が1人のみの場合（すなわち投資顧問本人）においては、倫理規程が別途当該アクセス者に対して報告を求めている残高報告書の記録を保有しているのであれば、報告がなされる必要はない（投資顧問法規則 204A-1 (b)(3)(i)・同(d)参照）。

2　取引報告書

投資顧問の倫理規程においては、アクセス者個々人がチーフ・コンプライアンス・オフィサーまたは当該倫理規程において指定する他の者に対して、四半期ごとに証券取引報告書を提出することを要求しなければならないことが義務づけられている（投資顧問法規則 204A-1 (b)(2)参照）。個々の取引報告書の内容は、同規則 204A-1 (b)(2)(i)(A)～(E)が規定する最低限5つの情報を含むものでなければならない。

　(A) 個別の「報告対象証券」について適用がある場合には、取引日、権原、取引所ティッカーシンボルまたは CUSIP、利率および償還

第2節　倫理規程　*209*

日、株数および元本額
(B) 取引の態様（すなわち、購入、売却または他の種類の取得または処分）
(C) 当該証券の取引が実行された際の価格
(D) 当該証券の取引が実行された際のブローカー・ディーラーまたは銀行の名称
(E) アクセス者が当該報告書を提出した日付

投資顧問は、個別のアクセス者が提出した個別の取引報告書を保管しなければならない（投資顧問法規則 204-2(a)(13)(i)および本書第 11 章第 2 節 VI 参照）。

個別のアクセス者は、各暦四半期の末日から 30 日以内に取引報告書を提出しなければならない。個別の報告書は、当該四半期中に発生したすべての取引を少なくともカバーしていなければならない（投資顧問法規則 204A-1(b)(2)(ii)参照）。

重要なこととして、取引報告は以下の 4 つの具体的な場合について不要とされている。第 1 に、取引報告はアクセス者が直接または間接的な影響力を有さずまたは支配を及ぼさない口座において保有される証券に関しては不要である。第 2 に、取引報告は自動投資プラン（automatic investment plan）に従い行われた取引についても不要とされる。第 3 に、各暦四半期末日から 30 日以内に投資顧問が取引確認書または口座明細を受領することにより、当該投資顧問が保有することとなる記録において、ブローカーとの取引確認書または口座明細における情報が含まれているために情報を二重に受領することとなる場合には報告を要しない。最後に、取引報告はアクセス者が 1 人である場合（すなわち投資顧問本人）において、倫理規程が別途当該アクセス者に対して報告を求めている取引報告書の記録を保有しているのであれば、報告は不要とされる（投資顧問法規則 204A-1(b)(3)・同(d)参照）。

IV　特定の取引に関する事前承認

アクセス者が、個人証券取引活動またはインサイダー取引を行うことを通じてこれらの者に対する受託者責任に違反することを思いとどまらせる

もう１つの方法は、特定の投資について事前承認を求めることである。具体的には、投資顧問の倫理規程は、アクセス者が「新規株式公開（initial public offering, IPO）」または「限定オファリング（limited offering）」によりあらゆる証券について直接または間接的に取得することとなる前に投資顧問の承認を得ることを求めなければならないことが定められている（投資顧問法規則 204A-1(c)参照）。「新規株式公開」は、証券法に基づき登録された証券の募集であり、登録の直前においては取引所法での報告要件に服さない発行体に関するものである。「限定オファリング」は、証券法４条(2)項または(6)項、もしくは証券法レギュレーション D 規則 504・505 または 506 の規定により証券法に基づく登録が免除される募集のことである（投資顧問法規則 204A-1(e)(6)・(7)参照）。

　この事前承認要件は、アクセス者と投資顧問の顧客の間における潜在的な利益相反について評価する機会を与えることとなる。たとえば、IPO の文脈においては、投資顧問は、対象となりうる顧客に対して最初に提供されるべき投資機会をアクセス者が捉えることとなっていないかどうかを評価することが可能となる。アクセス者はまた、特定のブローカー・ディーラーに対してブローカレッジを指定することの見返りとして、かかる投資機会を受領したのかもしれない。いかなる状況であれ、投資顧問は、会計年度末から少なくとも５年間にかかるアクセス者に対して、新規株式公開または限定オファリングによる証券の取得の承認に関するあらゆる決定の記録と、当該決定を支持する理由を保持しなければならない（投資顧問法規則 204-2(a)(13)(iii)および本書第 11 章第 2 節 VI 参照）。

V　投資信託の顧客に関する投資顧問の同種の規則

　登録投資会社（たとえば、投資信託）の投資顧問は、投資会社法 17 条(j)項および同条に基づき制定された同規則 17j-1 に従わなければならない。投資会社法 17 条(j)項は、投資顧問および他に規定された者が、SEC の規則またはレギュレーションに反するかたちで、これらの登録投資会社が助言を受ける者により「当該投資顧問および他の規定された者により保有されまたは取得されることとなるようなあらゆる証券の売買に関して、すべ

ての行為、慣行または業務の遂行について直接または間接的に関与する」ことを違法としている。SEC は、同規則 17j-1 において、かかる規制をより具体化している。

投資会社法規則 17j-1 は、投資信託に関する投資顧問および当該投資顧問会社のほぼすべての者について、当該投資信託において直近の 15 日以内において保有され、現に保有しまたは当該投資信託もしくは当該投資信託の投資顧問によって購入が検討されたあらゆる証券にかかる直接または間接的な売買を通じて当該投資信託を欺罔することを違法としている（同規則 17j-1(b)参照）。加えて、すべてのファンドはかかる詐欺的な行為を防止するために合理的に必要な規定を含む倫理規程を採択し、これらのファンドにかかるアクセス者は当初および年次の残高報告および四半期ごとの取引報告書の提出を行わなければならないこととなっている（同規則 17j-1(c)～(f)参照）。ファンドの倫理規程に関する要件は、本節においてアクセス者に対する報告要件として論じたものと実質的に同様である。

第11章　記録保存義務

第1節　投資顧問法204条

　投資顧問法204条は、投資顧問の記録保存義務に関して第一義的な根拠を提供している。同条は、公益または投資家保護の観点で必要または適切なSECが規則を制定することにより必要となるすべての記録を、規定された期間にわたり作成および保存することを投資顧問に求めている。同条はまた、SECに対して投資顧問により保存されるかかる記録について、合理的な定期検査または特別検査を行う権限を与えている。

　SECに付与されたかかる権限に従い、SECは投資顧問法規則204-2（いわゆる「記録保存義務」）を制定した。当該規則は、投資顧問が保存しなければならない文書および記録について規定している。また当該規則は、SECの検査プログラムの第一義的な根拠ともなっている。他の証券法および証券法以外の法律およびレギュレーションが投資顧問に対して、当該記録保存義務において具体的に規定される以上の文書および記録を保持しなければならないことを求めている場合もある。

第2節　保存義務のある文書および記録

　記録保存義務は、投資顧問法203条のもとで、登録されまたは登録が必要とされる投資顧問が保持しなければならない、すべての文書および記録について項目化している。

　Ⅰ　投資顧問の設立構成、ガバナンスおよび株主・資本構成等の所有・支配関係に関する書類

　Ⅱ　会計に関する記録

　Ⅲ　顧客関係に関する記録

　Ⅳ　マーケティングおよびパフォーマンスに関する情報

Ⅴ　勧誘者に関する記録（適用ある場合に限る）

Ⅵ　倫理規程および個人・自己勘定取引に関する情報

Ⅶ　ポートフォリオ運用および取引に関する記録

Ⅷ　カストディ（保管）に関する記録（適用ある場合に限る）

Ⅸ　議決権に関する記録（適用ある場合に限る）

これらのカテゴリーすべてについては、以下の小節で説明する。

　記録保存義務によれば、投資顧問は特定の記録に関して、（記録の）保管場所、アクセスおよび後日の回収が容易に行うことができる方法により、かかる記録を整理し項目化しなければならない。投資顧問はまた、投資顧問法規則における記録保存義務により具体的に規定された期間について、同規則が認める媒体により原本記録の複写記録を別に保管しなければならないものとされている。そして、投資顧問は SEC が（検査官または他の者を通じて）要求することができる以下のものについて、速やかに提供しなければならない。

　　①保存されている媒体およびフォーマットによるすべての記録に関する判読可能、真正かつ完全な写し

　　②当該記録の真正かつ完全な印刷物

　　③当該記録のアクセス、閲覧および印刷手段

投資顧問法規則 204-2 (g)(2)(ii)(A)～(C)を参照のこと。

Ⅰ　投資顧問の設立構成、ガバナンスおよび株主・資本構成等の所有・支配関係に関する書類

　投資顧問はその設立構成、ガバナンスおよび株主・資本構成等の所有・支配関係関係に関する書類を保存しなければならない。それぞれの記録は当該投資顧問の本店において保存され、投資顧問の業務終了後、少なくとも 3 年間は保存されなければならない。これらの書類は、法人格により以下のようなものが含まれる。

　　・パートナーシップに関する書類およびそれに関する変更書類

　　・会社定款もしくは証明書または会社設立許可書およびこれらの変更書類

214 第11章 記録保存義務

- ガバナンスに関する行為を記録する書類および議事録
- 当該投資顧問および該当する場合にはその承継者の株主簿または同様の所有に関する証明書

投資顧問法規則 204-2(e)(2)を参照のこと。

II　会計に関する記録

投資顧問はその会計に関する書類を保存しなければならない。それぞれの記録は、当該投資顧問のこれらの記録に最後に記帳が行われた会計年度の終了から、少なくとも5年間は保存されなければならない。会計に関する記録は、適切な事業所において少なくとも当初の2年間は保存されなければならず、その後は容易にアクセス可能な場所において保存されなければならない（投資顧問法規則 204-2(e)(1)参照）。これらの記録は以下ものを含む。

- 現金の受領および支払いを含むすべての仕訳帳およびすべての勘定項目における記帳の基礎となるような、当初の記帳に関するすべての記録
- 資産、負債、剰余金、資本、収入および支出勘定を反映するすべての一般および補助勘定（またはそれに相当する記録）
- 投資顧問に関するすべての小切手帳、銀行口座取引明細書、取消小切手および現金照合記録
- 投資顧問の業務に関する支払済みまたは未払いのすべての請求書または明細（またはその写し）
- すべての試算表、財務諸表および投資顧問の業務に関する内部監査に関する書類

投資顧問法規則 204-2(a)(1)・(2)・(4)〜(6)を参照のこと。

III　顧客関係に関する記録

投資顧問は、当該投資顧問とその顧客との間の事実上すべてのやりとり（コミュニケーション）に関する記録を保存しなければならない。それぞれ

のやりとりが発生した会計年度末から少なくとも5年間は保存されなければならず、書面による契約書の場合はその終了から5年間保存されなければならない。個別の記録は適切な事業所において少なくとも当初の2年間は保存されなければならず、その後は容易にアクセス可能な場所において保存されなければならない（投資顧問法規則204-2(e)(1)参照）。これらの記録は以下ものを含む。

- 当該投資顧問が顧客または当該投資顧問の業務に関して締結したすべての書面による契約書（またはその写し）。したがって、すべての顧客に関する契約書だけではなく、労働契約、リース契約およびサービスベンダーとの契約書も含まれる。
- 投資顧問が、すべての顧客についてファンド、証券または取引に関する一任権限を付与されている顧客口座一覧表およびその他の全口座の記録
- 全顧客から当該投資顧問に対して付与された一任権限にかかる代理権授与に関するあらゆる書面その他の証明書面またはその写し
- 受領したすべての書面によるやりとり（コミュニケーション）および投資顧問により発信されたすべての書面によるやりとりのうち以下に関するもの
  ①すでに行われ、およびこれから提案することとなっていたすべての推奨および助言
  ②ファンドまたは証券に関するあらゆる受領、支払いおよび交付
  ③すべての証券に関する売買注文または執行
    前記に関するもののうち、以下のものは除外される。
    ⓐ当該投資顧問によりまたは当該投資顧問のために準備されたものではない、一般公衆に対する配布を目的とした非勧誘ベースのマーケット・レターおよび他の同様のマーケットに関する通信
    ⓑあらゆるレポート、分析、出版または他の投資顧問サービスの提供に関して、あらゆる通知、回覧または他の広告を行った対象者についての氏名および住所に関する記録であって、かかる通信が、10人を超えて送信されたもの（ただし、当該やりとり

216 第11章 記録保存義務

　　　（コミュニケーション）がいかなる形態かを問わず一覧表において
　　　記載されたものに対して交付されたやりとりの場合、当該投資顧問
　　　は当該やりとりの写しおよび当該一覧表およびその情報源を記載し
　　　た記録を保持しなければならない）
　・投資顧問法規則 204-3 の規定によりあらゆる顧客または潜在顧客に
　　対して提供または送付された当該投資顧問に関するフォーム ADV
　　第2部に関する写し、またはその代替として準備されたあらゆる開
　　示説明書（例：ラップ・フィーに関する開示説明書）、それらに関する
　　すべての修正または訂正、顧客およびその後の顧客となった潜在顧
　　客に対するかかる書面に関する個別の日付およびそれらの修正また
　　は訂正に関する日付
投資顧問法規則 204-2(a)(7)〜(10)・(14)を参照のこと。

IV　マーケティングおよびパフォーマンスに関する情報

　投資顧問は、マーケティングおよびパフォーマンス、それらに関係する
記録を保存しなければならない。マーケティング資料およびその資料にお
いて使用されたパフォーマンスに関する情報の記録は、当該マーケティン
グ資料が使用された会計年度末から5年間保存されなければならない。そ
れぞれの記録は適切な事業所において少なくとも当初の2年間は保存され
なければならず、その後は容易にアクセス可能な場所において保存されな
ければならない（投資顧問法規則 204-2(e)(3)(i)参照）。これらの記録は以下
ものを含む。
　・個別の通知、回覧、広告、新聞記事、投資家宛書簡、会報その他の
　　対外的コミュニケーションであって、当該投資顧問が 10 名（ただ
　　し当該投資顧問に関係する者を除く）以上に直接または間接的に回覧
　　または回付するもの
　・当該投資顧問が前記の対外的コミュニケーションにおいて言及した
　　特定の証券に関する購入または売却に関するあらゆる推奨に関する
　　理由について、当該コミュニケーションにおいてかかる推奨に関す
　　る理由が述べられていない場合にこれを示唆する記録

第2節　保存義務のある文書および記録　*217*

・前記第1点目における対外的コミュニケーションにおいて当該投資
　顧問がパフォーマンスに関する情報を含んでいる場合に、すべての
　口座、文書、内部的な作業文書その他の記録および書類であって、
　すべての運用口座および証券の推奨にかかる当該パフォーマンスま
　たは収益率計算を呈示する根拠として必要なもの。運用口座に関し
　ては、支払い、入金その他の取引であって顧客口座において発生し
　たものが記録されている場合には、すべての口座明細と当該口座に
　関するパフォーマンスまたは収益率計算を呈示する根拠として必要
　な作業書面の保存が必要となる。

投資顧問法規則 204-2 (a)(11)・(16)を参照のこと。

V　勧誘者に関する記録

　投資顧問は、潜在顧客を勧誘する際に勧誘者（solicitor）を用いること
ができるが、これらの勧誘者に対して現金による支払いを行う場合には、
投資顧問法規則 206 (4)-3 に従わなければならない。あらゆる現金による
勧誘に関する取決めは、当該取決めに関連した顧客との関係が終了してか
ら少なくとも5年間保存されなければならない。それぞれの記録は適切な
事業所において少なくとも当初の2年間は保存されなければならず、その
後は容易にアクセス可能な場所において保存されなければならない（同規
則 204-2 (e)(1)参照）。これらの記録は以下ものを含む。

・当該勧誘者との間に締結された書面によるすべての勧誘に関する契
　約
・投資顧問法規則 206 (4)-3 に従い、勧誘者が使用した書面による開
　示書類がある場合にはその写し
・顧客から取得した投資顧問法規則 204-3 において必要とされる当該
　投資顧問の開示説明書、および同規則 206 (4)-3 において必要とさ
　れる当該勧誘者自身の開示書類がある場合には、これらに関するす
　べての書面による受領確認書類

投資顧問法規則 204-2 (a)(10)・(15)および同規則 206 (4)-3 (a)(1)（当該規定の
注記）を参照のこと。

VI　倫理規程および個人・自己勘定取引に関する情報

　投資顧問およびその従業員は、投資顧問法規則 204A-1（以下、「倫理規程規則」）により、彼らの個人的な取引を通じて受託者責任に違反し、またはインサイダー取引を行うことを抑止されている。倫理規程規則は、投資顧問法 203 条に基づき登録または登録が義務づけられている投資顧問に対して、書面化された倫理規程の制定、維持および実行を義務づけている。

　倫理規程関係の記録で投資顧問が保存しなければならないものには、以下のものを含む。

- ・現在および過去 5 年間に使用されていた当該投資顧問にかかる倫理規程の写し
- ・当該投資顧問の倫理規程違反および当該違反に基づく措置に関する記録（当該記録は少なくとも当初の 2 年間は適切な事業所において保存されなければならず、5 年間はそれぞれの記録は容易にアクセス可能な場所において保存されなければならない）
- ・現在および過去 5 年間において当該投資顧問の「被監督者」であったすべての者からの当該投資顧問の倫理規程およびその改訂版に関する受領確認書類
- ・当該投資顧問のすべての「アクセス者」により提出された残高および取引報告書であって、倫理規程規則において認められる、かかる報告の代替として認められるすべての情報を含むもの（当該記録は当初の 2 年間は適切な事業所において保存されなければならず、報告日から 5 年間はそれぞれの記録は容易にアクセス可能な場所において保存されなければならない）
- ・現在および過去 5 年間において当該投資顧問の「アクセス者」の氏名に関する記録
- ・承認が行われた会計年度末から最低 5 年間にかかる倫理規程規則において認められる「アクセス者」による新規株式公開または限定オファリングによる証券取得について、当該投資顧問が承認を行った決定および当該決定を支持する理由に関する記録

投資顧問法規則 204-2 (a)⑿・⒀および同 (e)⑴を参照のこと。

倫理規程規則に関する一般的な議論、「被監督者」および「アクセス者」に関する区別については、本書第 10 章第 2 節 II を参照のこと。

VII　ポートフォリオ運用および取引に関する記録

投資顧問はポートフォリオ運用および取引に関する広範な種類の記録を保存しなければならない。これらの記録は、当該取引が発生した会計年度末から少なくとも 5 年間保存されなければならない。それぞれの記録は適切な事業所において少なくとも当初の 2 年間は保存されなければならず、その後は容易にアクセス可能な場所において保存されなければならない（投資顧問法規則 204-2 (e)⑴参照）。これらの記録は以下のものを含む。

・当該投資顧問によるすべての証券の購入・売却に関する発注、当該投資顧問が顧客からの指示のうち、購入、売却、特定の証券に関する受領または交付に関するものならびにこれらの発注および指示に関するすべての修正または取消しに関する記録。かかる記録に関しては、以下のことが必要とされる。
　①当該発注、指示、修正または取消しに関する取引条件を明らかにすること
　②当該顧客に対して取引を推奨した者および発注を行った投資顧問の関係者を特定すること
　③発注が行われた口座、入力日および当該取引が執行された銀行、ブローカー・ディーラーに関する情報を明らかにすること（これらについて該当する場合）
　④該当する場合においては、一任権限の行使により発注がなされたものについての指定に関する情報を含めること
・「投資に関する監理サービスおよび運用サービス」（すなわち、個別の顧客にニーズに基づくファンドへの投資に関する継続的な助言の提供（投資顧問法 202 条(a)項⒀号参照））を受けるそれぞれの顧客について、以下のもの
　①証券の売買に関する個別の記録ならびに当該売買に関する日付、

220 第11章 記録保存義務

　　数量および価格に関する記録

　②当該投資顧問が有価証券にかかる現在残高を有する個別の顧客お
　　よびこれらの顧客に関する現在の数量または持分に関する情報を
　　作成することができる情報

・推奨を作成する過程において使用されたすべての情報発信元からの
　リサーチ・レポートその他の資料（非勧誘ベースのマーケット・レタ
　ーその他の同様のマーケットに関する通信のうち一般公衆に配布される
　ものであり、当該投資顧問によるものであるかまたは当該投資顧問のた
　めに作成されたものではないものについては除かれる）

・ソフトダラー取引に関する合意書面の写し（ソフトダラー取引に関
　する詳細については、本書第8章第8節参照）

・個別の一括発注であり、当該投資顧問が当該一括発注に参加しかつ
　これらの顧客間でどのように配分を行うかについて、顧客口座を特
　定したうえで執行したものに関する「配分明細」（当該投資顧問がか
　かる配分明細から逸脱する場合においては、その逸脱について説明する
　書面を記録しなければならない（顧客口座の一括発注については、本書
　第8章第7節Ⅱ参照））

投資顧問法規則 204-2(a)(3)・(7)・(10)および同(c)(1)を参照のこと。

Ⅷ　カストディ（保管）に関する記録

　顧客の資金または証券を保管または保有する投資顧問は一定の追加的な
記録を保持しなければならない。「保管（custody）」とは、直接または間
接的に、顧客の資金または証券を保持しまたはそれらに関する保管に関す
る権限を取得することをいう（投資顧問法規則 206(4)-2(d)(2)および本書第8
章第2節Ⅳ参照）。保管に関する記録は当該取引が発生した財務年度末か
ら最低5年間保持されなければならない。それぞれの記録は適切な事業所
において少なくとも当初の2年間は保存されなければならず、その後は容
易にアクセス可能な場所において保存されなければならない（同規則204-
2(e)(1)参照）。これらの記録は以下ものを含む。

　　・すべての保管口座に関するすべての証券の購入、売却、受領および

交付（受領証の番号を含む）ならびに当該口座に関するその他入出金、出庫等に関する記帳その他の記録

・すべての保管口座に関するすべての証券の購入、売却、受領および交付、ならびに当該売買等に関する日付、数量および価格その他入出金、出庫等に関する個別の勘定口座

・すべての保管口座によりまたは当該保管口座のために行われた全取引に関する確認書の写し

・保管を行っている顧客に関する証券について残高を有するものに関する記録。当該記録はかかる証券に対する持分に関する個別の顧客の記録、個別の顧客に関する数量または持分およびその証券の場所に関するものを示すものとする。

投資顧問法規則204-2(b)(1)〜(4)を参照のこと。

IX　議決権に関する記録

　顧客に関して議決権行使を行う権限を有する投資顧問は、これらの顧客について一定の追加的な記録を保持しなければならない。議決権行使は一般に投資顧問法規則206(4)-6（以下、「議決権行使規則」）に規定されている（本書第8章第2節V参照）。議決権に関連する記録は当該記録が作成された財務年度末から少なくとも5年間保持されなければならない。それぞれの記録は適切な事業所において少なくとも当初の2年間は保存されなければならず、その後は容易にアクセス可能な場所において保存されなければならない（投資顧問法規則204-2(e)(1)参照）。これらの記録は以下のものを含む。

・議決権行使規則で必要とされるすべての社内規程および手続の写し

・顧客の証券に関して当該投資顧問が受領した個別の議決権行使に関する書面（投資顧問は当該規定を満たすため、第三者またはSECのEDGARシステムに依拠することができる）

・顧客に代わり投資顧問が行使したすべての議決権行使に関する記録（投資顧問は本規定を満たすため、第三者に依拠することができる）

・投資顧問により作成された顧客に代わりどのように議決権行使を行

222　第11章　記録保存義務

使するかについての決定にあたり、重要または当該決定の根拠として記録するべき書類の写し
・投資顧問が顧客に代わりどのように議決権を行使したかに関しての顧客からの書面による要請についての写し、および当該要請のあった顧客に代わり投資顧問が行った議決権行使に関するすべての顧客の要請（書面または口頭かの別を問わない）に関しての当該投資顧問による書面による回答の写し

投資顧問法規則204-2(c)(2)(i)〜(v)を参照のこと。

第3節　保存方法

　記録保存規則が必要とする投資顧問が保持しなければならない記録は膨大なものである。しかしながら、SEC はこれらの記録について必要な期間にわたり紙媒体、マイクロメディア（マイクロフィルム、マイクロフィッシュその他の媒体を含む）または電子保存媒体により保存されることを認めている（投資顧問法規則204-2(g)(1)参照）。

　投資顧問が電子保存媒体を用いる場合、数多くの手続を規定しかつ保持しなければならない。これらの手続は以下のものを含む。

①消失、改変または毀損を合理的に防止する記録の保持および保管に関する事項
②適切な権限を与えられた者および SEC スタッフ（検査官その他の代表者を含む）がアクセスできるような制限に関する事項
③非電子媒体での原本記録が電子保存媒体上の再現時に完全、真正かつ判読可能となるような合理的な措置の確保に関する事項

投資顧問法規則204-2(g)(3)を参照のこと。

第4節　外国の投資顧問

　非居住者であるが SEC に登録を行っている投資顧問は、合衆国内の投資顧問と同様の記録保存要件に従うこととなる。しかしながら、彼らの記録保存要件を充たすうえでは、非居住者の投資顧問には2つの選択肢が存

在する。①SEC に対して合衆国内における必要な文書および記録が保存される場所を書面により通知するか、または②これらの投資顧問が自ら選択する場所にこれらの文書および記録を保存することができるが、SEC が行うあらゆる要求から 14 日以内に自己の支出においてすべての必要とされる文書および記録を作成することに同意しなければならない（投資顧問法規則 204-2(j)(1)・(3)参照)。

　投資顧問法規則 0-2(b)(2)では、「非居住者の投資顧問」とは以下のとおりである。

　　ⅰ合衆国の管轄権の及ばない場所に居住する個人

　　ⅱ合衆国の管轄権の及ばない場所に設立され、または主たる事業所、業務の場所を有する法人

　　ⅲ合衆国の管轄権の及ばない場所おいて主たる事業所および業務の場所を有するパートナーシップおよびその他法人格を有さない組織・団体

第12章 チーフ・コンプライアンス・オフィサー（CCO）とその問題点

第1節　CCOの必要性

投資顧問法規則206(4)-7(c)は、現に登録されまたは投資顧問法203条のもとで登録が必要とされる投資顧問が、コンプライアンスにかかる規程および手続を管理するチーフ・コンプライアンス・オフィサー（以下、「CCO」）を指定しなければならないとしている。SECがCCOの必須化を検討時にCCO採用による人員増となることが不満の対象となっていたため、当該規則は新たな従業員を投資顧問のCCOとして採用することを求めているものではないとした。その代わりに、投資顧問は、投資顧問法202条(a)項(25)号の規定のもとで「被監督者」となる既存の従業員に対してCCOの肩書きと責任を付与することができることとした。

SECは、CCOが自らの職責をより効果的に遂行することができるよういくつかの情報提供等の方策を提供している。SECによる法令遵守・検査局と投資運用局の協賛による「CCOutreach」プログラムは、SECとそのスタッフが、投資信託および投資顧問のCCOとの間のよりよいコミュニケーションと協調を意図して企画されたものである。当該プログラムは実践的なコンプライアンス上の問題を議論し、実効的なコンプライアンスプログラムについて学ぶ場を提供している。またこのプログラムは、いくつもの面をもっており、合衆国内の様々な場におけるセミナーやワシントンD.C.における年次セミナー等を提供している。

加えて、SECスタッフはオンライン・ニュースレターである「Compliance Alert」を刊行している。SECに登録された投資顧問、投資会社、ブローカー・ディーラーおよび名義書換代理人（トランスファー・エージェント）におけるコンプライアンス機能を有する部署においてCCOを支援することが意図されており、SECのウェブサイトで読むことが可能とな

っている。SEC 登録機関に対する直近の検査において SEC の検査官が認識したよくある欠陥および脆弱性を知ることができ、自らのコンプライアンス・プログラムを各自調整することができるようなものとなっている。

第2節　CCO の役割

SEC によると、CCO は投資顧問およびそのアクセス者による投資顧問法および同規則の違反を防止することを企図された書面による社内規則および手続を管理する責任を有するものとされている（投資顧問法規則 206(4)-7 (a)・(b)参照）。いうまでもないことであるが、CCO は投資顧問法について十分な能力および知識を有し、また会社にとって適切な社内規則および手続を制定し執行するために必要な十分な責任および権限を付与されなければならない。

典型的な CCO は、自らが①日常業務におけるコンプライアンス意識を確立すること、②コンプライアンス活動の実効性を監視すること、および③コンプライアンス違反に関して該当する行政当局に改善計画についての報告を確実に実行する責任を有するものとされている。加えて、CCO は通常四半期ごとのコンプライアンス報告をとりまとめ、部署に対する検査を実行することについての責任も通常有する。したがってコンプライアンス・オフィサーは、コンプライアンスに関する社内規則および手続に他の者が従うこととなるようにするため、組織内において十分に高い地位にある者であり、また権限を有する地位にある者でなければならない。

SEC は、CCO の肩書きそれ自体が監督者としての責任を有することを意図するものではないとしている。したがって、SEC は他の投資顧問の従業員に対して監督を怠ったことについて、CCO 自身を罰するものではないとしている。しかしながら、監督責任を有する CCO は、投資顧問法 203 条(e)項(6)号に規定される防御手段に基づく場合を除き罰せられることがある。当該条項は、以下の場合において、他の者に対する監督を合理的に怠っていることを推定されないとしている。

　　①当該投資顧問が連邦証券法上の違反を防止しおよび検知するために合理的に企図された社内手続を採用していること

ⅱ当該投資顧問がこれらの手続を適用するうえでの社内的な一連のシステムを設置していること

ⅲ監督者が自身の監督責任をこれらの手続に従い合理的に遂行しており、被監督者がこれらの手続に従わないと信じる理由がないこと

Ⅰ CCO の継続的な責任

CCO の継続的な責任には数多くのものがある。以下は、それらのものの中で最も重要なものである。

登録および開示に関すること――まず始めに、CCO は SEC が命じるすべての登録要件に規定されるものについて、それらが履行されているかどうかを確実なものとしなければならない。加えて、投資顧問法規則 204-3 は投資顧問サービスを提供しようとする潜在顧客および既存顧客に対し、年次ベースでフォーム ADV の第 2 部またはこれと同等の開示説明書が提供されなければならない。

最良執行およびソフトダラーに関すること――CCO は支払われた手数料および発生したソフトダラーの額について監視するために利用されたレポートを検証しなければならないこととされている。具体的には、ソフトダラーに関する手続、決定に関する統制、セーフハーバーの遵守状況およびソフトダラーに関する請求書および契約書が検証されなければならない。

顧客によるディレクテッド・ブローカレッジに関すること――顧客が投資顧問に特定のブローカー・ディーラーに対して取引を指定するよう指示したとき、CCO は当該顧客のファイルにおいてこれらの指示について書面で記録を残すようにしなければならない。顧客がサービス水準について疑いを抱かせるような、一般に定評のあるブローカー・ディーラーよりも劣っていると思われるブローカー・ディーラーを選択した場合、CCO はその標準以下のサービス水準について当該投資顧問から通知を行うことにより、当該顧客により妥当な推奨を行うようにしなければならない。

議決権行使に関すること――CCO は十分な方法により、また利益相反のないように議決権行使に関する社内規程が遂行されるようにしなければならない。議決権行使に関する記録は、顧客に代わり当該投資顧問がどの

ように議決権行使を行ったかを知りたいと考える顧客すべてに対して、容易に取得できるようにしなければならない。

プライバシーに関すること——投資顧問およびCCOは、顧客の非公開の個人情報に関する秘匿性を保全するための規程を策定しなければならない。また、当該投資顧問に関するプライバシー・ポリシーおよびその重大な変更を通知する手続に関しても策定されなければならない。

取引（トレーディング）手続に関すること——CCOは、取引活動および取引伝票を検証することにより、複数の顧客で発生する取引に関する公正な配分（fair allocation）が行われているかどうかを検証しなければならない。また、CCOは利益相反がないことを確認しなければならない。これは受託者として、常に顧客の利益を自らの利益に優先させなければならないからである。

投資顧問契約・勧誘者に関する契約に関すること——CCOは、すべての投資顧問口座に関する契約者の維持および継続的な検証に関する手続が存在しなければならない。契約上提供されるサービスに関する記載、手数料および利益相反に関する開示は、投資顧問契約において定期的に検証されなければならないいくつかの特定の項目である。勧誘者に関する契約についても、同様の種類の手続が存在しなければならない。

電子的な通信記録に関すること——CCOは、e-mailおよびインスタント・メッセージのような電子的な通信記録に関する書面の社内規程の存在について、無作為による抽出または一定期間の保存によるものかによらず、役職員が認識することとなるようにしなければならない。

業務復旧に関すること——CCOは、災害等発生時の遵守事項を記載するための社内規程および手続の策定を行わなければならない。社内プロセスを維持し責任者となる人物の連絡先情報については、容易にアクセスできる状態となっていなければならない。重要なデータのバックアップおよび業務システムについては、業務継続が予定される場所に関してもプロセスが存在しなければならない。CCOは投資顧問が直面する潜在的なシナリオおよび復旧計画の継続的なアップデートについても注意を払わなければならない。

苦情に関すること——顧客からの苦情に関して正確に記録しかつ適切に

228 第12章 チーフ・コンプライアンス・オフィサー（CCO）とその問題点

回答するための社内規程および手続が存在しなければならない。この点について、投資顧問は行政当局が容易にアクセスできるような書面による苦情の写しを保存しなければならない。加えて、当該投資顧問はすべての苦情の内容についての内部的な議論およびやりとり（コミュニケーション）について保存するべきである。

　倫理規程およびインサイダー取引に関すること――投資顧問は、従業員が倫理規程を遵守するよう監理するための社内規程および手続を備えるべきである。投資顧問は、投資顧問として求められる行動規範（propriety）を守るため、個人の証券取引に関する厳格な手続を有していなければならない。この点について、従業員は取引および残高報告書を作成しなければならない。従業員個人に対しての処分およびその他の措置についても、適切に記録されなければならない。

　書類および記録に関すること――投資顧問法規則204-2に基づき、特定の期間、場所および十分な方法により投資顧問の数多くの記録を維持するための手続が策定されていなければならない。これらの記録は、SECおよび他の規制当局によりあらゆる法令遵守または他の法令違反があったかどうかの基礎として使用されることになる。

　行政検査に関すること――行政検査終了後、投資顧問はCCOと検査における未回答の点について議論を行うべきである。検査の結果として今後実行される社内規程および手続については、CCOにより検証が行われるべきである。

　財務およびビジネスに関すること――財務の安定性および業務の健全性を含む投資顧問の全般的なビジネス環境の変化は、CCOと議論されるべきである。これは、定期的に当該投資顧問の財務諸表を検証することを含む。また、CCOは当該投資顧問のビジネスに影響を与えるような新規または今後実行されるレギュレーションについても通知されるべきである。

　証券の時価評価に関すること――CCOは顧客のポートフォリオの残高を公正に評価するための手続の存在を確保しなければならない。この点は、当該投資顧問の手数料が運用残高に基づくものである場合は、特に重要である。取引が停止されたり、取引があまりなされないような証券については、時価評価が困難であるため、時価評価を検証するためのプロセスが存

在するべきである。

　投資パフォーマンスの検証等のモニタリングに関すること——口座のパフォーマンスに関するモニタリング手続が存在するべきである。ベンチマーク、インデックスまたは他の確立された市場との比較が行われるべきである。こうした比較について、検証体制が存在するべきである。

　広告に関すること——広告資料の審査等のモニタリングに関する手続が存在し、主張するパフォーマンスに関する正確性と詐欺的または誤解を生ぜしめるような文言がないように確保するべきである。適切な広告資料に関する手続には、ガイドラインや社内研修、すべての広告資料に関し審査を実施する者、および配布を承認されたすべての広告資料の保存に関するものが含まれているべきである。

　新入社員研修およびオリエンテーションに関すること——投資顧問は当該投資顧問の法令遵守に関する社内文化について新入社員が触れることができるようなオリエンテーション・プログラムを有するべきである。これらのオリエンテーション・プログラムは、倫理規程、顧客のプライバシー保護、記録保存要件および緊急連絡先の情報を中心として行われるべきである。

II　SECの臨店検査時または手続の検証時におけるCCOの責任

　投資顧問のCCOは、SECの臨店検査の日程が通知された場合、いくつかの主要な責任がある（SEC検査については、本書第13章第2節参照）。CCOは当該投資顧問の以下の業務項目に関してSECの検査チームに関して説明を行うべきである。

1　初回面談の段階
　　①以下のような当該投資顧問の期待、目的および目標について説明が
　　　行われるべきである。
　　　ⓐ現在の問題点および規制環境の展開について
　　　ⓑ直近のSEC検査の結果およびその回答書について
　　　ⓒ検証過程における特別に関心のある分野について

②組織および法令遵守に関する社内文化について検証が行われるべきである。これらは以下のものを含む。
ⓐ法令遵守に関する経営陣の姿勢
ⓑ社内の指揮監督系統
ⓒエスカレーションおよび社内における「不正告発者（ホイッスルブローワー）」のプロセスの存在について
ⓓ顧客の種類
ⓔ報酬体系
ⓕ取引配分手続
ⓖ関係法人およびこれらの法人の業務について
ⓗ新入社員オリエンテーションについて
ⓘ継続的社内研修について
ⓙプライバシー・ポリシーについて
ⓚリスク検知および軽減の手法について
ⓛ社内検証およびその評価に関する手続について
ⓜ社内文書および記録保存手続について
ⓝ広告資料の審査について
ⓞ業務復旧に関するテストの状況について

2　個別業務に関する説明の段階

①以下のものを含む投資顧問の取引に関するオペレーションについて理解・検証するべきである。
ⓐ事前および事後取引ベースのコンプライアンスの実施状況について
ⓑ注文管理プロセス
ⓒ承認ブローカーの選定プロセス
ⓓ手数料水準の交渉について
ⓔソフトダラーおよびディレクテッド・ブローカレッジの実施状況について
ⓕ個人取引のモニタリングについて
ⓖ新規公開株式およびブロック取引の顧客への配分状況について

ⓗ資産の分別状況について

　　ⓘ関係会社取引について

　　ⓙトレーディング・エラーの手続について

　　ⓚ取引に関連するやりとり（コミュニケーション）に関する完全性を確保するための統制について

　　ⓛ営業日終了時点での現金残高の管理について

　　ⓜ文書および記録保存について

②ポートフォリオ・マネジメントに関するオペレーションについて

　　ⓐマネーマーケット市場に関する手続（適用ある場合）

　　ⓑベンチマークに対するパフォーマンスのモニタリング

　　ⓒ取引配分および他の口座の管理

　　ⓓ取引に関連するやりとり（コミュニケーション）に関する完全性を確保するための統制について

　　ⓔトレーディング・フロアとのやりとり

　　ⓕ倫理規程に基づく報告

　　ⓖ事前および事後取引ベースのコンプライアンスの実施状況について

　　ⓗ取締役会に対する報告

　　ⓘファンドの投資家に対する報告に関する検証（該当ある場合）

　　ⓙポートフォリオ・マネジャーとしての開示要件

　　ⓚ営業日終了時点での現金残高の管理について

　　ⓛ関係会社取引について

　　ⓜ文書および記録保存について

③CCOによる社内規程および手続に関する検証および評価のプロセスについて

　　ⓐ投資顧問の社内規程からの「行動計画」の実行について

　　ⓑリスクのモニタリングおよびアセスメント評価

　　ⓒ取引の検証に関するプロセス

　　ⓓ制約に従った資産運用に関して

　　ⓔベンチマークに対するパフォーマンスのモニタリングについて

　　ⓕ広告資料の検証について

ⓖ直近の SEC 検査結果およびその回答書について
ⓗ資産の分別手続について
ⓘ取引所法フォーム 13D・F・G に基づく報告
④臨店検査終了時面談について
ⓐ指摘事項および推奨に関する要旨
ⓑ当局とのコミュニケーション・チャネルの設定について
ⓒさらなる報告要件に関する合意について
ⓓ検証計画および見通しに関する定期的な会議の設定について

III　北米証券管理者協会（NASAA）によるベスト・プラクティスについて

　SEC は SEC の登録投資顧問に対する検査について責任を有するが、各州に登録された投資顧問については各州の検査官が検査を担当することとなる。この点について、北米証券管理者協会（NASAA）は投資顧問が自身の法令遵守に関する社内規程および手続を改善するために考慮すべき一連の推奨されるベスト・プラクティスについてリリースを行っている。投資顧問は――複数の州または SEC に登録されているかどうかにかかわらず――自身のコンプライアンス・プログラムの強化および潜在的な規制違反の最小化の助けとなるようにこの情報を用いるよう検討するべきである。

　NASAA によるベスト・プラクティスは、2007 年に 43 の州および地方団体の証券検査官により全米で協調して行われた検査において、いくつもの重大な問題分野を発見された後に制定されたものである。かかる検査を通じて指摘された最多の違反は登録事項に関するもの、非倫理的なビジネス慣行、書類および記録、監督体制・法令遵守およびプライバシーに関するものであった。具体的には、以下のような点である。

・登録に関する問題――フォーム ADV の第 1 部と第 2 部の間の不整合、フォーム ADV の適時な変更の不備および顧客に対する年次ベースでの開示説明書の提供または提供の申出を行うことに関する不備が含まれる。

・ベスト・プラクティスの不備――契約書の不備、不適切な推奨、過

剰な手数料および資格、サービスまたは手数料に関する不適切な表示が含まれる。

・書面および記録に関する問題——適合性に関するデータおよび財務記録の維持に関する不備が含まれる。

・監督・法令遵守に関する不備——書面の監督・法令遵守手続を有していないことが含まれる。

・プライバシーに関する問題——プライバシー・ポリシーの策定をしていないことや、当初および年次でプライバシー保護に関する通知を行っていないこと等が含まれる。

2007年に協調して行われた検査結果に基づき、投資顧問の法令遵守に関するプラクティスおよび手続策定を支援するものとして、NASAA は以下の13項目のベスト・プラクティスについて推奨を行った。

①直近かつ正確な情報を反映するため、自身のフォーム ADV および開示説明書を年次で検証および改訂すること

②すべての契約書を検証し、更新すること

③財務記録を含むすべての必要とされる記録を準備し、保存すること

④適合性に関する情報を示す顧客プロファイルを準備し、保存すること

⑤自身が行う業務の書類に応じて書面化されたコンプライアンスおよび監督手続に関するマニュアルを準備すること

⑥当初および年次でプライバシーに関する通知を行うこと

⑦正確な財務諸表を維持すること

⑧自身が登録する法域で適時に届出を行うこと

⑨必要とされる場合において、適切な保証証券（surety bond）を維持すること

⑩契約書およびフォーム ADV に従い、手数料を正しく計算および記録すること

⑪ウェブサイトおよびパフォーマンスに関する広告を含むすべての広告について正確を期すために検証および修正を行うこと

⑫適用がある場合において、適切な資産保管に関する安全措置を策定すること

234　第12章　チーフ・コンプライアンス・オフィサー（CCO）とその問題点

⑬勧誘者との合意、開示および交付の手続について検証を行うこと

第3節　コンプライアンス・マニュアル

　投資顧問はその従業員に対して法令遵守の不備を最小化するために用いられる社内規程および手続を通知するためコンプライアンス・マニュアルを利用する。投資顧問が多くの部署を有する場合、コンプライアンス・マニュアルは各部署ごとに作成されることとなる。個別の部署ごとのコンプライアンス・マニュアルは、当該部署において最もよく直面することとなる手続および問題を強調し、それにより従業員の注意をこれらの分野に向けるものとなっている。

　コンプライアンス・マニュアルは、加えて当該投資顧問が有する法令遵守に関する社内規程および手続に関する定期的なチェックを行わせるものとなる。このプラクティスは自身の「法令遵守に関する社内文化」の強化を行うためにさらにどのようなことを行うことができるか、および潜在的な問題を事前に正すことにより、深刻な行政処分を避けるための洞察を与えることとなる。

第13章 投資顧問法のもとでのコンプライアンス、検査および法令執行

第1節 概 説

　投資顧問法施行後の初期においては、投資顧問のコンプライアンスは
SEC における主要な問題ではなかった。1980 年代までに、投資顧問のコ
ンプライアンスは、SEC が投資顧問に対してより多くの行政処分等の法
令執行を行ったことに伴い、SEC の検査および法令執行に関する一連の
プログラムにおいてより大きな焦点となってきた。

　SEC の監督に関する人員配置等のリソースの適切性に関する懸念は
1997 年の全米証券市場改善法（NSMIA）の一部としての投資顧問法の改
正につながった。これらの改正は投資顧問の監督を SEC と各州の間に分
割した（本書第 3 章第 1 節 II 参照）。1997 年の改正は、予算上および組織
上の変更とともに、SEC による投資顧問に対するコンプライアンス、検
査および法令執行についてより大きな注意を向けさせることとなった。

　SEC に登録した投資顧問は、当該投資顧問が投資顧問法の規定を遵守
しているかを確認するため、SEC スタッフによる定期的かつ深度のある
検査が行われることが予定されることとなる。法令遵守違反は、その違反
の深刻度に応じて比較的軽微な行政処分から投資顧問の登録の取消しに至
るまでの結果をもたらすこととなる。しかしながら定期検査だけが SEC
のとりうる手段ではない。SEC は投資顧問法の違反が合理的に疑われる
場合においては、より集中的かつ深度ある検査を実施することもある。

　現実のおよび潜在的な投資顧問法違反を最小化するため、投資顧問は
SEC により提示されているリスクが高いとされる分野を監視するための
広範な内部管理体制を整備する必要がある。また、投資顧問はたとえば個
人の証券取引の記録といった投資顧問の日々の業務を反映した書類を保存、
作成する体制についても、投資顧問法のもとで義務づけられる書類および

236 第13章 投資顧問法のもとでのコンプライアンス、検査および法令執行

記録と同様に整備していなければならない。場合によっては、投資顧問は違反した疑いがあるときに内部調査を立ち上げることもある。

　SEC は、違反を自ら解消したケースについての多くの場合は行政処分を課すことはしない。しかしながら、後記第4節 I において言及される具体的な状況に該当するような違反が重大な場合においては、行政処分はほぼ確実に課されることとなる。違反が行政処分を伴うこととなった場合、行政処分がどのようなものとなるかは究極的には SEC の法令執行部門に委ねられることとなる。処分にあたり SEC は何らかの処分を軽減する事情があるかどうかを検討することとなる。

第2節　SEC 検査

　SEC の投資顧問に対する検査実施権限は、投資顧問法 204 条に規定されている。同条は、SEC が「定期的に、特別にまたはその他の検査をいかなる時または随時に実施する」ことができるものとされている。検査は、SEC の法令遵守調査・検査局（Office of Compliance Inspections and Examinations）により行われることとなる。SEC は、定期検査（I）、違反の嫌疑を根拠とする（cause）検査（II）および一斉検査（sweep）（III）の3種類の検査を行うこととなる。それぞれについて、以下で解説する。

I　定期検査

　定期検査を通じて、SEC は投資顧問が過去に違反を行っており、もしくは現在において現に違反をし、または予防策が講じられなければ将来において違反を行う可能性があるかどうかを決定する。SEC スタッフは、当該投資顧問の会社の規模やそのリスク・プロファイルに応じて、2年から4年の間隔で定期検査を実施する。会社の規模が大きければ大きいほど、また当該会社が直面するリスクが大きいほど、当該会社は2年ごとに検査を受ける可能性が高くなる。たとえば、運用資産残高が大きな上位 20社は自動的に2年ごとに検査を受けることとなる。反対に、より規模が小さく、リスクの小さい会社は4年ごとに検査を受ける可能性が高くな

る。

SECは投資顧問のリスク・プロファイルを当該投資顧問業社のフォーム ADV において提供される数値等の定量的なファクターにより決定する。しかしながら当該投資顧問の「法令遵守の社内文化」といった数多くの定性的な要素も考慮することとなる。

定量的な要素は、以下のものを含む。

・全資産運用残高（AUM）

・総顧客数

・顧客資産の保管

・顧客取引を行う際に関係法人を使用するかどうか

・適用する手数料の種類

・提供する商品の種類（例として、ラップ・フィー・プログラムやヘッジファンド投資等）

定性的な要素は、以下のものを含む。

・コンプライアンスにかかる戦略的なビジョン——当該投資顧問の社内規程および手続は、SECにより特定された行政処分をもたらす結果となるとされるような分野において、コンプライアンス違反が発生する可能性を軽減するようなものとなっているかどうか。

・リスクの特定——当該投資顧問はその業務状況について徹底した分析を行い、コンプライアンス違反を低減するため、具体的な懸案事項に対処しているかどうか。

・内部管理の項目——当該投資顧問は法令遵守違反のリスクを最小化するため、社内の他のレベルでの統制を補完するような自動化された内部管理手法を導入しているか。

・書面化——投資顧問は、各部署が直面するコンプライアンス上の具体的なリスクについて、その課題を認知し、コンプライアンス違反認識のための適切なプロトコルを書面化しているか。また、当該投資顧問は、各部署について年次の検証を実施し、どの部署が法令遵守違反が最も発生しやすいかどうかを認識しているか。

・責任者——当該投資顧問は、特定の者についての個別の統制項目について、責任を有する者を指定し適切に機能しているかどうかを認

識しているか。

SEC の法令遵守調査・検査局長は、2003 年 4 月 23 日の講演において定期検査の時期に対する当該部局のアプローチとこれらの定性的な要素について規定を行っている。この講演のすべての内容は、www.sec.gov/news/speech/spch042303lar.htm において参照可能である。

1　検査のプロセス

SEC スタッフは定期検査を 3 段階のプロセスとして見ている。

①事前準備——法令遵守調査・検査局のスタッフは臨店検査の準備として、当該投資顧問の過去のコンプライアンスの履歴および業務慣行について、フォーム ADV により確認を行う。加えて、当該スタッフは当該投資顧問に対してなされている苦情についても確認することがある。当初の検証が完了した段階において、到着時に当該投資顧問が検査チームに対して準備する文書および記録のリストを送付する。

②臨店検査——法令遵守調査・検査局のスタッフはリスク管理について責任を有するチーフ・コンプライアンス・オフィサーや他のリスク管理の責任者といった上級職の経営陣と協議することにより臨店検査を通常開始する。これらの会議は法令遵守調査・検査局のスタッフに対して、当該投資顧問のコンプライアンス・システムについてより深度ある理解と、当該投資顧問の業務にこれらがどのように結びついているかという点についての評価を提供することとなる。スタッフはそこから当該投資顧問の業務において違反の傾向があると思われる特定の分野の内部管理について、投資顧問の文書および記録、当該投資顧問自身、顧客およびその従業員が関与する個別の証券取引記録を検証することにより確認を行う。

③評価——臨店検査の実施後、法令遵守調査・検査局のスタッフは当該投資顧問の所在地を離れ、収集した情報の評価を行う。当該分析の終了後、当該スタッフは指摘事項および是正措置に関する勧告に関する報告書を準備する。当該スタッフは SEC の上席者に対して報告書を提示し、上席者が適切な措置について決定を行うこととな

る。

2000 年 5 月の文書において、法令遵守調査・検査局は法令遵守違反が最も発生しやすいと推定される問題分野の概要を発表している。これらの問題分野については、定期検査においても追加的な注意がなされることも示唆している。これらの分野は以下のものを含む。

- ・重要事実の不適切な開示
- ・不公平な取引配分慣行
- ・広告規制違反
- ・行き過ぎたパフォーマンスの表示
- ・個人証券取引違反
- ・契約書に関する問題
- ・文書および記録の未保存
- ・紹介制度に関する問題
- ・ブローカレッジに関する義務の違反
- ・顧客資産の保管義務に関する違反
- ・過去の法令遵守違反事例についての是正の未実施
- ・不適切な内部管理および監督手続

法令遵守調査・検査局の登録投資顧問に対する検査において検証される分野および指摘を受けた違反に関する文書を参照のこと（2000 年 5 月 1 日付）（以下のリンクでも参照可能である。www.sec.gov/divisions/ocie/advltr.htm）。

2　検査結果

法令遵守調査・検査局のスタッフは以下の 3 通りの方法で投資顧問の検査結果を通知する。

①指摘事項のない通知書面――法令遵守調査・検査局のスタッフは投資顧問において特に違反を発見しなかった場合、指摘事項のない通知書面を送付する。かかる通知書面は通常あまり考えられない。なぜなら、違反を発見されることなく終了するのは、全検査の 15％未満にとどまるからである。

②不備事項を指摘する通知書面――法令遵守調査・検査局のスタッフ

は修正可能であり、または内部管理に脆弱性があることにより、それほど重要ではないが違反が発見された場合、不備事項を指摘する通知書面を送付する。その通知書面において、当該スタッフはこれらの脆弱性または違反を指摘し、当該投資顧問は当該問題に対処するため、どのような是正措置をとろうとしているかについて明確に回答を行うため30日の猶予を与えられる。これが検査で最もよく見られる結果であり、平均的な年における場合の80%近くを占めている。

③法令執行の勧告——法令遵守調査・検査局のスタッフは広範に及ぶまたは重大な違反を発見した場合、当該事案をSECの法令執行局に勧告を行う。これは非常に稀な結果であり、平均的な年における場合の5%近くを占めている。

II 違反の嫌疑を根拠とする（cause）検査

SECの法令執行局は、違反の嫌疑を根拠とする（cause）場合においても検査を執行する。これらの検査は投資顧問法の違反があるまたは発生する可能性があるとSECが信じる場合において行われる。この徹底的な検査の手続については、後記第4節を参照のこと。

III 一斉検査（sweep）

一斉検査は、特定の投資顧問のカテゴリーグループに対して行われる集中的な検査である。これらの投資顧問は、典型的にはSECが高いコンプライアンス違反のリスクを推定するような、特定の業務分野に従事している。一般化された焦点のあてられ方ではなく、一斉検査はこうした特定の分野に集中して、当該分野における違反を検証する。

第3節　臨店検査段階

法令遵守調査・検査局のスタッフが検査の着手が近々行われることを通

知した場合、投資顧問は当該スタッフが違反を発見し、是正措置を命じることとなるような状況を低減するいくつかの措置を講じることができる。検査は最低4年に1度行われることがほぼ確実であるため、投資顧問への通知前にも準備を行うことができる。実際に法令遵守調査・検査局のスタッフによる法令遵守状況の不備についての発見を最小化するような措置は、臨店検査中および検査の後においても講じることができる。

　臨店検査の過程において、投資顧問は当該臨店検査を単なる望まれない妨害行為として考えるのではなく、真剣に取り扱うべきである。検査チームを支援し、当該会社が内部統制とコンプライアンスに関する要件を真剣なものとして取り扱っていることを確信させることにより、当該投資顧問は臨店検査を可能な限り早く終結させることできる。仮に当該投資顧問が臨店検査を真剣なものとして取り扱わなかった場合や、法令遵守調査・検査局のスタッフが要請した必要な書類の作成を遅滞した場合、検査チームはより懐疑的になることでさらに深度ある検査を行ったり、あるいは違反が発見された場合、当該投資顧問がコンプライアンスをより真剣なものとして取り扱うようにするため、より厳しい措置を提言する場合がある。

I　検査前の段階

　投資顧問は以下の事項を含む点について、検査が開始する前にいくつかの措置を講じるべきである。

　　①事前準備——当該投資顧問のチーフ・コンプライアンス・オフィサー（以下、「CCO」）はコンプライアンスの業務量を管理することについて責任を有するべきである。各部署は、各部署が直面することとなりうる問題点や課題について記載した独自の書面のコンプライアンス・マニュアルを保有するべきである。CCOは、法令遵守調査・検査局のスタッフによる処分の示唆がなされなかったとしても違反の起きうる分野が速やかに改善されるようコンプライアンスの履行状況を年次で実施すべきである。加えて、当該投資顧問は検査チームが検証することとなりそうな文書および記録を予測すべきであり、また、検査時にこれらの文書および記録が容易にアクセス可

能かつ特定可能なようにしておくべきである。

②模擬検査——投資顧問の CCO は、第三者の検査会社を雇って投資顧問のコンプライアンス手続、記録およびコンプライアンス・マニュアルについて「模擬検査」を実施することができる。模擬検査の結果は、外部の弁護士事務所に対して「模擬検査」を依頼することで、弁護士と依頼者の間で確立することができる守秘義務を利用して CCO および他の経営陣により機密事項としての取扱いを有しつつ評価が可能となる。

③従業員教育——投資顧問は、「コンプライアンス重視の社内文化」を醸成すべきである。この目的のため、投資顧問は検査チームの訪問の目的、検査チームが対象としている事項、今後行われる検査における役割について従業員教育を行うべきである。また、年次の検証プロセスにおいて、CCO は定期的に自身のスタッフに課せられているコンプライアンス上の義務について理解しているかどうかを確認しなければならない。

④担当責任者の任命——投資顧問は、高い水準での調整を達成するため、検査チームとの担当責任者を任命すべきである。通常投資顧問の CCO が当該役割を担うこととなる。従業員は担当責任者がいない際は常に検査チームとの間での会話が最低限にとどまるようにすべきである。担当責任者は検査チームが要請することになるであろうことについてリハーサルを行うべきである。最後に、担当責任者は検査チームが要請した文書およびすべての従業員との面談の記録について追跡および把握すべきである。

II　臨店検査の段階

投資顧問は、臨店検査中以下の３つの事項を心がけるべきである。

①敬意をもって検査チームに接すること——投資顧問は、検査チームの到着時に別個の静謐な作業エリアを提供すべきである。書類の検証に集中でき、また面談を実施することができるような執務室または会議室が理想的である。当該投資顧問と検査チームにおける特定

の書類作成に関する法律上の要件について合意に達しない場合にも敬意をもってあたるべきである。実際のところ、投資顧問は検査チームも単に自分たちの職責を果たそうとしているだけだということを認識すべきである。

②検査チームを待機させないこと——検査チームは自らが待機状態に置かれていることを気づくことができる、経験のあるプロフェッショナルをチーム内に配置している。そうした事態は、より深度ある検査の実施が必要な、より大きな違反があることについての疑いをもたせることとなる。検査チームが特定の書類作成を要請した場合については、当該チームが要請された時間内に書類提供が可能かを吟味するべきである。仮に遅延が避けられない場合には、投資顧問は直ちに当該遅延の理由について連絡するべきである。

③問題の是正——法令遵守調査・検査局のスタッフは、検査中に当該検査チームが懸念を抱くこととなった分野について当該投資顧問に通知を行う場合がある。これらの分野については直ちに対応されなければならない。迅速かつ決断を伴った行動は、検査チームに対して投資顧問がコンプライアンスを深刻に受け止めていることを示すことができる。これはまた、法令執行に関する勧告が選択肢に入るような事態であったとしても、より軽微な措置を勧告させるような軽減要因となり、スタッフを説得することができる。たとえ究極的に法令執行に関する勧告が出されたとしても、SEC の法令執行部門はこれらの是正のための努力を適切な処分の決定にあたり考慮に入れる場合がある。

III 臨店検査後の段階

投資顧問は、臨店検査終了後も以下の事項を心がけるべきである。

①臨店検査終了時の面談——検査チームはしばしば臨店検査終了時に面談を設定する。当該面談は検査チームが発見したことと、当該投資顧問による説明や、あるいは法令違反の特定につながったことが単に誤解に基づくものであったことを指摘する機会を与えることと

なる。また、かかる面談は検査の結果についてどのようなものになるのか、法令執行を伴うものか、重要ではない違反による不備があったことを通知する書面が交付されることになりそうなのかを事前に知らせることとなる。

②守秘義務——守秘義務がある機密情報であって、SEC に検査中に提供したものについては、情報の自由に関する法律（FOIA）に基づく要請により、一般公衆からのアクセスが可能となる。このような結果を防止するため、投資顧問は SEC から機密を保持することを求めたい情報を特定するための書簡を速やかに提出することができる。投資顧問は「検査中に」機密を含んでいると思われる資料を提出した場合には、こうした措置を行うべきである。SEC は、「検査後に」書類を送付するように要請する場合、保秘を要請する文書は保秘を要請しない文書とは別個に作成されるべきである。また、かかる情報は保秘として取り扱う事項を構成するような指定された事項に合致するものでなければならない。たとえば、かかる情報は一般公衆に慣行として公開されないような情報である。FOIA 上重要とされる事由がある場合には、たとえ SEC が保秘を認めた場合であっても、かかる書類は第三者により取得されることとなる場合がある。

③法令遵守に不備のある書類——投資顧問が法令遵守について不備のある書類を受領した場合に、当該投資顧問は当該書面に記載された法令遵守に関して不備のある事項を解決するため、30 日の猶予が与えられる。したがって、法令遵守について不備があることを指摘する書面を受領した場合は、直ちに行動を起こすべきである。投資顧問は、SEC スタッフに対する書面において、指摘された問題を是正するため採られるすべての措置について正確に記載するべきである。実際、SEC は、次回検査において、当該投資顧問が採ったとする措置について実際に行われているかを確認することとなる。

第4節　法令執行

投資顧問法 209 条(b)項に基づき、SEC は投資顧問法違反が発生しうるまたはすでに発生したと信じる合理的な場合がある場合、自らの調査権限を行使することができる。調査は SEC の法令執行局（Division of Enforcement）により行われ、検査よりも深刻度の高いものであり、このため、調査チームに与えられた権限は広範なものとなっている。たとえば調査チームは証人に対して召喚状を発出し、出席を強制することができる。仮に当該違反が深刻なものである場合、投資顧問法は容疑者に対して刑事訴追を行うことができる。刑事訴追は稀にしか発生しないが、SEC ではなく、司法長官（U.S. Attorney General）により行われることとなる。

I　投資顧問法 203 条(e)項および(f)項

投資顧問およびその職員はブローカー・ディーラーと異なり、金融取引業規制機構（FINRA）のような自主規制機関の監督に服することはない。代わりに、SEC および非常に限定的な範囲で州の証券規制当局が投資顧問を監督することとなる。

投資顧問法 203 条は SEC に対して法令執行および行政処分の権限を与えている。SEC は当該投資顧問または投資顧問の関係者が、以下の行為を行った場合に行政処分を行うことができることとされている。

(1) 登録申請または SEC に届出が必要とされている報告において虚偽または誤解を与えるような記載を意図的に行うこと

(2) 登録申請以前の 10 年間において、特定の重罪または SEC により決定される不正を含む罪が確定していること

(3) 登録申請以前の 10 年間において、前記(2)において記載されない罪であって、1 年以上の禁錮に処せられる罪が確定すること

(4) より広範な金融業界において、活動に従事することを裁判所から一時的または恒久的に禁止されること

(5) 連邦証券法または同等の規制の規定に意図的に違反すること

(6) 連邦証券法または同等の規制の規定に関する他の者による違反を

幇助もしくは教唆し、または一定の適用除外を除いて、かかる違反を行った者を適切に監督することを怠ること

(7) SEC から投資顧問との関係者となることを禁止されること

(8) 前記(1)～(7)に記載されたものと同様の行為に従事したことが外国の金融当局により認定されること

(9) 州の証券規制に違反すること

投資顧問法 203 条(e)項(1)号～(9)号を参照のこと。

投資顧問法 203 条(e)項は行政処分の対象となる具体的な行為を列挙しているが、同条(f)項は具体的に SEC に対して、同条(e)項において、それ自体が処分の対象となるような行為について、投資顧問と現に関係するまたは関係を構築しようとする者に対しても処分を行うことができる権限を与えている。これらの行政処分の範囲は、譴責（censure）から最長 12 か月の期間について、問題となっている当該者が投資顧問と関係を構築することを禁止することまで及ぶ。

II 監督の懈怠（failure to supervise）

投資顧問法 203 条(e)項(6)号は、SEC に対して当該投資顧問の監督下にある者を適切に監督することができなかった場合に、投資顧問と責任者に対して行政処分を課す権限を与えている。たとえば、In the Matter of Applied Financial Group, Inc. and Dennis Holcombe／投資顧問法通知 2436 号（2005 WL 2413652（2005 年 9 月 30 日））では、SEC は、当該投資顧問によって運用が行われた 4 つの利益分配プランにおいて約 5,400 万米ドルの資産の不正利用を行っていた当該投資顧問のチーフ・コンプライアンス・オフィサーについて、当該投資顧問およびチーフ・コンプライアンス・オフィサーの上席者について適切に監督を行うことができなかったとしている。SEC は当該投資顧問に対して 5 万米ドル、上席者に対して 2 万 5,000 米ドルの罰金を科している。また、SEC は当該上席者に対し、すべての投資顧問において監督権限を有する地位に就任することを 12 か月間停止した。

投資顧問法 203 条(e)項(6)号に基づく違反の嫌疑は一般的に違反の有無が

明白ではないものであり、したがって事案に即して決定されなければならない。重要なこととして、監督の懈怠に関する嫌疑は、以下の2つの要件を充たした場合には当該投資顧問または個人に対しては認められないこととなる。第1に、問題となっている当該投資顧問は、被監督者によるあらゆる違反を実務上可能な限りにおいて防止し検知することを合理的に期待されうるような、確立された手続とそうした手続を提供するための体制整備を有していなければならない。第2に、当該投資顧問とその責任者は、手続や体制整備が遵守できていないことを合理的に疑わせ、信じさせることのない状況で、これらの手続や体制整備により自らの職責および義務が合理的に果たされていなければならない（投資顧問法203条(e)項(6)号(A)・(B)参照）。

III　投資顧問の「協力」

　投資顧問は、一定の状況において、SECに対して違反の「自己申告」を行うことがしばしば最も望ましいものであることを理解している。実際に違反に際して適切な措置を決定するにあたり、SECは当該問題に関する会社の協力の水準を考慮し、処分に際して勘案することとなる。このような処分に関する勘案を行うことは、違法な行為を修正するために当該投資顧問が自主的に探知し、自ら報告および措置を行う場合に、SECはこれらのプロセスを自らが行う必要がなくなることにより相当程度の人員や時間リソースを節約することができるからである。

　SECが投資顧問に対して処分の勘案を行うレベルを決定するにあたっては、大きく4つの分野がある。それは、自己点検、自己報告、修正（remediation）および法令執行に関する協力である。これらは「修正」を除きほぼ自明なことであろう。「修正」とは、当該投資顧問が違反者に対して適切な処分を行い、違反を契機として内部管理の脆弱性を修正しかつ違反によって悪影響があったものについて補償を行うことについて、どのくらい適切に行ったかを指すものである。しかしながら、SECは違反にあたり適切な処分を決定する際に、投資顧問の是正措置を考慮することに拘束されるものではない。当該違反があまりにも悪質である場合において

は、どのような是正措置および協力がなされたとしても、SEC が厳しい処分を行うことを妨げるものではない。

①不正行為の性質はどのようなものであったのか。それは、意図しないものであったのか、間違いによるものか、単純な不注意によるものか、不正行為の兆候に対する周囲を気にしないようなまたは意図的な無関心があったのか、また意図的な不正行為かまたは金銭上の無節操な行為（unadorned venality）等によるものかどうか。投資顧問の監査人も誤認させられたのか。

②どのように当該不正行為が起こったのか。特定の目的を達成するために従業員にプレッシャーが与えられた結果なのか、当該投資顧問の支配的な者により不法な環境が作り出されたのか。発見された当該不正行為を防止するため、どのようなコンプライアンス手続が施されたのか。当該不正行為を防止または抑止するために、これらの手続はなぜ失敗したのか。

③投資顧問の組織のどこでその問題は発生したのか。当該不正行為について、どの程度まで上層部の知識があり、または関与があったのか。上層部は関与し、または明白な不正行為の兆候について無視をしたのか。その行為はどの程度組織的なものか。当該組織がビジネスを行ううえで兆候的なものであるのか、または問題はそれ1回限りのものか。

④当該不正行為はどのくらい続いたのか。四半期または一時的なものか、または数年間にわたり継続したものか。

⑤投資家と他の関係者に対して当該不正行為が起きたことにより、どの程度の損害を与えたのか。

⑥当該不正行為はどのように探知、発見されたのか。

⑦当該不正行為の発見の後、実効的な対策が行われるまでにどの程度の期間を要したのか。

⑧当該不正行為を知ってから、当該投資顧問はどのような措置を採ったのか。当該会社は不正行為を直ちに停止したのか。不正の責任を負うべき者はいまだに会社にいるのか。いるとした場合、依然として同じ職位にあるのか。当該投資顧問は当局に対して不正の存在を

直ちに、完全かつ効果的に開示したのか。当該投資顧問は適切な規制および法令執行機関に全面的に協力したのか。当該投資顧問は投資家と他の関係者に対して損害の程度を特定する措置を採っているのか。当該投資顧問はその行為によって悪影響を受けたものに対して適切に補償を行ったのか。

⑨当該投資顧問はこれらの多くの問題に対して追跡し、必要な情報を収集することを行ったのか。

⑩当該投資顧問は真実の発見について十分かつ迅速に行ったか。当該および関連する行為の性質、程度、原因および結果についての徹底的な検証を行ったのか。投資顧問または第三者が検証を行ったのか。もし第三者である場合、当該投資顧問に当該第三者は他の業務を行ったのか。当該検証が外部の法律事務所により行われた場合、当該法律事務所を経営陣は以前関与させたことがあるか。検証の範囲に限定が付されているのか。もしそうである場合、それらはどのようなものか。

⑪当該投資顧問はその検証の結果について SEC スタッフに迅速に開示し、当該状況への対応を反映する十分な書面を提供したのか。当該投資顧問は違反行為の可能性があるものを特定し、法令違反のあったものに対して迅速な法令執行を容易なものとするために十分な正確性をもった証拠を確保したのか。当該投資顧問は、検証の結果の詳細についての書面による徹底したかつ調査に基づいた報告書を作成したのか。当該投資顧問は、直接要請がなく、これがなかったとすれば発見されないようなものについても、SEC スタッフに対して自主的に情報を開示したのか。当該投資顧問は当該職員に対して SEC スタッフに協力し、かかる協力に関しては合理的なすべての努力を行っているか。

⑫当該行為が再発しないことの保証は何か。当該投資顧問は、当該不正行為の再発を防止することを企図した新規かつより実効的な内部管理および手続を採用かつ実施に移しているのか。当該投資顧問は SEC スタッフに対して、当該投資顧問の状況を是正し、再発防止を確実なものとするような当該投資顧問の措置について評価するた

めの十分な情報を提供しているのか。

⑬当該投資顧問は不正行為が発生した会社自身か、合併または破産に
伴う組織再編により変化しているのか。

報告書の全文は、www.sec.gov/litigation/investreport/34-44969.htm で
閲覧することができる。

第5節　罰　　則

投資顧問が投資顧問法の規定に違反した場合、軽微なものから非常に重
大なものまで、そのような行為を再び行うことのないように様々な処罰が
科されることとなる。

I　非金銭的な処分

投資顧問法 203 条(e)項は、潜在的に業務に重大な影響を与えることとな
るような投資顧問の業務に非金銭的な処分を課すことができる状況を規定
している（詳細については、前記第4節I参照）。これらの処分は投資顧問
の行為および業務を制限し、12 か月を上限として業務を停止し、または
当該投資顧問の登録を取り消すことが含まれる。

投資顧問法 203 条(f)項は、個人の場合についても非常に重い処分を受け
ることとなるような状況を規定している。個人は原則として法人の投資顧
問と同様の処分を受けることとなる。したがってこれらの処分は、個人の
行為を制限し、12 か月を上限として業務を停止し、または当該個人が投
資顧問と間で関係を構築することを禁止することが含まれる。SEC は投
資顧問法 203 条(e)項における(1)・(5)・(6)号または(8)号に規定される違反が
あった場合、または過去 10 年以内に同条(2)号に規定される違反があった
ことが確定した個人に対してこれらの処分を課すことができる（前記第4
節参照）。

II　金銭的な処分

　投資顧問法 203 条(i)項は、SEC が自然人か否かにかかわらず、民事上の処分を課すことができる状況、金銭的処分として課すことができる限度額および金銭的処分の適切な水準を決定するにあたり考慮することができる要素について規定している。

　SEC は、公益にかなうものであって、以下に該当する場合において、民事処分を課すことができる。

　　①証券法、取引所法、投資会社法もしくは投資顧問法またはこれらの法律のもとにおいて制定された規則もしくは規制の規定に意図的に違反したとき

　　②前記①における違反を他の者が行うことについて、幇助、教唆、助言、命令、誘引または周旋を行ったとき

　　③投資顧問法に規定される、SEC に対して届出が必要とされる登録申請書類もしくは報告または SEC により行われる登録に関する手続においてなされた言明または記載が、なされた時期および状況に照らして、重要な事実において虚偽もしくは誤解を生ぜしめるようなものであり、またはかかる登録または報告において必要とされる重要な事実を記載することを省略することについて意図的にこれを行いまたは行わせたとき

　　④監督下にある者が同法に違反をした場合において、投資顧問法 203 条(e)項(6)号に規定される、投資顧問法および同法に基づき制定される規則または規制に違反の防止を合理的に監督することを怠ったとき

　投資顧問法 203 条(i)項(1)号を参照のこと。

　投資顧問法は SEC が処分を下すこととなる最高限度額を決定する算定方式を規定している。この算定方式は、前記①〜④に規定される行為を参照したかたちでいくつかの段階が規定されている。

　　①第 1 段階——前記①から④に規定される作為または不作為 1 件ごとに、自然人については 5,000 米ドル、自然人以外については 5 万米

ドルを上限とする罰則

ⅱ第2段階——前記ⅰにかかわらず、問題となっている作為または不作為が、詐欺、欺罔、改竄または意図的もしくは無謀な規制要件の無視による場合、当該作為または不作為1件ごとに、自然人については5万米ドル、自然人以外については25万米ドルを上限とする罰則

ⅲ第3段階——前記ⅰⅱにかかわらず、問題となっている作為または不作為が以下の場合、当該作為または不作為1件ごとに、自然人については10万米ドル、自然人以外については50万米ドルを上限とする罰則

ⓐ問題となっている作為または不作為が、詐欺、欺罔、改竄または意図的もしくは無謀な規制要件の無視による場合であって、かつ

ⓑ当該作為または不作為が第三者に対して直接または間接的に、相当程度の損失をもたらしもしくはそのようなリスクをもたらし、または当該作為または不作為をなしたものに対して相当程度の金銭上の利益をもたらした場合

投資顧問法203条(i)項(2)号を参照のこと。

SEC は金銭上の処分を課すにあたり「公益」を考慮に入れなければならないため、投資顧問法は SEC が「公益」を決定するにあたってのガイドラインを規定している。SEC は以下の点を考慮しなければならない。

Ⓐ作為または不作為が、詐欺、欺罔、改竄または意図的もしくは無謀な規制要件の無視によるものかどうか

Ⓑ当該作為または不作為から直接または間接的に第三者に対して損害をもたらしたかどうか

Ⓒ他の者が不当に利益を得た場合において、当該作為または不作為により損害を蒙った者に対しての原状回復を考慮することとする

Ⓓ①他の適切な規制当局または自主規制機関が当該問題となっているものについて連邦証券法、州レベルの証券法または自主規制機関が制定する規則の違反を発見したどうか、②有効な管轄権を有する裁判所が前記の法令および規則違反の停止を命じているかどうか、または③前記の法令違反について確定判決を下しまたは投資顧問法

203 条(e)項(2)号に規定される重罪または軽微な罪について確定判決
が下されたかどうか
Ⓔ問題となっている人物および他の人物に当該作為または不作為に対
する抑止の必要性
Ⓕ正義において必要とする他の事項
投資顧問法 203 条(i)項(3)号を参照のこと。

III　刑事上の罰則

投資顧問法 217 条は、投資顧問法およびその規則、規制または SEC が
制定した命令の規定に意図的に違反した者に対して、有罪となった場合 1
万米ドル以下の罰金、5 年以下の禁固刑またはその両方を科すことができ
るものと規定されている。

第6節　間接的な手段による禁止行為の達成

投資顧問法 208 条(d)項は登録されていない投資顧問を含むすべての者に
ついて、当該者が直接に行うことを禁止されていることを間接的に行うこ
とを禁止している。例として、投資顧問法 203 条(b)項(3)号は直近の 12 か
月間において 15 名未満の顧客のみを有しており、かつ自らを一般公衆に
対して自らを投資顧問として公示せず、または登録投資会社の投資顧問と
して行為を行っていないものについて、投資顧問としての登録を免除して
いる（本書第 2 章第 3 節 III 参照）。したがって、投資顧問法 208 条(d)項の
もとでは 13 名の顧客をもつ投資顧問が投資顧問法の登録要件を免れるこ
とを目的として、リミテッド・パートナーシップにおいて 4 名の新規の顧
客をプールすることは禁止される。なぜならば当該投資顧問は 17 名の顧
客を有することとなるからである。

投資に関する助言等を提供するすべての者による一定の行為を禁止する
ことに加えて、SEC は 208 条(d)項のもとで登録および無登録の投資顧問
が相互に関係会社となるような複雑な状況について規定を行っている。
Richard Ellis／SEC ノー・アクション・レター（1981 WL 25241（1981 年 9

月 17 日公表)) において、SEC は無登録の英国におけるパートナーシップ
が米国人に対して投資に関する助言等を提供することについて、登録され
た子会社が当該外国親会社から別個に存在する限りにおいて、投資顧問法
208 条(d)項に違反することはないことを認めている。英国のパートナーシ
ップの登録については、当該投資顧問業務を行う子会社について、①十分
な資本を有していること、②親会社から過半数の取締役が独立している等
の緩衝措置があること、③子会社の日常業務において助言等の提供に従事
する場合において、取締役、執行役および従業員が当該親会社の投資に関
する助言等の業務に従事することはないこと、④どのような投資に関する
助言等のコミュニケーションが顧客になされるか、または顧客に代わりど
のような投資がなされるかについて独自に決定を行い、かつ当該親会社の
ものに限られない投資情報に基づいたものを用いていること、⑤それらの
顧客に対して投資に関する助言が連絡されるまで秘匿されていること、を
満たす必要がある。SEC は本件の基準を登録投資顧問と国内の無登録の
投資顧問である関係会社との間の状況についても適用している。本件以来、
登録および無登録の投資顧問が相互に関係会社となるような複雑な状況を
含む一定の場合においては、本件の要素を SEC は緩和している (Thom-
son Advisory Group L.P.／SEC ノー・アクション・レター、1995 WL 611553
(1995 年 9 月 26 日公表) および SEC 投資運用局「投資家保護——投資会社にお
ける規制の半世紀」(1992 年 5 月) 参照)。

　投資顧問法 208 条(d)項は一定の行為を禁止することを企図したものであ
るが、米国証券の売買に関する投資助言等や投資顧問等のサービスすべて
について、投資顧問法の適用範囲を拡大することを意図していない。たと
えば、投資顧問法 205 条(a)項(1)号において、投資顧問法 203 条(b)項に基づ
き登録を免除されることのない無登録の投資顧問は、信書または他のあら
ゆる州際通商の手段 (「管轄的手段」) を用いて、ファンドのキャピタルゲ
インに基づく運用報酬を投資顧問が受け取ることとなるような投資顧問契
約等を締結しまたは投資顧問契約等を履行することを禁止されている (本
書第 7 章第 3 節 III 1 (3)参照)。この規定は、米国証券の売買を行うにあたり、
管轄的手段を用いるが、非米国人または外国の投資会社に対して助言等の
サービスを提供し、報酬を受領する無登録の投資顧問には適用されない。

別のノー・アクション・レターにおいて、SEC は無登録の投資顧問会社の所有者から外国投資会社に対するサービスの提供は、登録投資顧問の所有に関する事実に基づき、投資顧問法 208 条(d)項または投資顧問法 205 条(a)項(1)号の違反とはならないとの立場をとっている（Forty Four Mgt., Ltd.／SEC ノー・アクション・レター（1983 WL30741（1983 年 1 月 31 日公表)参照）。

第 7 節　連邦銀行当局との協議

　投資顧問法 210A 条上は、SEC と適切な連邦銀行当局との間において、ⓐすべての銀行持株会社または貯蓄貸付会社、ⓑ銀行、ⓒ銀行もしくは銀行持株会社または貯蓄貸付会社における個別に判別可能な部署または部局であって、投資顧問法のもとで投資顧問として登録されたものに関する投資に関する助言等の活動に関して、協力および情報共有を命じている。

第14章 限定的な私的訴権

第1節 明文規定の欠如

　投資顧問法には、投資顧問の不正行為に対する私的訴権を明示的に定める規定は設けられていない。Transamerica Mortgage 事件（Transamerica Mortgage Advisors, Inc. v. Lewis, 444 U.S. 11（1979））において、合衆国最高裁判所は、投資顧問法には限定的な黙示の私的訴権のみが規定されていると判示した。顧客は、投資顧問契約を無効とし、取消しに基づく損害の賠償（支払った手数料から投資顧問が提供した価値を控除した額の回復）を求める訴えを提起することができる。しかし、顧客は、投資顧問が運用する顧客資産の減少について訴えを提起することはできない。

第2節 限定的な私的訴権

　Transamerica Mortgage 事件の被上訴人は、モーゲージ・トラスト・オブ・アメリカ（以下、「本件トラスト」）の株主であり、上訴人は、本件トラスト、本件トラストの数名の個人受託者、本件トラストの投資顧問（以下、「TAMA」）および関係会社2社（ランド・キャピタルおよびトランスアメリカ）であった。

　被上訴人は、上訴人に対して3つの主要な主張を行った。第1に、被上訴人は、TAMA と本件トラストの間の投資顧問契約は、TAMA が投資顧問法に基づき登録を受けておらず、当該契約における報酬が「過剰」であるため、違法であると主張した。第2に、被上訴人は、TAMA が、本件トラストに劣悪な証券を TAMA の関係会社であるランド・キャピタルから購入させたことにより、受託者責任に違反したと主張した。最後に、被上訴人は、TAMA が、トランスアメリカと関係のある他の会社の利益のために、有利な投資機会を悪用したと主張した。被上訴人は、投資顧問

契約の取消し、本件トラストにより支払われた手数料その他の対価の返還、違法な利益に関する責任および損害の賠償を求めた。

　明示的な私的訴訟原因がなかったため、合衆国最高裁判所が判断した主要な論点は、投資顧問法における黙示の私的訴訟原因の有無であった。被上訴人は、投資顧問の顧客が、投資顧問法で企図された受益者であり、よって、裁判所は黙示の私的訴訟原因を認めるべきであると主張した。具体的には、被上訴人は、投資顧問法206条および215条から私的訴訟原因が導くことができると主張した。

　投資顧問法206条は、投資顧問による詐欺的行為を禁止し、多くの点において取引所法規則10b-5と類似する。しかし、裁判所は、被上訴人に賛成せず、代わりに206条は、特定の行為のみを禁止し、民事責任を発生または変更させるものではないと判示した。裁判所は、206条の遵守を執行するために特定の司法および行政（SEC）手段が合衆国連邦議会によって設けられたことをその判断根拠とした。したがって、裁判所は、特に合衆国連邦議会の意図が私的救済より重視されるべきであることから、黙示の私的救済を認めることは軽率であると判断した。

　投資顧問法215条では、その締結または履行が投資顧問法に違反する契約は、違反者および（その事実を）知りながら権利を取得した者「の権利について、無効とする」と規定されている。裁判所は、被上訴人に賛成し、215条において実際に黙示の私的訴訟原因が規定されていると判断した。しかし、裁判所は、私的訴訟原因は限定されると判断した。これに基づき、顧客は、投資顧問契約を無効とする訴えを提起することができる。また、顧客は、取消しに基づく損害賠償を求める訴えを提起することもできる。しかし、これらの損害は、支払った手数料から投資顧問が提供した価値を控除した額の回復に限定される。重要なことは、顧客が必然的に望む投資顧問が運用する顧客資産の減少については、顧客が訴えを提起することはできないと裁判所が判断したことである。

第3節　その他可能性のある訴えの提起

　投資顧問は、依然として、取引所法10条(b)項およびこれに基づき定め

258　第14章　限定的な私的訴権

られた規則 10b-5 または威力脅迫および腐敗組織法（「RICO 法」）に基づき、詐欺的投資行為を理由として私的訴訟の被告となる可能性がある。

第15章　投資顧問の売買

第1節　概　説

　投資顧問の売買は、投資運用業界で頻繁に生じる。売買取引が行われる理由は数多くあるが、たとえば、投資顧問の創始者の退職や、投資顧問が運用資産残高を増やし、またはポートフォリオ・マネジャーを増員したいことが挙げられる。投資顧問は、通常、年間投資顧問報酬の3倍から5倍に相当する価格または支払利息・税金・減価償却・償却控除前利益（「EBITDA」）の10倍から12倍に相当する価格で売却される。

　投資顧問の売却は、資産譲渡または株式譲渡、あるいは合併の形式により行うことができる。取引が資産譲渡の形式で行われる場合、買主は、売主の債務の全部または一部を承継しないことが可能となる。取引が株式譲渡の形式で行われる場合、売主である投資顧問の法人（典型的には、有限責任会社）が変わらず維持され、これによって事業の継続性および知名度を拡大することが可能となる。取引が合併の形式による場合、売主である投資顧問は、買主の一部となり、売主および買主双方の株主が、州法により合併の承認を行うことが必要となりうる。

　無登録の者が登録を受けた投資顧問を買収する場合、投資顧問法203条(g)項により、買主は、取引の日から30日以内にSECにフォームADVを届け出ることによって、SECの登録を受けたものとみなされる。しかし、実務的には、買主の大部分は、顧客のために業務、事務および投資の継続性を確保するために、買収のクロージングまでに登録を受ける。

第2節　投資顧問契約の譲渡

　投資顧問法205条(a)項(2)号により、同法203条(b)項に基づく登録から免除されない投資顧問は、投資顧問契約において顧客の同意なく投資顧問が

260 第15章 投資顧問の売買

譲渡することが禁止される場合を除き、原則として投資顧問契約を締結、延長、更新または履行することができない（本書第7章第3節Ⅲ2参照）。1940年に、合衆国連邦議会は、投資顧問の顧客が知らされることなく投資顧問が複数回売却されることにより、顧客が自らの投資顧問が誰か、誰によって支配されているかまったく知らない「投資顧問契約の密売」という芳しくない実務慣行を終わらせたいと考えていた。

投資顧問法205条(a)項(2)号の禁止は、SECに登録されている投資顧問と州当局に登録されている投資顧問のいずれにも適用される。登録された投資会社との投資顧問契約の譲渡は、投資会社法に基づくより厳格な規制に服する。具体的には、投資会社法15条(a)項(4)号により、当該契約は、譲渡された場合に自動的に終了することが必要とされる。

「譲渡」は、投資顧問法202条(a)項(1)号により、投資顧問自身の発行済みの議決権証券による支配権の集塊の譲渡と定義される。さらに、同規則202(a)(1)-1において、かかる譲渡によって「投資顧問の実際の支配または管理の変更が」生じない限り、投資顧問の顧客の同意を要する譲渡にはあたらないと規定されている。したがって、投資顧問の売却を伴う一部の取引は、企業再編の一部がそうであるように、実際の支配または管理の変更を伴わないことから、投資顧問法205条(a)項および同規則202(a)(1)-1に基づく「譲渡」にあたらない（The Equitable Life Assurance Society／SECノー・アクション・レター、1984 WL 47223（1984年1月11日公表）、Dean Witter, Discover & Co.／SECノー・アクション・レター、1997 WL 192125（1997年4月18日公表）およびNikko Int'l Capital Mgt. Co.／SECノー・アクション・レター、1987 WL 108059（1987年6月1日公表）参照）。

しかし、投資顧問の売却の大部分は、「投資顧問の実際の支配または管理」の変更を伴い、よって、すべての顧客の同意を要する。投資顧問は、典型的に、取引および誰が買主かを記載した通知を顧客に送付し、顧客に対して、取引への同意書に署名し投資顧問に返送することを要請する。何千にも上りうる顧客の同意を得ることの事務的な困難はSECスタッフにも認識されている。実際、売主である投資顧問が、顧客に対して、顧客が予定されている売却に書面で異議を申し出ない限り、45日から60日以内に売却を完了する旨を書面で通知することができる「消極的同意」の利用

は、SEC スタッフによって認められている。顧客は、返答しない場合、投資顧問の売却について黙示の同意を与えたものとみなされる。消極的同意の利用は、標準的な業界慣行になっている（Templeton Inv. Counsel Ltd.／SEC ノー・アクション・レター、1986 WL 67662（1986 年 1 月 2 日公表）、Jennison Associates Capital Corp.／SEC ノー・アクション・レター、1985 WL 55687（1985 年 12 月 2 日公表）および Scudder, Stevens & Clark／SEC ノー・アクション・レター、1985 WL 54004（1985 年 3 月 18 日公表）参照）。

　ミューチュアル・ファンド（または他の登録された投資会社）の投資顧問が売却される場合、投資会社法 15 条(a)項(4)号により、売却取引が完了するまでにさらに追加的な要件が課されている。たとえば、ミューチュアル・ファンドの取締役会が新しい投資顧問契約を承認する必要があり、また、ミューチュアル・ファンドの株主も、議決権の代理行使および株主総会によって新しい投資顧問契約を承認する必要がある。さらには、同法 15 条(f)項により、①取引後 3 年間、ミューチュアル・ファンドの取締役会の 75% 以上が独立取締役（投資顧問の買主または売主と関係のない取締役）で構成される必要があり、また、②取引が「不当な負担」をミューチュアル・ファンドに課すものではないこと（すなわち、取引後 2 年間、投資顧問は、投資顧問報酬その他の真正なサービスに対する報酬以外に、ミューチュアル・ファンドから報酬を受領してはならないこと）が必要である。

　二重登録者であり、マネー・マーケット・ミューチュアル・ファンドを運用する投資顧問は、ファンド株主の承認を得ることなくマネー・マーケット・ミューチュアル・ファンドを買主に譲渡するために「消極的同意」を利用することができる（NASD 行為規則 2510 (d)(2)参照）。これらの「バルク取引」を行う場合は、「消極的同意」の通知とともに、買主のマネー・マーケット・ファンドの目論見書に加えて、各ファンドの投資目的の比較ならびに各ファンドにかかる手数料の性質および金額の比較表を送付する必要がある。マネー・マーケット・ミューチュアル・ファンド株主は、買主であるファンドに投資を行いたくない場合には、30 日以内に、売主であるミューチュアル・ファンドから償還を受ける必要がある。

　2007 年 7 月 30 日、前述のように NASD と NYSE の規制、執行および仲裁部門の統合により、FINRA が創設された。したがって、近い将来に

262 第15章 投資顧問の売買

FINRA の規則が NASD 行為規則 2510 にとって代わる（追補参照）。

第3節　雇用契約および競業避止・勧誘禁止契約

　主要なポートフォリオ・マネジャーおよび経営幹部との雇用契約は、投資顧問の業務の重要な一部である。投資顧問が売却される場合、投資顧問の現行業務の成功および継続性にとって重要なポートフォリオ・マネジャーおよび経営幹部を維持するために雇用契約が整備されている必要がある。典型的には、買主は、ポートフォリオ・マネジャーおよび経営幹部が投資顧問の新オーナーのために 5 年から 10 年間働き続けることを定める「ロックアップ」契約を求める。これらの契約においては、ポートフォリオ・マネジャーおよび経営幹部に対して、資本参加、賞与基金その他の誘因を与えることによって動機づけを行い、退職するリスクを軽減する。

　雇用契約の期間終了の前に退職する投資顧問の意に反するポートフォリオ・マネジャーおよび経営幹部を罰するために、競業禁止および勧誘禁止規定が典型的に雇用契約に定められる。競業禁止規定は、一般に、主要な投資顧問職員が、投資顧問を退職した後にいかなる投資サービスの立場においても、投資顧問と競業することを禁止する。勧誘禁止規定は、主要な投資顧問職員が、投資顧問の顧客を勧誘することを禁止し、投資顧問の職員を採用することを禁止する。

　競業禁止および勧誘禁止規定を含め、雇用契約の条件は、州の契約法に準拠する。特に一部の契約の規定の強制執行可能性は州によって異なりうることから、投資顧問は、これらの契約および規定の強制執行可能性を確保するために、専門的アドバイスを得る必要がある。

第16章 投資顧問ビジネスに関連する特別の問題

第1節 投資顧問の持株会社

投資運用ビジネスにおいて、複数の公開会社またはプライベート経営による投資顧問について支配的な持分を購入する持株会社の数は増加している。典型的には、当該持株会社はかかる投資顧問の 80% の株式持分を購入し、残りの 20% についてはポートフォリオ・マネジャーおよび経営陣中でも上級職にある者に対して、会社にとどまることおよびインセンティブを与えるメカニズムとなる。持株会社は通常の場合、公開された市場で株式の売買が可能な資本市場にアクセスを有する会社であり、さらに追加的に投資顧問を購入しまた当該投資顧問のビジネスを成長させるための資金を供給するために用いることが可能となる。

これらの持株会社は支配下に置く投資部門の間で重複する管理上、オペレーション、会計・経理および法務関連のコストを削減することにより、非常に大きな経済的なスケールメリットを達成することができる。

これらのすべての投資顧問は、共通の親会社を有することとなるため、これらはすべてが関係会社となる。したがって、これらの投資顧問は、当該投資顧問間のいかなる証券取引についても、投資顧問法 206 条を遵守するような手続を整理しなければならない（本書第 8 章第 5 節参照）。

第2節 投資顧問の株式公開

2007 年に、とりわけフォートレス（Fortress）、ブラックストーン（Blackstone）、オク・ジフ（Och-Ziff）およびゼナ（Pzena）といった会社を含む非常に大きな投資顧問の新規株式公開（IPO）が数多く行われた。その大部分において、これらの株式公開により、長期間にわたるプライベート・エクイティおよびヘッジファンド・マネジャーとして非常に高水準

264　第16章　投資顧問ビジネスに関連する特別の問題

で一貫した成長に対し、これらの会社の創業者および運用者の中でも上級
職にある者に対して大きな報酬をもたらすこととなったのである。

　株式公開前においては、これらの投資顧問は SEC に対して届出書様式
S-1（Form S-1）によりこれらの証券を登録しなければならない。この登録
は投資顧問法におけるフォーム ADV による投資顧問としての登録に加え
てなされることとなる。株式新規公開前に、これらの投資顧問は 2002 年
に制定されたサーベンス・オクスリー法（「SOX 法」）を遵守しなければな
らない。これらの投資顧問のほとんどは SOX 法を遵守していないため、
当該投資顧問のガバナンス、財務諸表、監査委員会、経営委員会、SEC
への届出書類、株主間契約およびコンプライアンス手続の詳細な検証が必
要となる。

　これらの投資顧問の多くは、会社形態の場合の課税を排除するため、上
場し、かつ市場で取引されるパートナーシップの形態をとって上場を行っ
ている。これらの投資顧問において好んで用いられ、かつ享受することと
なる課税上の優位性は、「キャリード・インタレスト」と呼ばれる。彼ら
が受け取るインセンティブに関する支払いについては、キャピタルゲイン
に対する税率として 15% が課されることとなり、サービスにかかる通常
の収入について課税される 35% は適用されない。

　興味深いことに、当該投資顧問はパートナーシップとして組成されるた
め、議決権を有する証券であって IPO として発行される有価証券につい
てニューヨーク証券取引所が求める上場要件は、必要とされないこととな
る。結果として、これらの上場された投資顧問は株式総会を有さず、また
彼らの上級職にとどまる経営陣はいかなる時においても株主による議決権
行使の対象となることはなくなるのである。

第3節　政治献金に関する「Pay-to-play ルール」

　投資顧問やヘッジファンド・マネジャーが、政府職員の年金プランから
の投資を見返りとした政府職員に対する政治運動や他の政治的な貢献を行
うようになってきたことについての懸念が拡大してきたことの対応として、
いくつかの州や政府団体は、投資顧問が政府職員や政府団体に対して献金

を行った場合において、当該投資顧問やヘッジファンド・マネジャーが政府系の年金プランとの間で投資顧問契約を締結することができないようにする「Pay-to-play ルール」を採択している。およそ 22 の州について、投資顧問からの献金は禁止されている。しかしながら、そうした Pay-to-play を禁止する法律のあるほとんどの州においても、投資顧問はいわゆる政治活動委員会（以下、「PAC」）に対する資金提供に関する援助活動や勧誘は認められている一方で、PAC に対して政治献金を行うことや、役職員をして政治献金を行わせることや、PAC に対する政治献金を行わせようとする目的で職員の給与を増加させることについては禁止されている。投資顧問からのいかなる献金についても、特定の州における Pay-to-play に関する法律上の問題を引き起こしうることとなる。

　Pay-to-play に関する法律の範囲および適用対象は、各州により大きく異なる。多くの州は、地方債発行に関して引受業務を行う会社に適用され、地方債規則制定委員会（MSRB）規則 G–37 にならい法制化を行っている。すなわち、多くの州法は、政府団体と投資顧問契約を締結した日から前後 2 年の間政治献金を禁止または制限している。当該規則は、以下のサイトで確認することができる（www.msrb.org/msrb1/ruleg37.htm）。

　しかしながら、いくつかの Pay-to-play に関する法律においては、技術的なアプローチを用いており、たとえばハイウェイに関するプロジェクトのファイナンスに利用される地方債の発行といった特定の投資顧問サービスに対する適用に関する制限を設けたり、あるいは州の財務長官または州の財政について責任を有する他の政府職員に対する政治献金を行うことを投資顧問に禁じたりしている。政治的あるいは選挙に関する献金を行う前に、投資顧問は適用の可能性がある法域における Pay-to-play にかかる規則および連邦法上の選挙活動にかかる財務活動に関する規則について、専門家の助言を得るべきである。

　1999 年に、SEC は MSRB 規則 G–37 にやはりならった投資顧問に対する独自の Pay-to-play にかかる規則を提案した（「特定の投資顧問による政治献金に関する規則制定についての提案にかかる通知」投資顧問法リリース 1812 号、1999 WL 593615（1999 年 8 月 10 日）参照）。しかしながら、SEC はかかる提案を行った Pay-to-play に関する規則について採択を行わなかった。

266 第16章 投資顧問ビジネスに関連する特別の問題

第4節 労働団体に対する支払い

　労働団体に対する支払いを考慮している投資顧問は、米国労働省（DOL）により採択された開示手続を遵守しなければならない。1959年労使関係報告公開法に従い、1会計年度あたり250米ドルを超過する労働団体に対する支払いは、フォームLM-10を用いた「使用者報告」を提出することにより、労働省長官に対して報告がなされなければならない。フォームLM-10については、以下を参照のこと（www.dol.gov/esa/regs/compliance/olms/GPEA_Forms/lm-10p.pdf）。

　当該報告は、当該投資顧問の会計年度末から90日以内に行われなければならない。当該報告は次の情報を含むものでなければならない。すなわち個別取引に関する支払いおよび支出が行われた日、当該合意または取引が行われた者に関する氏名、住所および職位、ならびにかかる支払いがなされた口頭の合意または了解の条件を含む、かかる支払いのなされた状況に関する詳細な説明である。かかる支出については、食事、贈答品、劇場およびスポーツ鑑賞のためのチケット、社会イベント、労働組合が援助したイベントに対する費用、およびプロダクトまたはサービスが含まれるが、これらに限られるものではない。

追　補

　本書で取り上げられている 2006 年改正以降の投資顧問法の改正として、2010 年 7 月 21 日に成立した「ドッド・フランク・ウォール街改革および消費者保護法」（以下、「ドッド・フランク法」）による改正が挙げられる。

　ドッド・フランク法による投資顧問法の改正は多岐にわたるが、まず、投資顧問法 203 条(b)項(3)号の私的投資顧問登録免除規定が削除されるとともに、新たに私的ファンドの定義が設けられ、私的ファンドに対してのみアドバイスを行う投資顧問は、その米国内における運用資産残高が 1 億 5,000 万米ドル未満である場合には、登録から免除されることとなった。この場合、当該投資顧問に対して、SEC が必要または適切と認める記録の保存および報告書の提出義務が課されることとされた。一方、私的ファンドについては、登録を受けた投資顧問に対して、そのアドバイスを行う私的ファンドに関する記録の保存および報告書の提出義務を課す権限が SEC に付与された。

　また、登録免除の対象として、新たに、外国私的投資顧問、商品先物取引委員会に商品取引顧問として登録されている者であって私的ファンドにアドバイスを行う者（主に証券関連のアドバイスを行う者を除く）、1958 年小規模事業投資法に基づくライセンスを受けた小規模事業投資会社に対してのみアドバイスを行う投資顧問等が追加された。このうち外国私的投資顧問とは、①米国に事業所を有さず、②そのアドバイスを行う私的ファンドの米国における顧客および投資家の合計が 15 名未満であり、③かかる米国における顧客および投資家にかかる運用資産残高が 2,500 万米ドル（または SEC が規則により定めるこれより高い金額）未満であり、かつ、④米国で一般公衆に対し自己が投資顧問であることを一般的に表示しておらず、投資会社法に基づく登録投資会社に対する投資顧問ではなく、投資会社法に基づき事業育成会社となることを選択した会社ではないものをいう。

　さらには、1 以上のベンチャー・キャピタル・ファンドに対してのみア

ドバイスを行う投資顧問は、ベンチャー・キャピタル・ファンドに関連する投資助言の提供については、登録が免除されることとなった。SEC が定める規則により、ベンチャー・キャピタル・ファンドの定義が規定されるほか、当該投資顧問に対して、SEC が必要または適切と認める記録の保存および報告書の提出義務が課されることとされた。

その他ドッド・フランク法では、新たに投資顧問の定義から除外される者として、ファミリー・オフィスが追加された。ファミリー・オフィスの定義は、SEC が規則等により定めることとされた。また、州レベルで監督される中規模の投資顧問について、連邦レベルでの登録が免除された。すなわち、主たる事業所がある州での登録および検査の対象となる投資顧問は、その運用資産残高が 2,500 万米ドル（または SEC が定める他の金額）から 1 億米ドル（または SEC が規則により定めるこれより高い金額）までの間である場合には、投資会社法に基づく登録投資会社に対する投資顧問および投資会社法に基づき事業育成会社となることを選択した会社（当該選択を撤回していないものに限る）を除き、投資顧問法に基づく登録が免除されることとなった。ただし、15 以上の州に登録する必要がある場合は免除されない。

前記に加え、ドッド・フランク法により、登録を受けた投資顧問は、SEC が定める規則に従って、その保管する顧客資産の保全措置を講じる義務を負うこととされた。また、投資顧問およびブローカー・ディーラーがリテール顧客に証券に関する個人的なアドバイスを行う場合に遵守すべき受託者責任等にかかる行為準則（重大な利益相反の開示等）や、投資顧問との間の紛争について顧客に仲裁の利用を義務づける契約にかかるレギュレーションに関して、SEC に規則制定権限が認められた。

また、フォーム ADV については数次の変更を経ており、2015 年 5 月 20 日付で SEC による再度の変更提案がなされていることに留意されたい。

なお、訳者が訳出時点において把握しているその他の変更として、本書第 7 章第 3 節 III 1 (5)で記載されている NASD 規則 2330 (f)は FINRA 規則 2150 として、本書第 8 章第 2 節 V で記載されている NASD 規則 2260 は FINRA 規則 2151 として、本書第 8 章第 3 節 III で記載されている NASD 規則 2310 は FINRA 規則 2111 として、本書第 8 章第 7 節 I 2 で記

載されている NASD 規則 2790 は FINRA 規則 5130 および同規則 5131 として改正が行われている。なお、本書第 15 章第 2 節で記載されている NASD2510(d)(2)は、そのまま FINRA 規則 2510(d)(2)として維持されている。

　また、本書第 6 章第 4 節 III で記載されている AIMR によるパフォーマンス基準は、現在グローバル投資パフォーマンス基準（Global Investment Performance Standards, GIPS）への移行が行われている。

事項索引

あ

IPO（株式の新規公開）　*168, 210, 263*
アクセス者　*204〜207, 209, 211, 218, 225*

い

EBITDA（支払利息・税金・減価償却・償却
　控除前利益）　*259*
一時性基準　*181, 183*
一括発注（注文）　*167, 169, 220*
インサイダー取引　*69, 203, 204, 207, 209,
　218, 228*

え

エージェンシー・クロス取引（agency cross
　transactions）　*44, 147, 161, 163, 165, 193*
SEC 検査　*5, 46, 229, 232, 236*
EDGAR（SEC の企業情報開示システム）
　221
エラー　*183, 193, 231*
ERISA 法（従業員退職所得保障法・1974 年）
　39, 46, 123, 147, 173

お

OTC（相対取引）　*163*
押し売り　*24, 26〜28*
オファリング　*210, 218*

か

外国の投資顧問　*222*
外国ブローカー・ディーラー　*20*
開示説明書規則　*79, 115, 116*
カストディ・ルール　*151, 152, 154*
関係法人によるブローカレッジ（affiliated
　brokerage）　*192*
勧誘者　*217*
勧誘・紹介契約　*105*

き

議決権　*155〜157, 179, 183, 213, 221, 226*
技師（engineers）　*12, 13*

か (Capital Gains)

Capital Gains 事件　*148〜150, 203*
キャリード・インタレスト　*125, 264*
競業避止　*262*
教師　*12, 13, 49*
金銭勧誘ルール　*105, 112, 113*
　——の要件　*106*
金銭による顧客勧誘ルール（cash solicitation
　rule：投資顧問法規則 206 (4)-3）　*44,
　189*

く

グラス・スティーガル法（1933 年）　*4*
グラム・リーチ・ブライリー法（1999 年）
　4, 137, 204

こ

公益事業持株会社法（1935 年）　*1*
広告規制　*89, 239*
公認格付機関　*5, 12, 29, 39*
Goldstein 事件（判決）　*5, 34, 61*
顧客の指定によるブローカレッジ（client
　directed brokerage）　*188*
コンプライアンス・プログラム　*224, 232*
コンプライアンス・マニュアル　*234, 241,
　242*

さ

サーベンス・オクスリー法（2002 年）　*204,
　264*
債務担保証券（CDO）　*32, 46, 51, 64, 68, 70*
最良執行　*159〜161, 171, 182, 188, 191, 193*

し

CFTC（商品先物取引委員会）　*48*
事業育成会社（business development
　company）　*32, 35, 36, 65, 127, 130, 267*
自己（勘定）取引　*2, 203, 218*
自主規制機関（SRO）　*121, 180, 186, 252*
　——による手続　*75*
自主規制団体　*136*
私的投資顧問登録免除　*32, 59, 61, 66, 68,*

事項索引　271

132, 139, 149, 267
集約──→一括注文
受託者責任　22, 61, 62, 126, 136, **147**, **149**,
　　155, 159, 163, 165〜167, 169, 171, 173,
　　193, 203, 204, 207, 209, 218, 256, 268
証券法（1933 年）　1
譲渡──→投資顧問契約の譲渡
商品先物近代化法（2000 年）　36
商品取引顧問　30, 36, 48, 267
商品取引所法（1936 年）　48, 50
商品ファンド　50
情報の自由に関する法律（FOIA）　244
信託証書法（1939 年）　1

す

スカルピング行為（scalping activities）　27,
　　148, 203

せ

成功報酬　53, 60, 68, 115, 125, 168
　　──の禁止　44, 60, 124, 125, 127, 128, 132
成功報酬規制　7, 30
政治活動委員会（PAC）　265
善意の刊行物　12, 24
全米証券業者協会（NASD）規則 2790──
　　ホット・イッシュールール
全米証券市場改善法（NSMIA・1996 年）
　　114, 235

そ

SOX 法──→サーベンス・オクスリー法
ソフトダラー　161, 163, 171, 173, 188, 194,
　　220, 226, 230

た

貸借対照表　79

ち

地方債規則制定委員会（MSRB）　265
チャーニング（churning：回転売買）　193,
　　196
中小企業投資奨励法（1980 年）　35, 130

て

ディレクテッド・ブローカレッジ　189, 190,

192, 226, 230
適格購入者（accredited purchaser）　54, 65,
　　130, 131
適格顧客（qualified clients）　44, 59, 60, 68,
　　115, 127, 131, 132
適格投資家（accredited investor）　14, 50,
　　54, 62, 65
適合性規則　158, 233

と

投資運用局　224, 254
投資会社法（1940 年）　2, 35, 39, 48, 52, 53,
　　155, 157, 204, 267
投資会社法 3 条(c)項(1)号　53, 58, 63, 140
投資会社法 3 条(c)項(1)号ファンド　53, 64
投資会社法 3 条(c)項(7)号　53, 140
投資会社法 3 条(c)項(7)号ファンド　54, 65,
　　127, 130
投資顧問契約の譲渡　124, 132, 259
投資顧問代表者　42, 43, 87, 114
登録の取下げ　86
Transamerica Mortgage 事件　256
取引所法（1934 年）　1, 3, 7, 9, 14, 20, 204
取引所法上の登録　15

な

内国歳入法（典）　36, 147
内部クロス取引（internal cross transac-
　　tions）　165

に

二重登録者　23, 24, 132, 136, 159, 162, 164,
　　168, 192, 261

は

配分　167, 170, 220
　　公正な──　227
　　顧客への──　230
　　取引──（手続）　230, 231
配分明細　170, 220

ひ

被監督者　42, 114, 204〜206, 218, 224, 226,
　　247

ふ

FINRA（金融取引業規制機構）　*80, 95, 132, 156, 159, 169, 192, 245, 261, 262*

fulcrum 報酬　*127, 128, 130, 132*

フォーム ADV　*41, 45, **71, 72, 74, 76, 80, 83**, 100, 112, 116, 117, 120, 123, 153, 160, 165, 193, 195, 196, 200, 201, 226, 232, 233, 238, 259, 264*

フォーム ADV-W　*67, 86*

不公平な取引配分慣行　*239*

プライバシー　*137, 139〜141, 227, 229, 230, 233*

プライベート・エクイティ・ファンド　*3, 32, 58, 63, 65, 139, 149, 194, 263*

プリンシパル取引（principal transactions）　*23, 44, 70, 73, 78, 147, 162, 172, 193*

ブローカー・ディーラー・セーフハーバー　*15, 18, 21, 22, 29*

フロント・ランニング　*148, 203*

へ

Pay-to-play ルール　*264*

ヘッジファンド　*3, 4, 33, 41, 46, 52, 54, 58, 62, 63, 65〜68, 139, 154, 194*

ヘッジファンド・アドバイザー（マネジャー）　*5, 34, 51, 52, 56〜58, 68, 69, 118, 132, 263*

ヘッジファンド局　*66*

ヘッジファンド登録規定　*5, 51, 52, 56, 58, 61, 68*

ベンチャー・キャピタル・ファンド　*35, 58, 63, 64, 130, 267, 268*

ほ

法令執行　*235, 240, 243, 247, 249*

法令執行局（SEC）　*240*

法令遵守調査・検査局（SEC）　*236*

ホット・イッシュールール　*168*

ゆ

US-GAAP（米国において一般に公正妥当と認められている会計原則）　*154*

ら

ラップ・フィー　*196*

ラップ・フィー・スポンサー　*195*

ラップ・フィーに関する開示説明書　*200, 202*

ラップ・フィー・プログラム　*118, 195, 197, 198, 200*

り

RICO 法（威力脅迫および腐敗組織法・1970年）　*258*

リバース・チャーニング（reverse churning）　*196*

臨店検査　*153, 229, 238, 240, 242, 243*

倫理規程　*204, 205, 207, 213, 218, 231*

れ

レギュレーション A　*54*

レギュレーション D　*54, 210*

レギュレーション S　*63*

レギュレーション S-P　*137*

ろ

Lowe 事件　*25*

判例索引

Basic Inc. v. Levinson, 485 U.S. 224 (1988) ···*63*

Financial Planning Assoc. v. SEC, 482 F.3d 481 (D.C. Cir. 2007) ·····························*17, 20~22, 30*

Gartenberg v. Merill Lynch Asset Mgt., Inc., 694 F.2d 923 (2d Cir. 1982) ·····························*126*

Goldstein v. SEC, 451 F.3d 873 (D.C. Cir. 2006) ·······························*5, 34, 52, 56, 57, 61, 68*

Kaufman v. Merrill Lynch, Pierce, Fenner & Smith, Inc., 464 F.Supp. 528 (D.Md. 1978) ·········*18*

Lowe v. SEC, 472 U.S. 181 (1985) ···*24, 27*

Rodriguez de Quijas v. Shearson/American Express, Inc., 490 U.S. 477 (1989) ·················*135*

SEC v. Capital Gains Research Bureau, Inc., 375 U.S. 180 (1963) ·····················*148~150, 203*

SEC v. Gun Soo Oh Park, 99 F.Supp. 2d 889 (N.D. Ill. 2000) ···*27*

SEC v. Kenton Capital, Ltd., 69 F.Supp. 2d 1 (D.D.C. 1998) ··*18*

SEC v. Washington Investment Network, 475 F.3d 392 (D.C. Cir. 2007) ······················*86, 150*

Shearson/American Express, Inc. v. McMahon, 483 U.S. 1056 (1987) ······························*135*

Transamerica Mortgage Advisors, Inc. v. Lewis, 444 U.S. 11 (1979) ·································*256*

TSC Indus. V. Northway, Inc., 426 U.S. 438 (1976) ··*63*

Valicenti Advisory Services, Inc. v. SEC, 198 F.3d 62 (2d Cir. 1999) ·······························*122*

Zinn v. Parrish, 644 F.2d 360 (7th Cir. 1981) ··*11*

訳者紹介

岡田　洋隆（おかだ　ひろたか）
外資系運用会社　コンプライアンス部長　兼　法務部長
1999 年慶應義塾大学法学部法律学科卒業、2008 年 University of California, Berkeley, School of Law 卒業（LL. M.）。

鈴木　謙輔（すずき　けんすけ）
長島・大野・常松法律事務所パートナー
1999 年東京大学法学部卒業、2000 年弁護士登録、2006 年 Stanford Law School 卒業（LL. M.）、2006 年～2007 年 Kirkland & Ellis LLP（Chicago）勤務、2007 年～2009 年金融庁総務企画局市場課勤務。

白川　もえぎ（しらかわ　もえぎ）
アンダーソン・毛利・友常法律事務所パートナー
2002 年東京大学経済学部卒業、2003 年弁護士登録、2008 年 University of California, Berkeley, School of Law 卒業（LL. M.）、2008 年～2009 年 Sullivan & Cromwell LLP（New York）勤務。

佐藤　智晶（さとう　ちあき）
青山学院大学法学部准教授、東京大学公共政策大学院特任准教授
2003 年東北大学法学部卒業、2005 年一橋大学大学院法学研究科修士課程修了、2008 年 Washington University School of Law 卒業（LL. M）、2010 年東京大学大学院法学政治学研究科博士課程修了（東京大学博士（法学））。

須田　英明（すだ　ひであき）
長島・大野・常松法律事務所
2005 年東京大学法学部卒業、2006 年弁護士登録、2012 年 University of Chicago Law School 卒業（LL. M.）、2012 年～2013 年三菱 UFJ 信託銀行株式会社勤務。

アメリカ投資顧問法

2015(平成27)年8月15日　初版1刷発行

訳　者　岡田洋隆・鈴木謙輔・白川もえぎ
　　　　佐藤智晶・須田英明

発行者　鯉渕　友南

発行所　株式 弘文堂　101-0062 東京都千代田区神田駿河台1の7
　　　　会社　　　　　TEL 03(3294)4801　振替 00120-6-53909
　　　　　　　　　　　　　　http://www.koubundou.co.jp

装　幀　大森裕二
印　刷　三　陽　社
製　本　井上製本所

© 2015 Hirotaka Okada, et al. Printed in Japan

JCOPY 〈(社)出版者著作権管理機構　委託出版物〉
本書の無断複写は著作権法上での例外を除き禁じられています。複写される場合は、その
つど事前に、(社)出版者著作権管理機構 (電話 03-3513-6969、FAX 03-3513-6979、
e-mail: info@jcopy.or.jp) の許諾を得てください。
また本書を代行業者等の第三者に依頼してスキャンやデジタル化することは、たとえ
個人や家庭内での利用であっても一切認められておりません。

ISBN 978-4-335-35637-7

アメリカ法ベーシックス

●アメリカ法の正確な基本知識を提供する実務にも役立つシリーズ！

現在、アメリカ法への関心の裾野は広がり、わが国の法解釈の参考とされるだけでなく、関連企業や個人が直接アメリカ法の適用をうける可能性も多くなりました。

このようにアメリカ法が身近な存在となり、また日本法との違いが両国の関係にとって大きな壁となるなか、一方でアメリカ法研究の発展のために、他方で実務的にアメリカ法の基本的な知識を必要とする人たちのために、主要な法領域における依拠すべき信頼できる基本書が求められています。

本シリーズは、アメリカ法の各分野における本格的な概説書として、正確な基本的知識を提供し、具体的事例を用いてアメリカ法の特色を明示します。長く基本書として引用・参照されるシリーズを目指しています。

＊ 現代アメリカ法の歴史 [オンデマンド版]	ホーウィッツ著 樋口範雄訳	6000円
＊ アメリカ契約法 [第2版]	樋口範雄	3800円
＊ アメリカ労働法 [第2版]	中窪裕也	3700円
＊ アメリカ独占禁止法 [第2版]	村上政博	4000円
＊ アメリカ証券取引法 [第2版]	黒沼悦郎	2900円
＊ アメリカ民事手続法 [第2版]	浅香吉幹	2400円
＊ アメリカ代理法	樋口範雄	2800円
＊ アメリカ不法行為法 [第2版]	樋口範雄	3700円
＊ アメリカ製造物責任法	佐藤智晶	3000円
＊ アメリカ憲法	樋口範雄	4200円
＊ アメリカ渉外裁判法	樋口範雄	3800円
アメリカ憲法	松井茂記	
アメリカ租税法	水野忠恒	
アメリカ行政法	中川丈久	
アメリカ地方自治法	寺尾美子	
アメリカ会社法	吉原和志	
アメリカ商取引法	藤田友敬	
アメリカ銀行法	川口恭弘	
アメリカ倒産法	松下淳一	
アメリカ医事法	丸山英二	
アメリカ環境法	大塚 直	

━━━ 弘文堂 ━━━

表示価格は2015年7月現在の本体価格（税別）です。＊は既刊